Bilingual Classics

双语经典

福尔摩斯探案全集1——暗红习作·四签名

〔英国〕阿瑟·柯南·道尔 著

李家真 译注

译林出版社

目　录

浪漫英雄福尔摩斯（代译序）　　　　　　　1

暗红习作　　　　　　　　　　　　　　　001

第一部　　　　　　　　　　　　　　　　003

　第一章　歇洛克·福尔摩斯先生　　　　　005

　第二章　演绎法　　　　　　　　　　　019

　第三章　劳瑞斯顿花园谜案　　　　　　033

　第四章　约翰·兰斯的所见所闻　　　　051

　第五章　启事招来的访客　　　　　　　061

　第六章　托比亚斯·格雷格森大显身手　071

　第七章　暗夜曙光　　　　　　　　　　085

第二部　圣徒之域　　　　　　　　　　097

　第一章　盐碱之原　　　　　　　　　　099

　第二章　犹他之花　　　　　　　　　　115

　第三章　先知驾到　　　　　　　　　　125

　第四章　星夜逃亡　　　　　　　　　　133

　第五章　复仇天使　　　　　　　　　　145

　第六章　华生回忆录续录　　　　　　　157

　第七章　盖棺论定　　　　　　　　　　173

四签名　　181

第一章　演绎法　　183

第二章　案情陈述　　195

第三章　寻找答案　　203

第四章　秃头男子的故事　　211

第五章　别墅惨案　　225

第六章　福尔摩斯的示范课　　235

第七章　木桶插曲　　249

第八章　贝克街特遣队　　267

第九章　线索中断　　281

第十章　岛民的末日　　297

第十一章　阿格拉重宝　　311

第十二章　乔纳森·斯莫的离奇故事　　319

浪漫英雄福尔摩斯（代译序）

　　世上有许多曾经在某处、此刻在某处、将来或者在某处的人，我们不曾听说，无缘相识，甚而至于，将来也永远不会了解。对于我们来说，他们的离合悲欢，他们的喜怒哀乐，既不是耳闻目睹的事实，也不是津津乐道的谈资，更不是铭心刻骨的记忆，仅仅只是，并不存在的虚空，如此而已。

　　也有一些人，曾经的下落颇有疑问，此刻的踪影不易找寻，将来的行藏更是无从预期，然而，我们对他们非常熟悉，熟悉他或者她的相貌，熟悉他或者她的性情，熟悉他或者她的一颦一笑，熟悉他或者她的一言一语，熟悉到想用自己的心思和力气，为他或者她，在身边的世界里找一个笃定的位置。

　　这些人当中，就有歇洛克·福尔摩斯。

　　他也许生活在维多利亚时代的伦敦，也许藏身于某条真实街道的某间虚拟公寓，也许拥有凡人难以企及的高超智力和凡人难以认同的智力优越感，也许拥有"为艺术而艺术"的可钦信念和"无艺术即无意义"的可疑立场，也许拥有视邪恶罪行如寇仇的侠肝义胆和视他人疾苦如无物的铁石心肠，也许拥有最为充沛的精力和最为怠惰的习性，也许刻板自律，也许佻脱不羁，也许是最不业余的业余侦探，也许是最不守法的法律卫士，也许拥有一个滋养思维的黑陶烟斗和一只盛放烟草的波斯拖鞋，也许拥有一件鼠灰色的睡袍和一堆独自赏鉴的古旧图书，也许，还拉得一手可以优美醉人也可以聒噪刺耳的小提琴……

他自己说："我的人生就是一场漫长的逃亡，为的是摆脱平淡庸碌的存在状态。"（《红发俱乐部》）同时又说："生活比人们的任何想象都要奇异，人的想象根本不能与它同日而语。"（《身份问题》）也许，就是由于这样的原因，他才会让我们如此难以忘记，因为我们偶尔也会厌倦"平淡庸碌的存在状态"，偶尔也希望看到生活之中的种种奇异，毕竟，连他的忠实朋友华生都曾经愤愤不平地对他说："除了你之外，其他人也有自尊，搞不好还有名誉哩。"（《查尔斯·奥古斯都·米尔沃顿》）

也许，文学形象之所以可以比血肉之躯更加动人，归根结底，是因为他们告诉我们，人生之中，终究有其他的一些可能，在无从逃脱的此时此刻之外，终究有一个名为"别处"的所在。

在长达四十年的时间里，阿瑟·柯南·道尔爵士（Sir Arthur Conan Doyle, 1859—1930）陆续写下了这些他自己并不看重的文字。一百多年以来，数不清的读者因为各式各样的理由喜欢上了他笔下的这位神探，喜欢上了神探的医生朋友，喜欢上了维多利亚时代伦敦的昏暗街灯，喜欢上了风光旖旎的英格兰原野，喜欢上了各位蠢笨低能的官方探员，甚至喜欢上了神探的头号敌人——智力与他一时瑜亮的莫里亚蒂教授。更有一些读者对神探的演绎法如醉如痴，不遗余力地四处寻觅他和他的朋友在现实中留下的蛛丝马迹，以至于最终断定，他和他的朋友实有其人，柯南·道尔爵士反倒是一种伪托的存在。

神探的身影在各式各样的舞台剧、电视剧和电影当中反复出现，又在万千读者的记忆当中反复萦回。我们真的应该感谢柯南·道尔爵士，感谢他不情不愿抑或半推半就地写下了这样六十个故事，为我们的好奇心提供了一座兴味无穷的宝山。六十个福尔摩斯故事，如同一幅五彩斑斓的长卷，我们可以从中窥见另一个民族在另一个时空的生活，窥见一个等级森严却不乏脉脉温情的社会，窥见一个马车与潜艇并存的过渡年代，窥见一个又一个虽欠丰满立体却不乏神采风姿的人，窥见一鳞半爪、商品化程度较低的人性。

忝为这套巨帙的译者，我喜欢作者时或淋漓尽致时或婉转含蓄的文笔，更喜欢浸润在字里行间的浪漫精神，尤其喜欢的是，这种浪漫精神的两个化身。人的浪漫，是真正懂得人的可贵在于人本身，男女之间的浪漫，何尝不是如此。

我心目中的福尔摩斯，是一位单枪匹马抗击罪恶的浪漫英雄。在工业化和商业化汹汹迫人的今天，这样的英雄即便不是无处寻觅，至少也是难得一遇。而他的朋友华生，则好比堂吉诃德身边的桑丘，只不过远比桑丘可钦可敬。

以我愚见，如果说福尔摩斯代表着惊世骇俗的才能和智慧，华生就代表着惊世骇俗的理解与宽容，两样禀赋同样难得，两个妙人同样可喜，他们两个在文字的国度里风云际会，我们就看到一段无比浪漫的不朽传奇。

再写下去，恐怕会破坏阅读的趣味。

止笔之前，请允许我引用一个经久不衰的笑话作为结尾：

歇洛克·福尔摩斯先生和华生医生一起到郊外露营。享用完一顿美餐和一瓶美酒之后，他俩钻进了帐篷。

凌晨三点左右，福尔摩斯推醒华生，如是问道："华生，你能不能抬头看看天空，再跟我说说你的发现呢？"

华生说道："我看到了亿万颗星星。"

福尔摩斯接着问道："很好，你从中演绎出了什么结论呢？"

华生回答道："从天文学的角度来演绎，结论是宇宙中存在亿万个星系，很可能还存在亿亿颗行星。从占星学的角度来演绎，结论是土星升入了狮子座。从神学的角度来演绎，结论是上帝至高至大，我等至卑至小。从计时学的角度来演绎，结论是眼下大约是凌晨三点。从气象学的角度来演绎，结论是明天的天气非常不错。你又演绎出了什么结论呢，福尔摩斯？"

福尔摩斯咬牙切齿地说道："有人偷走了咱们

的帐篷。"

这一次，我们的浪漫英雄，终于看到了平庸至极的现实。

是为序。

李家真

二〇二〇年十月八日

暗红习作①

① 本篇为发表时间最早的一部歇洛克·福尔摩斯小说，首次发表于英国的《比顿圣诞年刊》(*Beeton's Christmas Annual*) 1887 年刊；英文篇名为 "A Study in Scarlet"，由故事情节可知此篇名为借用艺术术语，在艺术语境中，"study" 是"习作"的意思，故此译为"暗红习作"。英文中多有类似用例，比如同时期美国著名画家惠斯勒 (James McNeill Whistler，1834—1903) 的《玫瑰色及褐色习作》(*A Study in Rose and Brown*)，以及法国著名画家夏加尔 (Marc Chagall，1887—1985) 的早年作品《绿色背景之粉色习作》(*A Study in Pink on Green Background*)。除此之外，这是柯南·道尔创作的第一个福尔摩斯故事，亦暗合"习作"之意。

第一部

录自医学博士、前陆军军医
约翰·H. 华生回忆录

第一章　歇洛克·福尔摩斯先生①

　　一八七八年，我拿到伦敦大学的医学博士学位，接着就去内特雷医院②进修军医课程。课程刚刚修完，我奉命前往诺森伯兰第五燧发枪团，充当该团的军医助理。那个团当时驻扎在印度，可我人还没到，第二次阿富汗战争③就打了起来。在孟买下船的时候，我听说我那个团已经穿越重重关隘，挺进到了敌境深处。尽管如此，我还是和许

①　福尔摩斯这个人物的主要原型是柯南·道尔在爱丁堡大学医学院读书时的老师约瑟夫·贝尔（Joseph Bell, 1837—1911），后者拥有惊人的观察力，并且有一些福尔摩斯式的事迹。关于歇洛克·福尔摩斯（Sherlock Holmes）这个名字，"Sherlock"的来由有多种莫衷一是的说法，"Holmes"则可能是因为作者对美国作家福尔摩斯（Oliver Wendell Holmes, Sr., 1809—1894）的景仰。
②　内特雷医院（Netley）是当时英国的一家军事医院，位于汉普郡南安普敦附近的内特雷。
③　第二次阿富汗战争是英国对阿富汗发动的侵略战争，时间是1878年至1880年。诺森伯兰第五燧发枪团（the Fifth Northumberland Fusiliers）即英军皇家诺森伯兰燧发枪团，这支部队参加了第二次阿富汗战争。

多处境相似的军官一起跟了上去，并且安全抵达坎大哈^①，在那里找到自己的团队，立刻投入了新的工作。

许多人借由这场战争加官晋爵，我的收获却只是霉运和灾难。当时我奉命转入伯克郡步兵团，随所在部队参加了伤亡惨重的迈万德战役^②。战役当中，一颗捷泽尔^③枪弹击中我的肩膀，打碎了我的肩胛骨，擦伤了我锁骨下方的动脉。多亏了勤务兵穆雷的忠诚和勇气，我才没有落到那些嗜血的穆斯林士兵手里。他把受伤的我扔上一匹驮马的背脊，带着我安全回到了英军阵地。

创痛令我形销骨立，长期的艰苦生活又令我虚弱不堪，于是他们让我离开战场，跟一大群伤员一起去了白沙瓦^④的后方医院。我在医院里渐渐痊愈，好不容易已经可以在病房之间走动走动，甚至可以去阳台晒晒太阳，却不料身染伤寒，摊上了这种印度殖民地为我们特备的诅咒。几个月的时间里，我一直命悬一线。等到我终于恢复神志，开始好转，身体已经虚弱憔悴得不成样子，以致院方决定立刻打发我回英格兰，一天也不能耽搁。就这样，我被他们

---

① 坎大哈（Candahar）为阿富汗东南部城市，毗邻巴基斯坦，通常的写法是"Kandahar"。

② 这场战役发生在 1880 年，以英军失利告终。迈万德（Maiwand）是坎大哈西北边的一个村庄。伯克郡步兵团（the Berkshires）即英军第六十六步兵团，这支部队参加了迈万德战役。

③ 捷泽尔（Jezail）是印度和中亚地区昔时常用的一种构造简单、成本低廉的火枪。

④ 白沙瓦（Peshawar）为巴基斯坦北部城市，当时的巴基斯坦是英属印度的一部分。

遭送回国，坐上了"奥伦蒂斯号"①运兵船。一个月之后，我在朴次茅斯②码头下船上岸，健康已经遭受无法挽回的损害。还好，爱民如子的政府准了我九个月的假期，好让我调养身体。

我在英格兰无亲无故，因此便拥有空气一般的自由——换句话说，拥有一个每天收入十一先令六便士③的人所能拥有的最大自由。既然如此，我顺理成章地选择了伦敦，因为它好比一个巨大的污水池，大英帝国境内的游民懒汉，全都会不由自主往那里流。我在斯特兰街④的一家出租公寓住了一段时间，过着一种苦闷无聊的生活，花钱大手大脚，远远超过了应有的限度。到后来，我的经济状况恶化到了让人恐慌的地步，以致我很快就意识到，我要么得离开伦敦，去乡下过日子，要么就得彻底改变自己的生活方式。我选择了后一种办法，第一步便是打定主意，要离开那家公寓，另找一个不那么浮华也不那么昂贵的住处。

---

① "奥伦蒂斯号"（*Orontes*）是真实存在的英国皇家海军运兵船，1862 年下水，1893 年退役。

② 朴次茅斯（Portsmouth）为英国中南部海港。

③ 按照当时英国的币制，一英镑等于二十先令，一先令等于十二便士，据此可知华生的年收入是二百英镑出头。根据不同的计算方法，当时的一英镑可以相当于现在的数十以至上千英镑。以散见于全集各处的物价作为参照，二百英镑在当时可算是一份不错的年收入。

④ 斯特兰街（Strand）是伦敦市中心一条历史悠久的著名街道。与柯南·道尔渊源极深的《斯特兰杂志》（*The Strand Magazine*）便是得名于此。若无注释说明，本书提及的伦敦街巷均为真实存在。

做出上述决定的当天，我正在克莱蒂伦酒吧①门前站着，有人拍了拍我的肩膀。我转过头去，看见了年轻的斯坦福德，他是我在巴茨医院②求学时的一个助手。能在伦敦这样的都市丛林里看到一张友善的脸庞，对一个孤苦伶仃的人来说实在是件幸事。照过去的情形来说，斯坦福德和我并没有什么特别的交情，眼下呢，我兴高采烈地跟他打起了招呼，他也是一副很高兴看到我的样子。兴奋之余，我请他去霍尔伯恩饭店③吃个午饭，于是我们坐上一辆汉森车④，向着饭店驶去。

"华生，这阵子你都在干什么呢？"马车辚辚碾过拥挤的伦敦街道，斯坦福德突然问我，丝毫不掩饰心里的诧异，"看你瘦得像把柴火，脸也黄得跟蜡一样。"

我大致讲了讲自己的经历，经历还没讲完，目的地已经到了。

"真够惨的！"听完了我的种种霉运，他满怀同情地说道，"眼下你有什么打算呢？"

---

① 克莱蒂伦酒吧（Criterion Bar）是伦敦市中心的一家著名餐馆，建于 1873 年，至今犹存。若无注释说明，本书提及的商号、店铺均为作者虚构（众所周知的除外）。

② 巴茨医院（Barts）即伦敦的圣巴索洛缪医院（St Bartholomew's Hospital），该医院的附属医学院成立于 1843 年，1995 年并入伦敦大学。

③ 霍尔伯恩饭店（Holborn Restaurant）是当时伦敦的一家豪华餐馆，建于 1874 年，1955 年拆除。

④ 汉森车（hansom）由英国建筑师约瑟夫·汉森（Joseph Hansom, 1803—1882）设计，单马双轮，可载二至三名乘客，是当时伦敦最常见的出租马车。

"我在找住处，"我回答道，"想看看这地方究竟有没有条件舒适、价钱也合理的房子。"

"怪事，"我这位同伴说道，"你这套说辞，今天我已经听第二遍了。"

"第一遍是听谁说的呢？"我问道。

"一个在医院实验室工作的家伙说的。今早他还在唉声叹气，说他找到了一处相当不错的房子，只可惜负担不起房租，又找不到人跟他分摊。"

"我的天！"我嚷了起来，"他要是真想找人合租的话，找我就再合适不过了。我喜欢有个伴儿，比一个人住强。"

斯坦福德端着酒杯，怪里怪气地看了看我。"你这么说，是因为你还不了解歇洛克·福尔摩斯这个人，"他说道，"说不定，你不会愿意跟他长期做伴。"

"为什么，他有什么毛病吗？"

"呃，我可没说他有毛病。他只是想法有点儿古怪，对某种科学特别热衷。据我所知，他为人还是相当正派的。"

"他是个医科学生，对吧？"我说道。

"不是——我不知道他到底想研究什么。按我看，他对解剖学很是在行，还是个一流的药剂师。不过呢，据我所知，他从来没受过系统的医学训练。他搞的都是些杂七杂八、古里古怪的研究，积累了一大堆非常冷门的知识，能把他的教授们吓一大跳。"

"难道你从来没问过他在研究什么吗？"我问道。

"没问过。他这个人不会轻易吐露心事。话又说回来，兴致来了的时候，他倒也挺健谈的。"

"我想跟他见个面，"我说道，"要跟人合住的话，我倒希望对方是个勤勉好学、性格安静的人。我身体还没养好，受不了太多噪音和刺激。这两样东西，我在阿富汗的时候就已经受够了，这辈子也不想再受。我该去哪儿见你这位朋友呢？"

"他这会儿肯定是在实验室里，"我同伴回答道，"他要么是连着几个星期都不上那儿去，要么就在那儿没日没夜地工作。你愿意的话，吃完饭我们可以一起去找他。"

"好的。"我满口应承。这之后，我们聊了些别的事情。

从霍尔伯恩饭店去医院的路上，斯坦福德又跟我谈起了我打算引为室友的这位先生，就他的脾性作了几点补充说明。

"要是跟他合不来，你可不能怪我，"斯坦福德说道，"我只是偶尔在实验室里跟他碰面，对他的了解就这么多。你自己提议跟他合住，到时可不能让我来负这个责任。"

"合不来的话，分开也很容易，"我回答道。"照我看，斯坦福德，"我紧盯着我这位同伴，补了一句，"你这么急着撇清自己，肯定有什么缘由。是因为这家伙脾气太火爆吗？还是有什么别的问题呢？你就跟我直说了吧。"

"这事情本来就说不清，要说清当然不太容易，"他笑着答道，"按我的标准来看，福尔摩斯这个人有点儿太讲科学，几乎达到了冷血的地步。要我说，他完全可能拿一小撮最新提炼的植物碱去给他的朋友尝尝，倒不是有什么恶意，你明白吧，纯粹是出于一种探索精神，想对这东西的效果有一个精确的认识。说句公道话，我觉得让他自个儿去尝，他也一样心甘情愿。看样子，他是对准确无误的知识有种热情。"

"这也没什么不对啊。"

"是没什么不对，怕的是走火入魔。要是这种热情表现为在解剖室里棒打尸体，显然会让人觉得相当不可理喻。"

"棒打尸体！"

"没错，因为他想要知道，死后所受的瘀伤可以达到什么程度。我亲眼见过他这么干。"

"你不是说他学的不是医科吗？"

"确实不是，鬼才知道他学的哪一科。来都来了，你还是自己去了解他这个人吧。"说话间，我们转进一条狭窄的巷子，穿过一道小小的侧门，门里面就是那座大医院的配楼。这地方我很熟悉，用不着他来指引，于是我们攀上灰白的石头台阶，沿着长长的走廊往前走。走廊的墙壁刷得雪白，两边是一道道暗褐色的门。靠近走廊远端的地方分出一段低矮的拱形通道，通道的尽头就是化学实验室。

实验室的天花板很高，房间里有数不清的瓶子，有一些排得整整齐齐，也有些扔得乱七八糟。地板上散放着几张宽大的矮桌，桌上摆满了曲颈甑和试管，还有几盏蓝焰荧荧的本生灯①。实验室里只有一名学生，此时正站在远处的一张桌子旁边，弓着背专心致志地工作。听见我们的脚步，他回过头瞥了一眼，跟着就欢呼一声，跳了起来。"我

---

① 本生灯（Bunsen lamp）是一种煤气灯，得名于发明者德国化学家罗伯特·本生（Robert Bunsen, 1811—1899）。

找到了！找到了，"他一边冲我同伴叫喊，一边朝我们跑了过来，手里拿着一支试管，"我找到了一种试剂，只有血红素能使它出现沉淀，其他东西都不能。"哪怕是找到了一座金矿，他的面容也不会比此刻更为喜悦。

"这位是华生医生，这位是歇洛克·福尔摩斯先生。"斯坦福德给我俩做了个介绍。

"您好，"他恳切地问候一声，紧紧地握住了我的手，力气大得让我不敢相信，"依我看，您应该在阿富汗待过。"

"这您到底是怎么看出来的呢？"我惊讶万分地问道。

"别管了，"他吃吃地笑了笑，"现在的话题是血红素。我这个发现的重大意义，您想必已经看出来了吧？"

"从化学的角度来说，这当然很有趣，"我回答道，"从实用的角度来说呢——"

"嗨，伙计，这可是多年来最具实用价值的一个法医学发现啊。有了它，我们就能准确无误地鉴定血渍，您不会看不出来吧。过来瞧瞧！"情急之下，他抓住我外套的袖子，把我拽到他刚才工作的桌子旁边。"咱们先弄点新鲜的血液。"他说了一句，随即拿一根长针扎破自个儿的手指，用一支化学吸管从手指上吸了滴血。"好了，现在我把这一点点血滴到一公升的水里。您看，混合之后的液体跟纯净的水没什么两样，血和水的比例应该不超过一比一百万。不过我敢肯定，咱们还是能制造出那种特殊的化学反应。"他一边说，一边往盛水的玻璃罐里扔了几粒白色的结晶，又加了几滴透明的液体。转眼之间，玻璃罐里的液体变成了暗红色，罐子底部也出现了褐色的粉状沉淀。

"哈！哈！"他一边欢呼一边拍手，高兴得像个刚拿到新玩具的孩子，"您觉得怎么样？"

"这实验似乎挺精密的。"我如是评论。

"您得说是精妙！精妙！以前那种愈创木鉴定法[①]非常笨拙，鉴定的结果也不准确。用显微镜寻找血细胞的方法也好不到哪里去。如果要检测几个钟头之前留下的陈旧血渍，后一种方法就起不了任何作用。我这种方法呢，可以说始终有效，血液新不新鲜都是一样。世上有千百个逍遥法外的罪犯，要是以前就有这种方法的话，那些人早就已经服罪受罚了。"

"真是就好！"我咕哝了一句。

"这个节骨眼儿，一直是侦办刑事案件的一个关键。比方说，警方在案发几个月之后才找到一个嫌犯。他们检查了此人的衬衫，或者是其他衣物，发现上面有褐色的污渍。这些污渍究竟是血渍、是泥斑、是锈迹、是干了的果汁，还是别的什么东西呢？这个问题让许多专家束手无策，原因又在哪里呢？原因就是没有可靠的鉴定方法。如今我们有了歇洛克·福尔摩斯鉴定法，这个难题就不复存在了。"

他说话的时候两眼放光，还把一只手捂在心脏部位，

---

① 愈创木鉴定法（guaiacum test）据说由荷兰人伊萨克·范·迪恩（Izaak van Deen, 1805?—1869）于1862年首先提出，依据是愈创木树脂与人血的显色反应。愈创木是蒺藜科愈创木属（*Guaiacum*）植物的通称。

身子微欠，仿佛在向一帮想象中的喝彩听众鞠躬致意。

"真是个值得庆贺的发现哩。"我说道。他居然如此兴奋，着实让我惊诧不已。

"去年，法兰克福出了个冯·比绍夫案件。倘若当时就有这种方法，他一定已经上了绞架。此外，还有布拉德福德的梅森、臭名昭著的穆勒、蒙彼利埃的勒弗雷，以及新奥尔良的萨姆森①等案件。可以用这种方法来断案的例子，我可以举出整整二十个。"

"你简直是本记录罪案的活日历，"斯坦福德笑着说，"我建议你用这些素材来办张报纸，名字就叫'警界旧闻'好了。"

"是啊，读起来没准儿还很有趣哩。"歇洛克·福尔摩斯应道，用一小块橡皮膏贴住了手指上的针眼。"我必须多加小心，"他接着说道，转头冲我微微一笑，"因为我经常摆弄有毒的药品。"说着他把手伸了过来，于是我发现，他这只手不光贴满了同样款式的橡皮膏，还被强酸腐蚀得变了色。

"我们来这里是有事情的，"斯坦福德一边说，一边坐上一个高高的三脚凳，还把另一个凳子朝我这边踢了踢，"我这位朋友想找个住处，你又抱怨找不到合租的伙伴，所以呢，我想把你们俩撮合到一起。"

看样子，歇洛克·福尔摩斯很乐意跟我合住。"我看

---

① 布拉德福德（Bradford）、蒙彼利埃（Montpellier）和新奥尔良（New Orleans）分别是英国、法国和美国城市。

中了贝克街①的一套房子，"他说道，"咱俩住特别合适。要我说，您应该不介意浓烈的烟草味道吧？"

"我自个儿一直都抽'船烟'②。"我回答道。

"很好。我身边经常都有化学品，偶尔还会做做实验。这您介意吗？"

"一点儿也不。"

"让我再想想，我还有一些什么毛病。我时不时会有情绪低落的状况，一连几天不声不响。赶上这种时候，您可别觉得我是生您的气。只管让我自个儿待着，过不了多久我就会恢复正常。您有什么要说的吗？两个人要住到一起，最好能预先知道彼此最大的毛病。"

面对如此这般的相互摸底，我不由得笑了起来。"我私藏了一把小手枪③，"我说道，"而且受不了吵闹，因为我神经衰弱。我起床的时间毫无规律，生性又懒得要命。身体状况好的时候，我还有别的一些毛病，要说眼下嘛，最大的毛病也就是这些了。"

---

① 贝克街（Baker Street）是伦敦市区的一条街道。这条街如今蜚声世界，正是因为它与福尔摩斯之间的联系。

② "船烟"原文为"ship's"。据英国皇家海军随军牧师乔治·古迪纳夫（George Goodenough，生卒年不详）所著的《海陆能手》（*The Handy Man Afloat and Ashore*, 1901）一书所说，"ship's"指的是水手自制的烟卷，通常味道浓烈。

③ "小手枪"原文为"bull pup"，"bull"应该是"bulldog"的省写，后者可以指一种狗（斗牛犬），也可以指一种短管大口径手枪，"pup"是"小崽子"的意思，"bull pup"可以理解为"小型手枪"。英国枪械制造商韦伯利公司（Philip Webley & Son）曾于1872年推出一款左轮手枪，名字就叫"英国斗牛犬"（British Bull Dog）。

"您说的吵闹，拉小提琴算吗？"他不安地问了一句。

"那得看拉琴的是谁，"我回答道，"拉得好是上帝的恩赐——拉得不好嘛——"

"哦，那就没问题了，"他高声说道，开心地笑了起来，"依我看，咱们这就算是说定了——当然，前提是您喜欢那套房子。"

"我们什么时候去看房子呢？"

"明天中午，您上这儿来找我，我们可以一起去，把所有事情安排好。"他回答道。

"好的。明天中午我准时到。"我一边说，一边跟他握了握手。

我和斯坦福德离开实验室，一起走向我的公寓，留下他自个儿在那些化学品当中忙活。

"对了，"我突然停住脚步，转头问斯坦福德，"他究竟是怎么知道我去过阿富汗的呢？"

我同伴神神秘秘地笑了笑。"这就是他爱玩的那种小把戏，"他说道，"好多人都想知道，这一类的事情他是怎么看出来的。"

"噢！这可真是个谜，对吗？"我嚷了一句，兴奋得搓起手来，"这事情太有意思了。你把我俩拉到一起，我真得好好地感谢你。你也知道，'人类的研究对象，就该是人本身。'①"

"这么说的话，你真该研究研究他才对，"道别的时候，

---

① 这句话引自英国诗人亚历山大·蒲柏（Alexander Pope, 1688—1744）的诗歌《论人》（*An Essay on Man*）。

斯坦福德对我说，"不过，你肯定会发现他是个不好研究的人物。我敢打赌，他对你的了解会超过你对他的了解。再见。"

"再见。"我应了一声，慢步走向我的公寓，心里充满了对这位新相识的好奇。

第二章 演绎法

第二天，我和福尔摩斯依约见面，一起去看贝克街221B①的房子。房子就是他上次说过的那一套，有两间舒适的卧室，外加一间通风良好的大客厅。客厅的装潢色调明快，还有两扇光线充足的大窗子。这房子从各方面来看都是那么可心，两人分摊之后的租金又显得那么便宜，以致我们当场拍板，把房子租了下来。当天晚上，我就把自个儿的家当从公寓搬到了这里，次日早晨，歇洛克·福尔摩斯也带着几个盒子和旅行皮箱跟了过来。接下来的一两天时间里，我俩都忙着拆箱子，尽可能把各种家什安排妥帖。收拾停当之后，我俩才渐渐安顿下来，开始适应眼前的新环境。

福尔摩斯绝不是什么难于相处的人。他为人沉静，生

---

① 贝克街真实存在，但当时的贝克街却没有长到可以排到221号的程度，"221B"是一个虚构的门牌号码。今天的贝克街上有歇洛克·福尔摩斯博物馆，门口钉着"221B"的牌子，但这家博物馆的实际位置是在237号和241号之间。从2002年开始，收信地址为"贝克街221B"的信件都会被投递到这家博物馆。

活也很有规律，很少会在十点钟之后就寝，晨间则总是会在我起床之前出门，出门之前还吃完了早饭。白天他有时是在化学实验室里度过，有时是在解剖室，偶尔也会走路去很远的地方，目的地则似乎是故城①的贫民窟。工作热情高涨的时候，没有哪样事情能让他觉得力有不逮；隔三岔五，他身上也会出现某种反应，致使他一连几天躺倒在客厅沙发上，几乎是从早到晚一言不发、一动不动。赶上这样的时候，我就会在他眼里看到一种空洞茫然的表情。亏得他生活一向严谨整饬，如其不然，我都要疑心他是个服用迷幻药的瘾君子了。

　　几个星期过去了，我心里的好奇与日俱增，摸不清他这个人，也摸不清他生活的目的。他的身材和相貌十分惊人，即便是最漠不关心的旁观者也不能不予以注意。他身高肯定超过六尺②，再加上他十分瘦削，个子就显得比实际还要高上许多。他目光锐利，前提是他没有处在我前面说的那种蛰伏时期；细长的鹰钩鼻则让他的整个面容显得又机警又果决。突出方正的下巴，同样表明他是个意志坚定的人。他双手总是沾着墨水和化学品的印迹，手上的动

①　"故城"原文为"the City"，通常译为"伦敦城"，特指伦敦市中心一小片历史悠久的区域。这片区域有时也称"方里"（the Square Mile），因为它面积是一平方英里左右。为免与泛指伦敦全城的"伦敦城"发生混淆，见于本书的"the City"均译作"故城"。
②　书中的"尺"是英尺，一英尺大约等于零点三米。柯南·道尔书中使用的多为英制计量单位，为贴近原文口气起见，译文尽量使用对应的中文习惯说法，并以注释说明这些计量单位与公制单位的换算关系。

作却异常灵巧，之所以这么说，是因为我常有机会看他摆弄他那些易于损坏的科学仪器。

这个人让我无比好奇，所以我三番五次旁敲侧击，想打破他那座矢口不谈自己的沉默堡垒。看到我这么不打自招，读者们也许觉得我爱管闲事，可你们千万别遽下定论，先想想我的生活是多么漫无目的，能让我转移注意力的事物又是多么稀少。因为身体欠佳，我只有在天气特别温和的时候才敢出门，何况我没有什么朋友，平常就没有人上门探访，使我千篇一律的日常生活得到调剂。这一来，面对我室友身上的这个小小谜团，我自然表示了迫不及待的欢迎，花费了大量时间去破解其中的奥秘。

他研究的不是医学，因为他对某个问题的回答坐实了斯坦福德的这个判断。除此之外，他似乎从未攻读那些可以带来科学学位的课程，也不曾通过大家所知的任何其他门径往学术圈子里钻。尽管如此，他对某些方面的研究工作却是惊人地热情，又在一些稀奇古怪的领域拥有巨细靡遗的广博知识，以致我常常为他的言论惊愕不已。毫无疑问，没有哪个人会如此孜孜不倦地求取这一类的精确知识，除非这个人心怀某种坚定不移的目的。东一榔头西一棒子的读书人很少会以学问严谨见称，若没有什么不得不然的理由，谁也不会把那些琐细的事情往自个儿的脑子里装。

跟他的学识一样，他的无知也很惊人。看样子，他对当代文学、哲学和政治的了解几乎等于零。有一次我引用了托马斯·卡莱尔[1]的话，他竟然问我这个人是谁，干过些什么事情，问话的口气天真得无以复加。不过，等到我偶然发现，他既不知道哥白尼的日心说，也不知道太阳系的构成，我心里的惊异才算是达到了顶点。眼下已经是十九世纪，竟然还有某个文明人不知道地球是绕着太阳转的，这样的事情实在是太过匪夷所思，简直让我无法理解。

"你似乎吃惊不小啊。"看到我惊愕的表情，他笑着说道，"如今我既然听说了这个理论，接下来就得尽量把它忘掉。"

"把它忘掉！"

"你得明白，"他解释道，"在我看来，人的大脑最初就像一间空无一物的阁楼，里面的摆设得靠你自个儿去选、去放。傻瓜才会不加选择，捡到什么就放什么。这一来，那些没准儿能派上用场的知识就会被挤得没有地方，往好里说也只能跟一大堆杂物混在一起，想用也用不上。反过来，在往大脑阁楼里放东西的时候，技艺精湛的匠人就会格外小心。他只选那些能帮自己干活的工具，别的什么也不要。与此同时，他拥有的工具多不胜数，全部都摆放得整整齐齐。要是你以为这间小阁楼是用有弹性的墙壁砌的，想撑多大都可以，那可就错了。我敢跟你打包票，总有那么一天，你每增加一点新的知识，就会把以前知道的某件事情忘掉。所以说，千万不能让那些没用的知识挤掉有用的知识，这事情再要紧不

---

① 托马斯·卡莱尔（Thomas Carlyle, 1795—1881）为苏格兰讽刺作家及历史学家，英国维多利亚时代（1837—1901）的文坛巨擘。

过了。”

“可我说的是太阳系啊！”我表示抗议。

“太阳系与我何干？”他很不耐烦地打断了我，“你刚才说我们绕着太阳转，可是，就算我们绕着月亮转，我和我的工作也不受丝毫影响。”

我差点儿就问出了口，问他究竟在做什么工作，可他的神情却告诉我，这是个不受欢迎的问题。不过，我还是把这次简短的对话回味了一番，想要从里面找出问题的答案。他刚才说了，他不会去了解跟自己的目标无关的知识，由此可知，他拥有的所有知识都应该是对他有用的。我暗自把他在我面前展露过渊博知识的各个领域列了一遍，甚至拿铅笔把列举的结果记了下来。看着自己列出的表格，我不由得苦笑起来。表格的内容是这样的：

歇洛克·福尔摩斯的知识领域

一、文学知识——零

二、哲学知识——零

三、天文学知识——零

四、政治学知识——贫乏

五、植物学知识——参差不齐

对颠茄、罂粟及其他有毒植物十分了解，同时又对实用园艺一无所知。

六、地质学知识——足敷应用，但也算不上丰富

能一眼看出不同土壤之间的区别。曾在散步

归来后向我展示裤脚上的泥点，还跟我讲明了泥点来自伦敦的哪个区域，依据则是泥点的颜色和质地。

七、化学知识——渊博

八、解剖学知识——准确无误，只是不成系统

九、惊悚文学知识——极其渊博

看样子，他对本世纪所有的骇人罪案了如指掌。

十、小提琴拉得不错

十一、精通单手棍术、拳击和剑术

十二、对英国的法律有充分而实用的了解

列到这里，我绝望地将表格付之一炬。"要想弄清楚这家伙到底在干什么，我就得把所有这些本事糅到一起，找出一个用得上所有这些本事的行当，"我暗自嘀咕，"真要是只有这一种办法的话，我还不如立刻放弃呢。"

前面我已经提过他的琴技，他的琴技着实不凡，同时也跟他另外那些本事一样古怪。他能够演奏完整的作品，高难度的曲子也不在话下。这一点我非常清楚，因为他曾经应我的请求演奏门德尔松的几首《无言歌》①，还有其他一些我喜欢的作品。但在他自选曲目的时候，琴声中很少会有什么像样的曲调，很少会有我熟悉的旋律。傍晚时分，他会仰靠在他那把扶手椅上，闭上眼睛，随手抚弄搁在膝头的小提琴。有些时候，他的琴声浑厚又忧伤，偶然

① 门德尔松（Jacob Ludwig Mendelssohn, 1809—1847）为德国指挥家、钢琴家及作曲家，《无言歌》（Lieder）是他创作的组曲。

的情形之下，琴声也会显得怪异而欢快。显而易见，琴声反映着他脑子里的种种思绪，只不过我无从判断，琴声有没有起到帮助他思考的作用，会不会只是他一时兴致的自然流露。好在他完成这种恼人的独奏之后，通常会接二连三拉几支我爱听的曲子，算是为我遭受的精神折磨做一点小小的补偿，如其不然，我就该表示抗议了。

搬家之后一个星期左右的时间里，我俩都没有任何访客。于是我开始觉得，我这位室友跟我一样，也是一个朋友都没有。但是，我很快就发现他熟人很多，而且三教九流无所不有。其中之一是一个深色眼睛的小个子，脸色蜡黄，面相阴险，据他介绍是雷斯垂德先生，一个星期就会来上三四次。一天早上，来了个打扮时髦的年轻姑娘，在我们这儿待了至少半个小时，同一天下午又来了个头发花白、衣衫褴褛的访客，样子像个犹太小贩，神情激动，身后紧跟着一个邋邋遢遢的老妇人。有一次，一位白头发的绅士来找我室友商量事情，还有一次的访客则是一名车站搬运工，身上穿着棉绒制服。这些莫名其妙的客人登门拜访的时候，歇洛克·福尔摩斯总是会向我申请客厅的专用权，而我也总是与人方便，躲进自个儿的卧室。因为给我造成了这样的不便，他每次都会给我赔不是。"我只能用这个房间来当办公室，"他是这么说的，"那些人都是我的主顾。"这么着，我再一次得到了直接询问他职业的机会，但却再一次善解人意地放弃了机会，因为我不想强迫他人对我推心置腹。我当时的想法是，他这么不愿意谈论自己的职业，一定有什么不得已的理由。不过，他很快就主动谈起这个话题，让我打消了这方面的疑虑。

这事情发生在三月四号，当天的日期对我来说特别好记，因为我起得比平常早了一点儿，看见歇洛克·福尔摩斯还在吃早餐。房东太太已经熟知我晚起的习惯，因此没有在我座位上摆放餐具，也没有给我准备咖啡。本着无理取闹的凡人秉性，我拉响铃铛，简单粗暴地告诉她，我已经起来了。接下来，我从桌上拿起一本杂志，打算借此消磨等房东送来饭的时间，我室友则闷声不响，顾自啃他的面包。杂志里一篇文章的标题上有一个铅笔做的记号，自然而然地吸引了我的目光。

文章的标题多少有点儿托大，叫什么"生活指南"，主旨则是告诉大家，通过对身边事物进行准确而系统的观察，一个眼光敏锐的人可以得到多么巨大的收获。按我的感觉，这篇文章集精明与荒谬于一体，也算是非同凡响。文章的逻辑丝丝入扣，结论却显得夸诞无稽。作者声称，只需要借由表情的一瞬变化，肌肉的一丝牵动，或者是目光的一刹转移，你就可以看出一个人内心深处的想法。按他的说法，在擅长观察与分析的行家里手面前，欺骗根本是不可能的事情。这类专家得出的结论，跟欧几里得的诸多命题一样不可动摇，还会使外行觉得匪夷所思，其或把专家看成巫师术士，必须等专家讲明自己的推理过程，才能够懂得其中奥秘。

"仅仅依靠一滴水，"作者如是写道，"推理专家就可以推导大西洋或者尼亚加拉瀑布的存在，不需要耳闻目睹。如此这般，万事万物连成了一根巨大的链条，只需要看到其中的一个环节，我们就可以了解整根链条的性质。跟其他所有学问一样，演绎分析之学也只能通过持之以恒的求索来掌握，只可惜生命太过短暂，任何凡人都无法把这门学问修炼到登峰造极的程度。道德水平和心理活动是最难演绎的东西，乐于求索的人不妨从比较初级的问题入手。遇见其他某个肉眼凡胎的时候，你不妨尝试一下，力求在一瞥之间看出对方的经历和职业。这样的练习看来幼稚，却可以锻炼你的观察本领，让你知道眼睛该朝哪里看，该留意的又是些什么东西。指甲、外套袖子、靴子、裤子的膝盖部位、食指和拇指上的老茧、表情、衬衫袖口，桩桩件件都可以清楚揭示一个人的行当。如果说所有这些东西合在一起，还是不能让一名合格的观察者顿开茅塞的话，那简直是一件没法想象的事情。"

"什么胡言乱语！"我大叫一声，把杂志甩到了桌子上，"我一辈子都没读过这么荒唐的文章。"

"什么文章？"歇洛克·福尔摩斯问道。

"咳，就是这篇。"我刚刚坐下准备吃早餐，于是一边说，一边用舀蛋的勺子指了指，"我想你肯定已经读过了，因为你在上面做了记号。我承认文章写得相当漂亮，可我还是被它给惹火了。很显然，这是某个窝在扶手椅上的懒汉想出来的理论，这些似是而非的漂亮话都是他闭门造车的产物，一点儿也不切实际。我倒是想把作者关进地铁的三等车厢[①]，让他讲讲周围的乘客干的都是什么行当。我

---

① 伦敦地铁是世界上历史最悠久的地铁，第一段于 1863 年开通。当时的地铁和火车一样，车厢分了等级。

可以跟他打个赌，一赔一千都行。"

"那你就输定了。"歇洛克·福尔摩斯平静地说道，"这篇文章是我写的。"

"你写的！"

"没错，在观察和推理这两个方面，我都有那么一点天赋。我写在文章里的理论，也就是你觉得完全不着边际的那个理论，实际上是非常有用的，有用到了我可以拿它换面包的地步。"

"怎么换？"我脱口问了一句。

"呃，我干的是一门独特的行当。按我看，做这行的世上只有我一个。我是个顾问侦探，具体是做什么，你应该可以顾名思义吧。伦敦城里有许多政府探员，私家侦探也不少。这些家伙遇上了麻烦，就会跑来找我，我呢，就会设法为他们指点迷津。他们会把所有的证据摆到我的面前，一般说来，我次次都能领他们走上正轨，因为我对犯罪史非常了解。各种罪行都带有很强的家族特征，如果你对一千宗罪案了如指掌，第一千零一宗破不了才是怪事。雷斯垂德是个挺出名的侦探，最近被一个伪造案搞得晕头转向，来找我就是为了这个。"

"其他那些人又是怎么回事呢？"

"大多数都是私家侦探社介绍来的。他们都遇上了这样那样的麻烦，需要我一星半点的指引。我听他们的故事，他们听我的见解，听完之后，我就可以把钱往兜里揣了。"

"你难道是说，"我说道，"那些人虽然看到了某个难题的所有细节，但还是感到无从下手，而你却可以轻松解决，连门都不用出吗？"

"差不多吧。我对这类事情有种直觉。只不过隔三岔五，也会出一个稍微复杂点儿的案子，这时我就不得不出去转转，亲眼看看相关的事情。你也知道，我脑子里装着不少专门的知识，不光可以用来解决问题，而且非常好使。你瞧不上的那篇文章里提到的种种演绎方法，对我来说都是实际工作当中的无价之宝。观察是我的第二天性。咱俩第一次见面的时候，我说你去过阿富汗，你似乎觉得很吃惊哩。"

"肯定是有人跟你说的。"

"没那回事。我就是知道你去过阿富汗。因为多年养成的习惯，思维的列车飞快地驶过我的心间，快得我来不及意识到中间的步骤，结论就已经到了眼前。话又说回来，这当中确实是有步骤的。这趟演绎的列车是这么走的：'我眼前这位绅士带有医生的气质，同时又有点儿军人的派头。如此说来，他显然是名军医。他面庞黝黑，手腕却是白的，说明他不是生来就黑，肯定是刚刚才从热带地方回来。他受过艰苦生活和疾病的折磨，这在他那张憔悴的脸上写得明明白白。他的左胳膊受过伤，因为那只胳膊保持着一种很不自然的僵硬姿势。热带范围之内，有哪个地方能让一名英国军医苦头吃尽、胳膊受伤呢？当然是阿富汗。'这趟思维列车的整个行程还不到一秒钟。然后呢，我指出你去过阿富汗，而你的反应就是大吃一惊。"

"听你这么一解释，这还真是挺简单的，"我笑着说，"你让我想起了埃德加·爱伦·坡笔下的杜平①。以前我可没想到，现实生活里也有这样的人物。"

歇洛克·福尔摩斯站起身来，点上了自个儿的烟斗。"你肯定是觉得，把我比作杜平是对我的一种恭维，"他说道，"可是呢，按我的看法，杜平是个非常蹩脚的家伙。他先要沉默整整一刻钟，然后才一语道破朋友的心事②，这样的把戏实在是太过夸张，太过肤浅。他的确有一点儿分析的天分，但绝不是爱伦·坡想要塑造的那种盖世奇才。"

"那你读过加博里欧③的书吗？"我问道，"勒科克算不算你心目中的神探呢？"

歇洛克·福尔摩斯对此嗤之以鼻。"勒科克是个专门添乱的倒霉蛋，"他怒冲冲地说道，"他只有一个优点，那就是精力旺盛。讲他的那本书，简直让我恶心得不行。问题不过是如何弄清一个匿名囚犯的真实身份，我可以在二十四小时之内解决，勒科克却用了半年左右。④这案子简直可以用作反面教材，让侦探们知道什么事情不能干。"

眼见我心目中的两位英雄遭人如此奚落，我觉得愤愤

① 埃德加·爱伦·坡（Edgar Allan Poe, 1809—1849）是美国小说家及诗人，以侦探小说和恐怖小说闻名。杜平（Dupin）是他笔下的神探。

② 这个情节来自爱伦·坡的短篇小说《莫尔格街凶杀案》（*The Murders in the Rue Morgue*, 1841），该小说历来有"史上第一部推理小说"之称。

③ 加博里欧（Emile Gaboriau, 1832—1873）是法国侦探小说家。勒科克（Lecoq）是他笔下的神探。

④ 这个情节来自加博里欧的小说《勒科克先生》（*Monsieur Lecoq*, 1868）。

不平，于是便走到窗边，站在那里观看熙攘的街景。"这家伙是不是非常聪明还不好说，"我暗自想道，"非常自负却是一定的。"

"这些日子以来，罪案和罪犯都不知道跑哪儿去了，"福尔摩斯发起了牢骚，"干我们这个行当，要脑子来干什么呢？我心里非常清楚，我拥有名扬四海的本事。古往今来的所有侦探当中，没有谁搞过我这么多的研究，没有谁拥有我这么高的天赋。结果又怎么样呢？眼下根本就没有可破的案子，有也不过是一些手法拙劣的小案，犯罪动机一目了然，连苏格兰场①的警察都看得穿。"

我还在为他这种自卖自夸的说话方式生闷气，所以就觉得还是换个话题比较好。

"你说说，那个家伙在找什么？"我指着街对面的一个行人问道。那人身材魁梧、衣着朴素，一边慢慢腾腾地往前走，一边火急火燎地扫视门牌，手里拿着一个蓝色的大信封，显然是在帮人送信。

"你是说那个海军陆战队的退伍士官吗？"歇洛克·福尔摩斯说道。

"真敢吹！"我暗自嘀咕，"不过是欺负我没法检验他的猜测而已。"

我这个念头还没转完，我俩的观察对象就瞥见了我们这座房子的门牌，飞快地跑到了街道的这一侧。我俩听见

——————————

① 苏格兰场（Scotland Yard）是伦敦警察厅的代称，按照苏格兰场官网的说法，这是因为它原来的办公地点有一道开在大苏格兰场街（Great Scotland Yard Street）的后门。

楼下传来一记响亮的叩门声，又听见一声低沉的嘟囔，接着就听见有人上楼的沉重足音。

"歇洛克·福尔摩斯先生的信。"来人一边说，一边走进房间，把信交给了我的室友。

教训这个自大狂的机会到了。他刚才只顾着信口开河，肯定没想到还有这一出。"伙计，请问一下，"我用再平常不过的语气问道，"你是做什么的呢？"

"当杂役①的，先生，"来人粗声粗气地说道，"制服送去补了，所以没穿在身上。"

"以前呢？"我一边问，一边不无恶意地瞥了我室友一眼。

"以前是士官，先生，隶属皇家海军陆战队轻步兵分队，先生。没有回信要送吗？好的，先生。"

他并拢脚跟，举起手敬了个礼，然后就离开了。

---

① 这里的"杂役"原文是"commissionaire"，可能是特指杂役队（Corps of Commissionaires）的成员。杂役队是英国军官爱德华·沃尔特（Edward Walter, 1823—1904）于1859年创立的一个提供信使、门卫、安保等服务的机构，机构的名义首脑为英国君主，今日犹然，当时的员工都是退伍军人，有专门的制服。

第三章　劳瑞斯顿花园谜案

我必须承认，看到我室友理论的实用价值又一次得到验证，我一时间真是吃惊不小。这一来，我对他分析能力的钦佩之情自然有了大幅度的增长。尽管如此，我心里还是潜藏着些许怀疑，怀疑这整件事情都出自他预先的安排，目的是向我炫耀他的本事，至于他为什么要大费周章引我入彀，那就不是我能想明白的了。我转头看他的时候，他已经读完那名杂役送来的便笺，茫然的双眼暗淡无光，一副神不守舍的样子。

"那件事情，你究竟是怎么演绎出来的？"我问道。

"什么事情？"他恶声恶气地说道。

"呃，你刚才不是演绎出来，那名杂役是海军陆战队的退伍士官嘛。"

"我没时间扯这些鸡毛蒜皮的事情，"他粗鲁地回了一句，跟着却微微一笑，接着说道，"请原谅我的无礼。你刚才打断了我的思路，打断就打断吧，兴许也没什么关系。照这么说，你是真的看不出他以前是海军陆战队的士官喽？"

"看不出，真的。"

"看出来容易，看出来的原因倒不容易解释清楚。要是有人让你证明二加二等于四，你可能会觉得有点儿困难，尽管如此，你还是会对这个事实深信不疑。当时虽然隔了一条街，我还是看到他手背上刺着一柄蓝色的大锚，那可是海洋的标记啊。另一方面，他举手投足带有军人风范，腮帮上的胡须也中规中矩，说明他在海军陆战队待过。然后呢，他看起来有点儿自负，隐隐透着发号施令的威严。他昂着脑袋挥舞手杖的那种架势，想必你也注意到了吧。再看看他的脸，你还会发现他是个踏实可靠、正派体面的中年人。把所有这些东西拢在一起，我就得出了他曾经是个士官的结论。"

"妙极了！"我脱口而出。

"平常而已，"福尔摩斯说道，但从他的表情来看，他显然对我溢于言表的惊奇与钦佩颇感受用，"刚才我还说没有罪犯，现在看来是说错了。瞧瞧这个！"他一边说，一边把那名杂役送来的便笺递给了我。

"什么，"我扫了一眼便笺，不由得叫了起来，"这可真是太可怕了！"

"确实有点儿不同寻常，"他平静地说道，"你能把它念给我听听吗？"

我念给他听的信函内容如下：

亲爱的歇洛克·福尔摩斯先生：

昨日夜间，布莱克斯顿路旁的劳瑞斯顿花园

3号①发生一起恶性案件。凌晨两点左右，当班巡警看到房子里有亮光。鉴于那座房子无人居住，巡警便怀疑事有差池。查探之下，他发现屋门大开，空空如也的前厅里躺着一具男尸。死者衣着考究，口袋里的名片写着"伊诺克·J.德雷伯，美国俄亥俄州克利夫兰市②"。现场没有抢劫迹象，也没有足以说明死者死因的线索。房间里有血迹，死者身上却没有伤痕。我们不知道死者缘何进入那座空屋，确确实实，整件事情都是一个谜团。十二点钟之前，你随时可以去现场看看，我会在那里等你。收到你的回复之前，我会让现场保持原状。如果你来不了，我会给你一份更为详尽的案情介绍。如蒙赐教，不胜铭感。

你忠实的朋友

托比亚斯·格雷格森

"格雷格森是苏格兰场最出色的侦探，"我朋友如是指出，"他和雷斯垂德可以算矬子里的将军，两个人都雷厉风行、精力充沛，只可惜有点儿保守——应该说是保守得

---

① 布莱克斯顿路（Brixton Road）是伦敦南部的一条大街，劳瑞斯顿花园（Lauriston Gardens）则是作者虚构的住宅区。柯南·道尔的家乡爱丁堡有一条名为"劳瑞斯顿花园"的小街。

② 故事情节发生之时，俄亥俄已经成为美国的一个州。后文中一些地名虽与美国今日州名相同（比如犹他和内华达），当时却并未建州，译名由此不带"州"字。克利夫兰（Cleveland）为俄亥俄州东北部城市。

要命。除此而外，他俩还总是相互找茬，好比两个争风吃醋的交际花。他俩都参与查案的话，这案子就有得瞧了。"

他这么喋喋不休，语气还这么平静，我不由得大感惊讶。"眼下显然已经是刻不容缓，"我大声说道，"我该去帮你叫辆出租马车了吧？"

"我还没想好去不去呢。我可是古往今来最无可救药的懒汉哩——当然，这是说我懒病发作的时候。有些时候，我也是相当有活力的。"

"什么，这可正是你一直盼着的机会啊。"

"亲爱的伙计，这案子对我没什么好处。你可以放一万个心，就算整件案子都是我破的，格雷格森和雷斯垂德这帮子人还是会把所有的功劳据为己有，因为我是个无官无职的草民。"

"他这不是来求你帮助了嘛。"

"没错。他知道我比他厉害，在我面前也是这么承认的。可是，他宁愿把自个儿的舌头给剪了，也不会在任何旁人面前承认这一点。说归说，我们还是去看看好了。我会单枪匹马办完这件案子，就算没有别的好处，至少可以取笑一下他们。走！"

他迅速穿上大衣，风风火火地行动起来。一看他这股劲头，你马上就知道，他懒病已经发作完毕，进入了活力爆发的时期。

"拿上你的帽子。"他说道。

"你要我跟你一起去吗？"

"是啊，要是你没有什么更好的消遣的话。"一分钟之后，我俩已经坐进一辆汉森车，向着布莱克斯顿路疾驰而去。

这是个云遮雾罩的早晨，路边房顶的上方悬着一层暗褐色的纱幕，仿佛是地面那些泥泞街道映在天上的倒影。我同伴兴致高涨，滔滔不绝地谈论克雷莫纳小提琴，品评斯特拉底瓦里琴和阿马蒂琴①的高下。我却没有说话的心情，一方面是因为阴沉的天气，一方面也因为摆在我们面前的这桩惨案。

"你好像没怎么考虑手头的案子啊。"我终于按捺不住，开口打断了福尔摩斯关于音乐的长篇大论。

"现在还没有资料啊，"他回答道，"不等资料齐全就预先提出假设，可说是一种最要不得的做法，会让你的判断发生偏差。"

"资料马上就来了，"我指着路边对他说，"我们已经到了布莱克斯顿路，要是我没搞错的话，出事的房子应该就是那一座。"

"确实是。停下，车夫，快停下！"这会儿我们离那座房子还有一百码②左右，可他坚持要立刻下车。这趟旅程的最后一截路，我们是徒步完成的。

劳瑞斯顿花园 3 号散发着一股不祥的凶险气息。这里

---

① 克雷莫纳（Cremona）为意大利城市，以出产小提琴闻名。斯特拉底瓦里琴（Stradivarius）和阿马蒂琴（Amati）都是蜚声世界的小提琴，分别得名于以制琴著称的斯特拉底瓦里家族和阿马蒂家族，这两个家族都与克雷莫纳渊源甚深。
② 一码约等于零点九米。

有四座离街稍远的房子，两座有人居住，另外两座空着，3号就是其中之一。两座空房子都有三排空洞凄凉的窗户，没有装饰的窗子显得十分单调，仅有的点缀不过是东一张西一张的"出租"告示，看着像是灰扑扑的玻璃长了白翳。两座房子和街道之间各有一座小小的花园，花园里乱七八糟地长着一些病怏怏的植物，仿佛是地里出了疹子。纵贯花园的是一条淡黄色的小径，显然是用黏土和砾石铺成的。昨天下了一夜的雨，到处都泥泞不堪。花园有一堵三尺高的围墙，围墙顶上是一圈木头栅栏，一名身材魁梧的警员靠在墙边，身旁围着一小群闲人。闲人们抻长脖子，把眼力用到了极限，徒劳地想要瞥见屋里的情形。

　　我本以为歇洛克·福尔摩斯会火急火燎地冲到屋里，一头扎进这宗谜案，他的打算却似乎跟我的想法完全不沾边。只见他摆出一副漫不经心的模样，在人行道上踱来踱去，茫然地扫视着地面、天空和街对面的房子，还有围墙顶上的栅栏。考虑到眼下的情形，我真觉得他有点儿装腔作势。勘查完了之后，他慢慢地沿着花园小径往前走，准确说是沿着小径边上的草丛往前走，眼睛死死地盯着地面。中间他停了两次，有一次停下时还笑了一笑，欢呼了一声。潮湿的黏土地面的确留着很多脚印，可是，既然那些警察曾经在这里来来往往，我实在想不出我同伴还能从地面找到些什么。话虽然这么说，鉴于我对他敏锐的观察力有过异常深刻的体会，我还是确信，他能够看到很多我看不到的东西。

　　走到房子门口的时候，一个脸色白净、头发淡黄的高个子男人走过来招呼我们，手里拿着一个记事本。他急步上前，非常热情地握住了我同伴的手。"你能来真是太好了，"他说道，"我让所有东西都保持着原状。"

"那可不是原状！"我朋友回答道，指了指花园里那条小径，"就算有一群野牛从那上面踩过，情形也不会比现在更糟。当然喽，格雷格森，既然你允许他们这么干，肯定是已经有了你自个儿的结论吧。"

"屋子里面的事情实在是忙不过来，"探员支支吾吾地说道，"我同事也在这里，就是雷斯垂德先生。外面的事情归他管。"

福尔摩斯瞥了我一眼，讥讽地挑起了眉毛。"既然有你和雷斯垂德这样的高手在场，别的人也不会有太多新发现了吧。"他说道。

格雷格森扬扬自得地搓了搓手。"要我说，能做的我们都做了，"他回答道，"不过呢，这案子确实有点儿古怪，而且我知道，古怪的事情最对你的胃口。"

"你不是坐出租马车来的吧？"歇洛克·福尔摩斯问道。

"不是，先生。"

"雷斯垂德也不是吗？"

"不是，先生。"

"那好，我们去屋里看吧。"说完这些没头没脑的话之后，福尔摩斯大踏步走进房子。格雷格森也跟了进去，脸上的诧异一览无余。

通往厨房和杂物间的是一段短短的过道，过道没铺地毯，木头地板上满是尘土。过道左右两边各有一道门，其中一道显然有好多个星期没开过了，另一道则通往餐厅，也就是谜案发生的地点。福尔摩斯走进餐厅，我跟在他的身后，心里充满了死亡带来的沉重感觉。

餐厅是一个方形的大房间，因为没有家具，看起来格外宽敞。墙上贴着俗不可耐的花哨墙纸，有些地方已经生了霉，有些地方则大片大片地剥落下来，露出后面的黄色灰泥。对着门的位置是一个式样招摇的壁炉，炉膛上方的台子是仿汉白玉的，台子一角立着一支烧残的红烛。仅有的一扇窗子脏得要命，房间里的光线便显得昏暗游移，给所有的东西染上一抹黯淡的灰色。房间里盖满厚厚的尘土，进一步加重了这种色调。

上面说的这些细节，全都是我后来才注意到的。此时此刻，我眼中只有房间里这个孤零零的狞恶人形，人形一动不动地摊在地板上，空洞的双眼已经看不见任何东西，却依然直勾勾地盯着褪了色的天花板。这是个四十三四岁的男人，中等身材，宽肩膀，一头黑色的卷发，蓄着短短的络腮胡子。他穿的是一件厚呢礼服，里面穿了马甲，裤子的颜色比礼服浅一些，衬衫的领子和袖口一尘不染，身旁的地板上有一顶十分整洁的礼帽。死者双手握拳，双臂大张，双腿则交缠在一起，看样子死得相当痛苦。他僵硬的脸上凝着一种恐怖的神情，在我看来还带着一种刻骨的仇恨，这样的仇恨，我从来也没在别人脸上看见过。有了这副狰狞可怖的扭曲面容，再配上低低的额头、扁平的鼻子和突出的下巴，死者便显得与猿猴格外相似，他这种挣扎拘挛的别扭姿势，更使他与猿猴几无二致。我这辈子见识过形形色色的死亡，最可怕的死状却是在这个黑暗污秽的房间里见到的。这房间的外面，可就是伦敦郊区的一条干道啊。

身材瘦削的雷斯垂德站在门边，侦探派头一如往昔。看见我和我朋友之后，他过来打了个招呼。

"这案子肯定会引起轰动，先生，"他如是指出，"我也算见过一点儿世面，却还没见过这么离奇的案子。"

"还是没有线索吗？"格雷格森问道。

"什么线索也没有。"雷斯垂德应道。

歇洛克·福尔摩斯走近尸体，跪到地上，专心致志地检查起来。"你们肯定尸体上没有伤痕吗？"他一边问，一边指了指周围那些斑斑点点的血迹。

"错不了！"两位探员齐声叫道。

"既然如此，血迹肯定是另一个人留下的——那个人应该就是凶手，如果这确实是桩凶案的话。眼下的情形，倒是让我想起了一八三四年乌得勒支①的范·扬森被害案。你记得那件案子吗，格雷格森？"

"不记得，先生。"

"去读读吧，会有好处的。阳光之下无新事②，所有的事情都有先例。"

他嘴里不停，手上也没闲着，灵巧的手指四处翻飞，这里摸摸，那里按按，还把死者的衣服解开来查看了一番，眼神却不见变化，始终是我前面说过的那种空洞茫然的模

① 乌得勒支（Utrecht）为荷兰中部城市。

② 这句话出自《旧约·传道书》。

样。他检查的过程快得惊人，让人根本料想不到，他实际上检查得非常仔细。到最后，他嗅了嗅死者的嘴唇，瞧了瞧死者那双漆皮靴子的鞋底。

"你们一点儿也没动过他吗？"他问道。

"没动过，只做了一点儿必要的检查。"

"你们可以送他去殓房了，"他说道，"尸身没什么可查的了。"

格雷格森早已备好一副担架和四个工人，这会儿便招呼工人进来，把这个外乡死者抬了出去。工人抬起尸体的时候，一枚戒指从尸体上掉落，顺着地板滚了过来。雷斯垂德一把抓起戒指，迷惑不解地盯着它看了一阵儿。

"这案子还牵涉到一个女人，"他叫道，"这是一枚女人戴的结婚戒指。"

他一边说，一边把戒指放在手心伸了过来。大伙儿都围了上去，仔细端详这枚戒指。错不了，眼前这枚素金指环，曾经是一位新娘的饰物。

"这就把问题搞复杂了，"格雷格森说道，"天哪，本来就已经够复杂了啊。"

"你肯定它不能简化问题吗？"福尔摩斯不以为然，"别盯着它看了，看不出什么名堂的。你们在他兜里找到了一些什么？"

"找到的东西都在那儿。"格雷格森说道，指了指堆在楼梯底端一个梯级上的一些东西，"一块编号 97163 的金表，伦敦巴劳表厂①的产品。一条金质的阿尔伯特表链②，相当沉重，成色十足。一枚金戒指，上面刻着共济会③的徽章。一枚金领针，图案是斗牛犬④，狗眼睛是红宝石镶的。一个俄国产的皮制名片夹，里面的名片表明此人是克利夫兰的伊诺克·J.德雷伯，与衬衫上的 E. J. D. 缩写相符⑤。兜里没有钱包，散放的钱钞却足足有七镑十三先令。一本袖珍版的薄伽丘《十日谈》⑥，扉页上写的名字是约瑟夫·斯坦杰森。此外还有两封信，一封的收信人是 E. J. 德雷伯，另一封是约瑟夫·斯坦杰森。"

"收信人的地址呢？"

"斯特兰街美国交易所⑦，留交本人自取。两封信都

---

① 巴劳表厂是英国钟表匠巴劳（Paul Philipp Barraud, 1752—1820）始创的表厂，今已不存。

② 阿尔伯特表链（Albert chain）是一种式样简单的粗表链，因英国女王维多利亚（Queen Victoria, 1819—1901）的丈夫阿尔伯特亲王（Prince Albert, 1819—1861）而得名。

③ 共济会（Freemasonry）是一个类似于兄弟会的国际性团体，历史悠久，起源不详，以慈善互助为主要宗旨，采用一些秘密的仪式和标记，带有一定的神秘色彩。

④ 斗牛犬（bulldog）是源自英国的一种中型犬，因曾被用于牛犬斗（bull-baiting，一种曾在英国流行的血腥娱乐，十九世纪初遭到禁绝）而得名，是英国的文化象征之一。

⑤ 这个人名的英文是"Enoch J. Drebber"，缩写为 E. J. D.。

⑥ 薄伽丘（Giovanni Boccaccio, 1313—1375）为文艺复兴时期意大利著名作家，《十日谈》（*Decameron*）为其代表作，书中有大量情色内容。

⑦ 美国交易所（American Exchange）是当时一家为美国游客提供银行汇兑、信件收发、车船票务等服务的商业机构，十九世纪末倒闭。

是贵戎汽船公司①发出的，说的是该公司轮船从利物浦启航的船期。很显然，这个倒霉的家伙本来是不久就要回纽约去的。"

"你们调查过这个名叫斯坦杰森的人吗？"

"接案之后，我立刻展开了调查，先生，"格雷格森说道，"我在所有的报纸上登了启事，还派了个手下去美国交易所，只不过他现在还没回来。"

"你跟克利夫兰那边联系过吗？"

"今早给他们发了电报。"

"电报是怎么措辞的呢？"

"我们只是说了说详细的案情，请他们提供有助于破案的情报。"

"你没有就某个你觉得至关重要的问题打听一些细节吗？"

"我问了斯坦杰森的事情。"

"别的就没问吗？整件案子就没有一个让你觉得最关键的地方吗？你难道不打算再发一封电报吗？"

"我要说的，上一封电报已经说完了。"格雷格森气呼呼地说道。

歇洛克·福尔摩斯吃吃一笑，正打算开口说话，刚才一直在餐厅里的雷斯垂德又跑进了我们所在的门厅。他搓着自个儿的双手，扬扬自得，趾高气扬。

---

① 贵戎汽船公司（Guion Steamship Company）由入籍英国的美国商人贵戎（Stephen Barker Guion, 1820—1885）创办，1866 年至 1894 年间经营利物浦—纽约航运业务。

"格雷格森先生，"他说道，"我刚刚有了一个至关紧要的发现。要不是我仔细检查了墙壁的话，咱们没准儿就把它给漏掉了。"

说话的时候，这名小个子探员两眼放光，显然是在刻意压制心里的狂喜，狂喜则是因为他在同僚暗斗当中赢了一局。

"跟我来。"他一边说，一边疾步走回餐厅。占据餐厅的可怕尸体既已被人抬走，里面的空气也显得明净了一些。"好了，站那儿别动！"

他在靴子上划燃火柴，把火柴举到墙边。

"看看这个！"他得意扬扬地说道。

前面我说过，餐厅的墙纸已经剥落得不成样子，眼前这个角落也有一大片墙纸脱离墙面，露出一方粗糙的黄色灰泥。光秃秃的墙壁上潦草地写着几个血红色的字母，字母组成了一个单词——

RACHE

"你们怎么看？"发现字迹的这位探员高声说道，活像一个正在耍把戏的艺人，"这东西之所以被人忽略，是因为它写在房间里最黑暗的角落，之前也没人想到要往这里看。写字的凶手用的是他或她自个儿的血。看看这些血顺着墙往下流的痕迹！不管怎么说，自杀的可能性已经不存在了。凶手干吗要选这个角落写字呢？让我来告诉你们好了。看见壁炉台上的蜡烛了吧，案发时它肯定是燃着的，那样的话，这个角落就不会是墙上最黑暗的部分，应该是最明亮的部分了。"

"可算让你给找着了，那你知道它是什么意思吗？"格雷格森不屑一顾地说道。

"意思？很简单，意思就是写字的人本打算写一个女人的名字——'Rachel'，结果呢，他或者她还没写完就受到了惊扰。记着我的话吧，到了结案的时候，你们一定会发现这案子牵涉一个名叫'Rachel'的女人。要笑你尽管笑，歇洛克·福尔摩斯先生。你兴许聪明绝顶，可是说来说去，姜还是老的辣。"

"你一定得多多包涵！"我同伴说道，原因是在此之前，他抑制不住地放声大笑，惹起了小个子探员的怒火，"毫无疑问，我们当中是你最先取得了这个发现，还有啊，就像你说的那样，它怎么看都像是昨夜谜案的另一名当事人留下的。之前我还没来得及检查这个房间，你要没意见的话，我打算现在来做这件工作。"

他一边说，一边飞快地从兜里掏出一个卷尺，以及一把硕大的圆形放大镜。他拿着这两样工具，悄无声息地在房间里转来转去，时不时驻足端详，偶尔还屈膝跪地，有一次竟然整个人趴到了地面上。他对手头的事情无比专注，看样子已经忘记了我们的存在，因为他一直在自己跟自己低声叨咕，一会儿惊呼，一会儿哀叹，一会儿吹口哨，一会儿又发出欣欣鼓舞的短促叫喊。眼看他如此投入，我不由得想起了那种血统纯正、训练有素的猎狐犬，想起了猎狐犬在树林里来往奔突，猃猃吠叫，不找出中断的嗅迹绝不罢休的样子。他一直检查了二十多分钟，一丝不苟地测量着一些我压根儿看不见的标志物之间的距离，偶尔还把卷尺拉到墙上，做一些同样叫人莫名其妙的测量。其间有一次，他从地板上小心翼翼地拈起一小撮灰色的尘土，把尘土装进了一个信封。最后他用放大镜检查了一下墙上的字迹，把每个字母仔仔细细过了一遍。检查完字迹之后，他似乎已经心满意足，因为他把卷尺和放大镜揣回了兜里。

"人们说，天才的意思就是吃得了天大的苦，"他微笑着说，"这定义虽然下得非常糟糕，用在侦探行当却非常合适。"

格雷格森和雷斯垂德一直在观察这位业余同行的举动，一方面十分好奇，一方面又有点儿轻蔑的意思。他俩显然没有认识到一个我已经有所认识的事实，那就是歇洛克·福尔摩斯的一举一动都有切合实际的明确目的，最微小的举动也不例外。

"你有什么高见，先生？"他俩异口同声地问道。

"要是我冒昧帮你们破这个案子，恐怕会有掠美之嫌，"我朋友说道，"你们干得这么漂亮，别人再伸手的话，还真是有点儿多余哩。"他的话音里包含着无尽的讽刺。"如果你们愿意向我通报案情的进展，"他接着说道，"我倒是乐意提供力所能及的帮助。此外，我想跟发现尸体的那个警察谈一谈，你们能把他的姓名和地址告诉我吗？"

雷斯垂德看了看自个儿的记事本。"他名叫约翰·兰斯，"他说道，"现在已经下班了，你可以去肯宁顿公园大门路奥德利巷 46 号①找他。"

福尔摩斯把这个地址写了下来。

"走吧，医生，"他说道，"咱们这就去找他。"接下来，他转头对两位探员说道，"我可以告诉你们一点儿事情，兴许能帮助你们破案。这里的确发生了凶案，凶手是个男的，身高超过六尺，正值壮年。以他的身高而论，他的脚显得小了一些。他穿的是一双粗糙的方头靴子，抽的是崔克诺帕里②雪茄。他跟死者一起坐一辆四轮出租马车到了这里，拉车的马有三块蹄铁已经旧了，右前蹄的蹄铁则是新的。凶手十之八九面色红润，右手的指甲还特别长。这些线索虽然不算太多，没准儿也能对你们有点儿帮助。"

雷斯垂德和格雷格森对望一眼，脸上露出姑妄听之的笑容。

"你说这人死于谋杀，凶手用的是什么方法呢？"雷斯垂德问道。

"毒药，"歇洛克·福尔摩斯简单明了地给出答案，跟着就大步离去。"还有一点，雷斯垂德，"走到门口的时候，他回身补了一句，"'Rache'是德语，意思是'复仇'，所以呢，你就别浪费时间去找那位'Rachel'小姐了吧。"

---

① 这个地址是作者虚构的。

② 崔克诺帕里（Trichinopoly）为印度城市，当时是英属印度的重要城市，大量生产一种廉价的劣质雪茄。

射出这支回头箭①之后，他径直离开，身后留下两个连嘴巴都合不上的对手。

---

① "回头箭"原文为"Parthian shot"，直译为"帕提亚之箭"，指临别时最后一句反驳或伤人的言语。西亚古国帕提亚（即安息帝国，存在于公元前三世纪至公元三世纪）的骑兵以善射闻名，尤擅在撤退或佯装撤退的过程中回头放箭。

第四章　约翰·兰斯的所见所闻

我们是下午一点离开劳瑞斯顿花园 3 号的，歇洛克·福尔摩斯先带我去了最近的一家电报局，发了一封长长的电报，然后才截住一辆出租马车，吩咐车夫送我们去雷斯垂德说的那个地点。

"什么都不如第一手的资料管用，"他说道，"说实在话，我对案情已经有了确定不移的看法，但我们还是应该把能了解的情况都了解一下。"

"你可真让我吃惊，福尔摩斯，"我说道，"要我说，对于你讲给他们听的那些细节，你心里肯定不像你刚才装出来的那么有把握。"

"我说的那些绝不会错，"他回答道，"到现场的时候，我第一眼就发现，靠近街沿的地方有两道出租马车留下的辙印。好了，之前一个星期都没下雨，下雨是昨天晚上的事情，所以呢，那么深的辙印只能是晚上下雨之后留下的。除此而外，地上还有马蹄的印迹，其中一个蹄印的轮廓远比另外三个清晰，说明那块蹄铁是新的。既然那辆车是下雨之后到那里的，格雷格森又说整个早上都没看见它，那它到那里的时间只可能是夜里，由此可知，就是它把那两个人送到了那座房子跟前。"

"这一点听起来还挺简单的，"我说道，"另外那个人的身高又是怎么回事呢？"

"咳，人的身高十有八九可以通过人的步幅来推断，计算的方法也相当简单，只不过，我没必要拿那些数字公式来讨你的嫌。屋外的黏土和屋里的灰尘都为我提供了资料，让我得到了那家伙的步幅。除此之外，我还有一个检验计算结果的方法。往墙上写东西的时候，人总会本能地把字写在跟自己眼睛差不多高的地方。既然墙上的字迹跟地面之间有六尺出头的距离，就连小孩子都可以猜出那家伙的高度。"

"他的年龄呢？"我问道。

"呃，一个人若是能轻松跨出四尺半的大步，那也就不太可能老态龙钟。花园小径上那个水洼就有这么宽，而他显然是跨过去的。穿漆皮靴子的人绕了道，穿方头靴子的却是一跃而过。这当中压根儿没有什么神秘的东西，我只是搬出我在文章中倡导的观察演绎之法，用了一点儿在日常生活当中而已。你还有什么不明白的吗？"

"还有指甲和崔克诺帕里雪茄的事情。"我给他提了个醒。

"墙上的字是有人用食指蘸着血写的。我借助放大镜发现，那人写字时在粉壁上留下了轻微的划痕，如果他的指甲经过修剪，那样的划痕就不会出现。我从地板上收集到了一些散落的烟灰，只有崔克诺帕里雪茄才会留下那种片状的深色烟灰。我专门研究过雪茄烟的烟灰——说实在的，我还以此为题写了篇论文呢。话说得大一点，只要是我知道的牌子，不管是雪茄还是烟丝，我都可以根据烟灰一眼判明。高明的侦探，之所以跟格雷格森和雷斯垂德之流有所不同，区别正是在这样的细节当中。"

"面色红润又怎么说呢？"我问道。

"哦，这是个较比大胆的猜测，不过我还是确信自己没有猜错。案子还没办完，这个问题你以后再问吧。"

我以手加额，叹道："我脑子里简直乱成了一锅粥。你越是去想这个案子，越是觉得迷雾重重。那两个男人——要是真的有两个男人的话——干吗要走进一座空屋？送他们去的车夫又怎么样了呢？用什么手段才能强迫他人吃下毒药？血又是从哪里来的？既然没有抢劫的迹象，凶手的目的又是什么？现场为什么会有女人戴的戒指？最要紧的是，逃走之前，第二个男人为什么要把德文'RACHE'写在墙上？说老实话，我完全想不出办法，没法把所有这些事实联系到一起。"

我同伴赞许地笑了笑。

"你等于是对这个案子的难点做了一番总结，既简洁又完整，"他说道，"不清楚的地方确实还有很多，可我已经对主要的情节有了相当的把握。可怜的雷斯垂德发现了墙上的字迹，可那只是凶手对警方施的障眼法，目的是引他们往社会主义和秘密社团那方面去想。那些字根本不是德国人写的。不知道你注意到没有，字迹当中的那个'A'多少有点儿模仿德文字体，可是呢，真正的德国人只会使用规规矩矩的拉丁字体，因此我们可以十拿九稳地说，写字的并不是一个德国人，而是一个做得过了头的拙劣模仿者。他这个花招，不过是想把查案的人引上歧路而已。这件案子的情况，我不打算跟你深说了，医生。要知道，魔术师若是把自个儿的戏法说个明明白白，大伙儿也就不会叫好啦。我的工作方法要是让你知道得太多，你就会得出这样一个结论：归根结底，福尔摩斯也不过是个普普通通的凡人而已。"

"我绝对不会那么想，"我回答道，"你已经把侦探工作推到了近于精密科学的高度，这世上再没有人能让它更进一步了。"

我同伴开心得脸都红了，不光是因为我说的话，也因为我说话的口气非常认真。之前我已经发现，他很喜欢别人夸自己的侦探手法，就跟女孩子喜欢别人夸自己漂亮一样。

"再跟你说件事情吧，"他说道，"漆皮靴子和方头靴子坐同一辆出租马车去了那里，然后又一起走过那条小径，要多友好有多友好——很可能是手挽着手。进屋之后，他俩开始在房间里踱来踱去，准确点儿说的话，踱来踱去的是方头靴子，漆皮靴子只是在旁边站着。我可以从尘土当中看出所有这些事情，还可以看出方头靴子越走越激动，因为他的步子越来越大。他一边走一边说，越说越来气，最后呢，毫无疑问，怒气就达到了无法克制的地步。再往后，悲剧就发生了。眼下我已经把我知道的事情全部倒给了你，其他的都只是猜想和推测了。话又说回来，咱们已经有了一个很好的基础，可以着手查案了。咱们得抓紧时间，下午我还要去哈勒的音乐会听诺曼–聂鲁达①拉小提琴哩。"

我俩说话的时候，出租马车一直在一长串昏暗街道和阴郁小巷之中钻来钻去。走到最为昏暗阴郁的一个街区，车夫突然停了下来。"那边就是奥德利巷，"他指着黑压压砖墙之间的一条窄缝说道，"你们去吧，我在这里等你们。"

奥德利巷可不是什么引人入胜的所在。走过一条狭窄的巷道，我们进入一个方形的大院。院子的地面是石板铺的，四边都是污秽不堪的房屋。我们绕过一群群邋里邋遢的小孩，穿过一排排浆洗褪色的衬衫，最后才找到了 46 号。46 号的门上有一块小小的黄铜牌子，上面刻着"兰斯"这个名字。我们问了问，发现这名警员正在睡觉。接下来，有人把我们领进一个小小的前厅，让我们在这里等他出来。

兰斯很快现身，看样子不大高兴，因为我们搅了他的清梦。"我在局里已经写过报告了。"

福尔摩斯从兜里掏出一枚半镑的金币，若有所思地把玩起来。"我们觉得，还是听你亲口说比较好。"他说道。

"我很乐意把我知道的事情全部告诉你们。"警员回答道，眼睛看着那枚小小的金币。

"你把事情的经过原原本本讲一遍吧，按你自个儿习惯的方法讲。"

兰斯在马毛沙发上坐了下来，紧紧地皱起眉头，仿佛

---

① 诺曼–聂鲁达（Wilma Norman-Neruda, 1838—1911）是摩拉维亚（今属捷克）女小提琴家，哈勒（Charles Halle, 1819—1895）是德裔英国钢琴家及指挥家，二人长期合作，后结为夫妇。

在暗下决心，绝不能漏掉任何东西。

"我从头开始说吧。"他说道，"我当班的时间是晚上十点到早晨六点。十一点钟的时候，'白牡鹿'酒馆有人打架。除此之外，我这个班当得也算太平无事。一点钟的时候，天上下起了雨。这时我碰见哈里·默切尔，他是巡逻荷兰林路那一片的，于是我们站在亨莱塔街①的街角聊了会儿天。没过多久，大概是两点钟，要么就是两点多一点点，我觉得应该去转一转，看看布莱克斯顿路有没有什么情况。这条路脏得要命，也僻静得要命，整条路上连个鬼影都没有，只有一两辆出租马车从我身边经过。我一边慢慢溜达，一边寻思，这会儿要能来上四便士热腾腾的杜松子酒，不知道该有多美。突然间，我看见出事那座房子的窗户里闪出亮光。您瞧，我知道劳瑞斯顿花园那两座房子是没人的，这都得怪房子的主人，其中一座房子的最后一个租客是得伤寒死的，就这样他都不肯请人把排水管道掏一掏。所以呢，看到窗子里有亮光，我一下子吓了一大跳，疑心房子里出了什么乱子。等我走到屋门口的时候——"

"你停了下来，跟着就走回了花园的门口，"我同伴接口说道，"你为什么要这么干呢？"

兰斯吓得猛一哆嗦，紧紧地盯着歇洛克·福尔摩斯，表情惊愕得无以复加。

"天哪，您说得没错，先生，"他说道，"可您是怎么

_____

① 荷兰林路（Holland Grove）是布莱克斯顿路附近的一条小街，亨莱塔街（Henrietta Street）是作者虚构的。伦敦有名为"亨莱塔"的街道，但不在凶案发生的这片区域。

知道的，那就只有老天爷知道了。是这样，我走到屋门口的时候，觉得四周特别安静，特别荒凉，于是就暗自嘀咕，叫个人跟我一起进去也没什么不好。阳间的玩意儿我倒不怕，怕就怕来的是那个伤寒死鬼，正在巡查要了他命的那些排水管道。我这么一琢磨，心里就吓得够呛，所以我才走回花园门口，想知道还能不能瞧见默切尔的提灯。可我没看见他的影子，也没看见别的人。"

"街上一个人都没有吗？"

"别说人了，先生，连条狗都没有。这之后，我鼓起勇气走回屋子跟前，把门给推开了。里面什么声音都没有，于是我走进闪出亮光的那个房间，看见壁炉台上点着一根红颜色的蜡烛，借着烛光，我看见——"

"行了，我知道你看见了些什么。你在房间里转了几圈，还在尸体旁边跪了下来，接着就走出去推了推厨房的门，然后又——"

兰斯跳了起来，脸上写满恐惧，眼睛里全是怀疑。"当时你躲在哪儿？为什么什么都能看见？"他高声叫道，"要我说，你知道的真有点儿太多了。"

福尔摩斯笑了笑，把自个儿的名片丢给了桌子对面的兰斯。"你可别把我当凶手给逮起来，"他说道，"我是猎犬，可不是恶狼，格雷格森先生和雷斯垂德先生都可以替我作证。好啦，你还是接着讲吧。再往后，你又干了些什么呢？"

兰斯坐回原位，脸上却依然是一副大惑不解的表情。"我回到门口吹响警笛，听到警笛的声音，默切尔和另外两个警察也来到了现场。"

"这个时候，街上还是没有人吗？"

"呃，没有人，有也不是什么正经人。"

"这话是什么意思？"

警员的面容渐渐舒展，咧开嘴笑了起来。"我这辈子见过不少醉鬼，"他说道，"醉成那家伙那样的倒还真没见过。我出去的时候，他正好就在大门口，靠着栏杆，憋足了劲儿唱什么'科隆比纳的新式旗幡'[①]，要不就是跟这类似的什么东西。他连站都站不住，更别说给我帮什么忙了。"

"他是个什么样子的人呢？"歇洛克·福尔摩斯问道。

福尔摩斯这么一打岔，兰斯似乎有点儿不太高兴。"他就是个醉得不成样子的醉鬼，"他说道，"当时我们正忙得不可开交，要不然啊，少不得要把他送到局子里去。"

"他的长相啊，衣着啊，你有没有留意呢？"福尔摩斯很不耐烦地插了一句。

"我看我没法不留意，我还得把他架起来呢——我和默切尔两个人。那家伙个子挺高，红脸膛，下巴上长着一圈儿——"

"这就行了。"福尔摩斯叫道，"他后来怎么样了呢？"

"我们哪有工夫管他，"警员说道，声音听着有点儿委

_____

① "科隆比纳的新式旗幡"是"Columbine's New-fangled Banner"的直译，其中"Columbine"（科隆比纳）是英国一种民间喜剧中的定型女角。"Columbine's New-fangled Banner"可能是对美国爱国歌曲《万岁！哥伦比亚》（*Hail, Columbia*）以及国歌《星条旗永不落》（*The Star-Spangled Banner*）的讹听，两首歌当中分别有"Hail, Columbia"和"the star-spangled banner"的歌词，发音与此相近。

屈，"我敢打包票，回家的路他还是认得的。"

"他穿的是什么衣服？"

"一件棕色的大衣。"

"他手里是不是拿着一条马鞭？"

"马鞭吗？没有。"

"那他一定是把马鞭搁在了别处。"我同伴咕哝了一句，"再往后，你有没有看见或者听见出租马车驶过呢？"

"没有。"

"这半镑给你。"我同伴一边说，一边站起身来，拿上了自己的帽子，"照我看，兰斯，你在警界不会有什么出头之日了。你得好好用用你的脑袋，光拿它当摆设是不行的。昨天晚上，你本来是有机会捞个警长①干干的。你们架起来的那个人，不光是身负这宗谜案的线索，还是我们正在追查的目标。你用不着和我争论，我已经说了，事情就是这样。走吧，医生。"

我俩就此撇下这名线人，一起走回出租马车，线人虽然还在疑信之间，沮丧之情却已经一览无遗。

"好一个没头没脑的蠢货，"回我们住处的路上，福尔摩斯咬牙切齿地说道，"想想吧，眼前摆着这么个千载难逢的机会，他竟然不知道利用。"

"我还是不太明白。他对那个醉鬼的描述，确实跟你

---

① 警长（Sergeant）是仅高于普通警员的一种低级警衔。英国的警衔系统与中国香港大致相同（中国香港警衔是参照英国设置的），故本书警衔译名皆比照中国香港警衔，由低到高包括警员（Constable）、警长、督察（Inspector）、警司（Superintendent）等等级别。

对案子当中第二个人的推测对得上。可是，既然他已经离开了那座房子，干吗还要回去呢？这可不像是罪犯的惯常举动啊。"

"戒指，伙计，想想那枚戒指；那就是他回去的原因。就算用别的方法逮不住他，咱们也保准儿能用戒指引他上钩。我会逮到他的，医生——我可以跟你打个一赔二的赌，赌我能逮到他。这回的事情，我真得感谢你才是。要不是你，我可能还不会去呢。那样的话，我就赶不上这个空前绝妙的研习机会啦。咱们就叫它'暗红习作'，怎么样？用那么一点儿艺术辞藻，我看也无伤大雅。生活的乱麻①苍白平淡，凶案却像一缕贯串其中的暗红丝线，咱们的任务就是找到这缕丝线，单把它抽出来，让它纤毫毕现于人前。现在该吃午饭了，然后我就去听诺曼–聂鲁达拉小提琴，她的指法和弓法，简直是妙不可言。有一首肖邦的曲子，叫什么来着，她拉得真是动听极了：哒—啦—啦—哩啦—哩啦—咪。"

这位业余侦探靠在车里，像云雀一般啭了一路，而我禁不住暗自感叹，人类的心灵啊，真可谓玲珑八面。

---

① "乱麻"原文为"skein"。写作本篇之时，柯南·道尔起初打算以"A Tangled Skein"（一团乱麻）为书名，后来才改为"A Study in Scarlet"（暗红习作）。

第五章　启事招来的访客

上午的奔波令我孱弱的身体难以负担，到了下午，我感觉精疲力竭。福尔摩斯去听音乐会之后，我便躺倒在沙发上，打算睡那么两个钟头。可是我根本睡不着，因为之前的事情弄得我太过兴奋，满脑子都是各种怪异至极的想象和猜测。每次我闭上眼睛，就会看见死者那副猴子似的扭曲面容。那张脸实在让我觉得邪恶至极，以致我很难对送它主人上西天的那个人产生感激之外的情感。如果说世上有哪个人的长相能反映最刻毒的邪恶，那个人就只能是克利夫兰的伊诺克·德雷伯。话虽如此，我还是心知肚明，正义必须得到伸张，法律并不因死者的邪恶而宽恕凶手的罪行。

我室友认为死者死于毒药，而我越是琢磨，越是觉得他这个假设值得注意。我记得他嗅过死者的嘴唇，所以我绝不怀疑，他这么想是因为嗅到了什么。再说了，尸身没有伤口，也没有窒息的痕迹，死因不是中毒又是什么呢？可是，换个角度来看，地板上那么多的血又是谁的呢？现场没有打斗的迹象，死者身上也没有足以重创他人的武器。

按我的感觉，这些问题如果得不到解决，睡觉就不会是件容易的事情，对福尔摩斯和我来说都是如此。因为他那种胸有成竹的架势，我确信他已经有了一个足以解释所有事实的假设，假设的内容呢，我一点儿也想不出来。

当天他回来得很晚，应该说是非常晚，所以我不问可知，他这个下午的活动不仅仅是听音乐会而已。他回来的时候，房东已经把晚餐摆上了桌子。

"棒极了，"他一边说，一边就座，"你还记得达尔文是怎么评论音乐的吗？按他的说法，人类创造和欣赏音乐的能力由来已久，历史比说话的能力还要长得多。①音乐之所以能对我们施加如此微妙的影响，原因兴许就在这里。关于混沌初开、依稀仿佛的远古时代，我们的灵魂深处至今保留着一些模模糊糊的记忆。"

"你这个想法有点儿不着边际。"我如是评论。

"如果你想要破译自然的奥秘，你的想法就必须跟自然一样无边无际，"他回答道，"你怎么啦？样子不太对劲啊。布莱克斯顿路的事情让你难受了吧。"

"说老实话，确实有点儿难受，"我说道，"本来我不该这么敏感的，毕竟我在阿富汗待过。在迈万德的时候，我眼睁睁看着战友们血肉横飞，但也没吓得失魂落魄。"

"这我可以理解。眼前的案子迷雾重重，格外刺激人

---

① 达尔文（Charles Darwin, 1809—1882）在《人类由来及性选择》（ *The Descent of Man, and Selection in Relation to Sex*, 1871 ）一书中说，语言起源于原始人类对自然声响的模拟和改编，以及为吸引异性而发出的音乐性声响。

的想象，如果没有想象的余地，恐怖也就不复存在了。今天的晚报你看了吗？"

"没有。"

"报纸对案情的描述也算详细，但却漏掉了一个事实，那就是工人抬尸体的时候，有一枚女用结婚戒指掉到了地板上。不过，漏掉了也好。"

"为什么？"

"看看这则启事吧，"他回答道，"早上去过现场之后，我马上给所有的报纸发了一份。"

他把晚报扔到我的面前，我便朝他指的那个地方看了一眼。那是失物招领栏里的第一则启事，内容是这样的："今晨于布莱克斯顿路拾获素金婚戒一枚，具体地点为'白牡鹿'酒馆及荷兰林路之间。认领请洽贝克街221B华生医生，接待时间为今晚八点至九点。"

"抱歉借用了你的名字，"他说道，"可我要是用了我自个儿的名字，有些笨蛋就会认出来，还会跑来插一杠子。"

"没关系，"我回答道，"可是，要是有人来认领的话，我可拿不出戒指来啊。"

"拿得出，你拿得出。"他一边说，一边递给我一枚戒指，"这东西跟现场那个几乎一模一样，应该可以蒙混过关。"

"按你看，来认领戒指的会是谁呢？"

"还能是谁，当然是那个穿棕色大衣的人，也就是咱们那位脚蹬方头靴子的红脸膛伙计。他就算自己不来，肯定也会派同伙来的。"

"难道他不会觉得这么干太危险吗？"

"绝对不会。要是我对案情的推测没错的话，那我就可以百分之百地相信，那家伙宁愿冒天大的风险，也不愿失去这枚戒指。按我的估计，戒指应该是他俯身察看德雷伯尸体的时候掉出来的，他没有当场发现。离开那座房子之后，他发现戒指不见了，于是就急匆匆跑了回去，却发现警察已经到了现场。这只能怪他自己犯傻，走的时候忘了灭蜡烛。像这样出现在凶宅门口，可能会引起警察的怀疑，所以他只好装醉。接下来，我们不妨把自己摆在他的位置，看看他会怎么想。他想来想去，没准儿就会觉得，戒指是离开现场以后才丢的，掉在了路上的某个地方。想到这里，他又会怎么做呢？他会迫不及待地翻阅晚报，希望能在失物招领栏里看到自己的东西。当然喽，我这条启事会让他眼前一亮，大喜过望。他干吗要害怕这是个圈套呢？在他看来，有人找到戒指的事情，跟凶案根本没有任何关系。他肯定会来的。不出一个钟头，他就会跑来找你。没问题吧？"

"然后呢？"我问道。

"哦，然后就由我来对付他。你有武器吗？"

"我当兵时用的左轮手枪还在，子弹也有几发。"

"你最好先把它清理一下，子弹也要装好，来的可是个亡命之徒。我虽然可以出其不意把他制住，但还是得做好万一的准备。"

我走回自己的卧室，照他的建议做好了准备。等我带着手枪回返客厅，餐桌已经收拾干净，福尔摩斯也已经开始抚弄小提琴，沉浸在他最喜爱的消遣之中了。

"事情越来越严重了，"我走进客厅的时候,他说道,"我发往美国的电报刚刚有了回音。我的推测是正确的。"

"你的推测是——?"我迫不及待地问道。

"我的琴该换新弦了。"他说道,"把你的手枪揣到兜里吧。那家伙来的时候,你就按正常的方式跟他说话,别的事情都交给我。你可别直勾勾盯着他看,免得打草惊蛇。"

"八点钟已经到了。"我看了看表,说了一句。

"没错。十有八九,他几分钟之内就会来。把门打开一点点吧。好了,就这样。把钥匙插在门里面。谢谢! 喏,这本稀奇古怪的拉丁文旧书——《国际法》——是我昨天在一个书摊上买到的,出版地点是低地城市列日,时间则是一六四二年。这本褐皮小册子出版的时候,查理一世的脑袋还好端端地待在肩膀上哩。"[①]

"出版商是谁呢?"

"名字叫作菲利普·德·克罗伊,不知道是个什么样的人物。书的扉页上有一行褪色褪得很厉害的墨水字迹,写的是'威廉·怀特藏书'。我倒想知道这个威廉·怀特是谁,应该是一个注重实际的十七世纪的律师吧,因为他的笔迹带着点儿律师派头。依我看,我们等的人已经来了。"

他话音刚落,我们就听到了刺耳的门铃声。歇洛克·福

[①] 《国际法》原文为"*De Jure inter Gentes*",英格兰法学家理查德·佐契(Richard Zouch, 1590—1661)有一本书名类似的著作,也许是此处所指,但出版时间和出版商与此处所说不合;低地(Lowlands)特指欧洲大陆北部的滨海地区,主要包括今天的比利时、荷兰和卢森堡;列日(Liége)是今属比利时的一个城市;查理一世(Charles I, 1600—1649)为英格兰国王,1649年被议会审判并斩首。

尔摩斯轻手轻脚地站起身来，把自个儿的椅子往门那边挪了挪。我们听见女仆穿过楼下的厅堂，跟着就听见她拔去门闩，发出了清脆的声响。

"华生医生是住这儿吗？"问话的人嗓音清晰，同时又相当刺耳。我们没听见女仆的回答，只听见大门关了起来，有人开始往楼上走，脚步又细碎又颤悠。听到这样的脚步声，我室友脸上掠过一抹惊讶的神情。脚步声顺着过道慢慢靠近，接着就有人敲响房门，敲得有气无力。

"请进。"我高声叫道。

出乎我们的意料，应声而入的并不是什么暴烈的凶汉，而是一个老态龙钟、皱纹满面、步履蹒跚的妇人。看样子，突如其来的强光弄得她有点儿头晕目眩。屈膝行礼之后，她仍然站在原地，冲我俩眨巴昏花的眼睛，颤巍巍的手在兜里掏来掏去。我瞥了一眼我的室友，发现他的表情沮丧至极，没办法，我只好装出一副泰然自若的样子。

老太婆掏出一张晚报，指了指我们登的那则启事。"我是为这件事情来的，好心的先生们，"她一边说，一边又行了个屈膝礼，"为的是你们在布莱克斯顿路捡到的金结婚戒指。那是我女儿莎莉的东西，她结婚刚刚一年，丈夫是联合轮船公司[①]的管事。她丈夫脾气向来暴躁，喝了酒就更不得了。要是他回到家里，发现戒指不见了，我真不知道他会说出些什么来。你们乐意听的话，事情是这样的，昨天晚上，她去看马戏，一起去的还有——"

---

① 联合轮船公司（Union Line）是当时一家经营南非航线的公司，今已不存。

"您说的是这枚戒指吗？"我问道。

"谢天谢地！"老太婆叫了起来，"今天晚上，莎莉可要高兴死了。这正是她的戒指。"

"您住哪里呢？"我拿起一支铅笔问道。

"洪兹迪奇路邓肯街13号[①]，从这里走过去可够累人的。"

"从洪兹迪奇路出发的话，去哪一家马戏团都不会经过布莱克斯顿路。"歇洛克·福尔摩斯毫不客气地插了一句。

老太婆转过脸，眼圈红红的小眼睛狠狠地瞪着福尔摩斯。"这位先生问的是我的住址，"她说道，"莎莉住的是佩克汉姆街区梅菲尔德广场3号的公寓。"

"贵姓是——？"

"我姓索伊尔，我女儿姓邓尼斯。她丈夫名叫汤姆·邓尼斯，在海上的时候倒是个精明强干、清清白白的小伙子，公司里的管事就数他最受重视。可是啊，一旦上了岸，见到了女人和酒馆——"

"戒指给您，索伊尔太太，"遵照我室友的暗示，我打断了她，"这显然是您女儿的物品，我非常乐意物归原主。"

老太婆嘟嘟囔囔、千恩万谢地把戒指收进口袋，然后就曳着碎步下楼去了。她的身影刚刚消失，歇洛克·福尔摩斯立刻一跃而起，冲进他自个儿的卧室，几秒钟之后便

---

① 这个地址和下一个地址都是作者虚构的，但洪兹迪奇路（Houndsditch）和佩克汉姆街区（Peckham）都是伦敦的真实地名。

回返客厅，身上已经裹了一件乌尔斯特大衣①和一条领巾。"我要去跟踪她，"他急匆匆地说道，"她一定是那家伙的同党，跟着她就能找到正主。你先别睡，等我回来。"适才的访客刚刚合上楼下的大门，福尔摩斯已经到了楼下。透过窗子，我看见老太婆颤巍巍走在街道对面，福尔摩斯则在她身后不远处跟着。"除非他的推测全盘错误，"我暗自想道，"要不然，眼下那人领他去的地方，必定是这宗谜案的心脏地带。"其实他用不着叫我等他，因为我觉得，没听到他这次冒险的结果，睡觉压根儿是不可能的事情。

他是快九点的时候出的门，我不知道他要去多久，只好百无聊赖地坐在那里，一边抽烟斗，一边浏览昂热·默哲的《波希米亚风情》②。刚过十点，我听见了上床就寝的女仆噼里啪啦的脚步声。十一点，房东太太那种略具威仪的脚步也从我门前经过，目的地同样是卧室。将近十二点，我才听见福尔摩斯用钥匙开门的清脆声响。他刚一进屋，我就从他的脸色看出他没有得手。他似乎又是觉得好笑，又是觉得懊恼，两种情绪在他的脸上来回拉锯。到最后，好笑的神情骤然间大获全胜，他也就爽朗地大笑起来。

"无论如何也不能让苏格兰场的人知道这件事情，"他重重地坐进椅子，高声说道，"以前我老是笑话他们，他们一定会抓住这件事情笑个没完。不过我不怕他们笑，因

①　乌尔斯特大衣（ulster）是一种长而宽松、料子粗重的大衣，因爱尔兰岛北部的乌尔斯特地区而得名。

②　昂热·默哲（Henry Merger, 1822—1861）为法国小说家及诗人，《波希米亚风情》（*Scènes de la Vie de Bohème*, 1851）为其代表作。

为我知道，久而久之，我总是能找补回来的。"

"究竟是怎么回事呢？"我问道。

"哦，事情虽然窝囊，我倒也不怕讲给别人听。当时啊，那家伙没走多远就开始一瘸一拐，怎么看都像是伤到了脚。没过一会儿，她停下脚步，叫住了一辆过路的四轮出租马车①。我设法凑了上去，想听听她跟车夫说的地址，结果发现我根本不需要这么着急，因为她报地址的声音大得连街对面的人都能听见。'去洪兹迪奇路邓肯街 13 号'她这么吼了一嗓子，弄得我心里嘀咕，她原先说的话没准儿还是真的哩。看到她确实上了车，我也就爬到了马车背面。爬马车这门手艺，所有的侦探都应该熟练掌握。就这样，我们一路前行，一直走到了她说的那条街，中间没有任何停顿。快到屋门口的时候，我跳下马车，溜溜达达地顺着街道往前走。我看到马车停了下来，车夫也跳下了车，还看到车夫打开车门，站在那里等客人出来。奇怪的是，并没有人从车里出来。我走到车夫身旁的时候，他正在空空如也的车厢里疯狂翻找，嘴里是一大堆我闻所未闻的污言秽语。客人已经无影无踪，他这趟的车钱恐怕是不太好收了。我和车夫去 13 号打听了一下，发现房子的主人是一位体面的裱糊匠，名字叫作凯瑟克，他从来不曾听说，自

---

① 作者特意指明是四轮出租马车（four-wheeler），是因为当时伦敦的四轮出租马车把车夫座位设在乘客所在的车厢前面，双轮出租马车（即汉森车，参见前文注释）的车夫座位则设在马车尾端，而且比乘客所在的车厢高。接下来叙述的事情不太可能发生在双轮出租马车上。

家的房子里有过姓索伊尔或者邓尼斯的房客。"

"照你这么说，"我惊讶得叫了起来，"那个晃晃悠悠、有气无力的老太婆不但有本事跳下行进之中的马车，还可以不让你和车夫发现，是这样吗？"

"叫老太婆见鬼去吧！"[①]歇洛克·福尔摩斯恶狠狠地说道，"被人家骗得这么苦，我俩才是老太婆。那人一定是个小伙子，而且身手矫健。除此之外，他还是一个出类拔萃的演员，乔装改扮的本领无可比拟。毫无疑问，他知道我在跟踪他，特意用这种方法来把我甩掉。由此可见，咱们的追查对象不但不像我想的那样独来独往，而且拥有一些愿意为他冒险的朋友。好了，医生，看来你已经累得不行了。听我的话，去睡吧。"

我的确觉得十分疲惫，所以便从命就寝，留下他在闷烧的壁炉跟前独坐。深宵之中，他的小提琴发出低沉哀婉的乐声，于是我知道，他还在为手头这桩奇案伤神。

---

① "见鬼去吧"原文为"damned"，是一句粗话。福尔摩斯探案小说共计六十篇，福尔摩斯在故事中说了许多话，这是仅有的一句粗话。

第六章　托比亚斯·格雷格森大显身手

第二天的报纸版面充斥着关于所谓"布莱克斯顿谜案"的报道。各家报纸都有关于案情的长篇记述，有几家还加上了社论。报纸上说的情况，有一些我当时还不知道。直到今天，我的剪贴簿里仍然保存着许许多多与这个案子相关的剪报，以下就是其中一些剪报的概要：

《每日电讯报》[①]指出，纵观整个犯罪史，这宗惨案的离奇程度都堪称绝无仅有。死者拥有典型的德国姓氏，警方又找不到政治之外的犯罪动机，再加上墙上那行邪恶的字迹，所有证据都表明这是政治难民和革命分子干的好事。社会党在美国有许多分支，毫无疑问，死者是触犯了他们的某种不成文戒条，所以才被他们追踪至此。这篇报道蜻蜓点水式地说了说神圣法庭同盟、托法娜仙液、烧炭党、布林维列侯爵夫人、达尔文主义、马尔萨斯原理和拉

---

① 《每日电讯报》（*Daily Telegraph*）是 1855 年始创的一家伦敦报纸，今日犹存。

特克里夫大道谋杀案①，然后对政府提出告诫，要求对侨居英国的外国人加强监管，就这么收了尾。

《旗帜报》②评论道，诸如此类无法无天的暴行，通常都发生在自由党③执政时期，原因则是民心摇动，一切权威随之削弱。死者是一位美国绅士，之前已经在我国首都住了几个星期，住的是夏彭蒂耶太太的公寓，公寓在坎伯韦尔街区的托基街。他的秘书约瑟夫·斯坦杰森先生与他同行，两人于本月四日星期二与房东太太作别，接着就去了尤斯顿车站④，说是要搭快车去利物浦。此后还有人看见他们在车站月台一同出现，再后来就没有了他们的下落。到最后，如本报所载，德雷伯先生的尸体在一座空屋之中被人发现，地点则是与尤斯顿车站相距遥远的布莱克斯顿路。他如何到达该处，又如何罹此厄运，迄今仍是未

① 神圣法庭同盟（Vehmgericht）是活跃于中世纪晚期德国的一个审判组织，由所谓"自由法官"组成，以秘密手段执行判决；托法娜仙液（aqua tofana）是一种强力毒药，据说曾流行于意大利的那不勒斯和罗马；烧炭党（Carbonari）为十九世纪意大利的地下革命组织；布林维列侯爵夫人（Marchioness de Brinvilliers, 1630—1676）是法国的一个连环投毒女杀手，有可能使用过托法娜仙液；马尔萨斯（Thomas Malthus, 1766—1834）为英国政治经济学学者，以主张控制人口闻名；拉特克里夫大道谋杀案（Ratcliff Highway murders）是1811年发生在伦敦的两起恶性案件，多人被害。

② 《旗帜报》（Standard）是1827年始创的一家伦敦报纸，今日《旗帜晚报》（Evening Standard）的前身。

③ 自由党（Liberal Party）是英国一个政纲较为激进的党派，曾于十九世纪下半叶四度执政。

④ 坎伯韦尔街区（Camberwell）和尤斯顿车站（Euston Station）是伦敦的真实地名，托基街（Torquay Terrace）是作者虚构的。

解之谜。与此同时，斯坦杰森亦是踪迹全无。欣悉苏格兰场的雷斯垂德先生及格雷格森先生均已介入此案，相信两位著名警官必能马到功成，迅速解开此中谜团。

《每日新闻》[①]认为，毫无疑问，此案因由关乎政治。欧洲大陆各国政府专横独断，憎恨自由，由此将相当数量的民众赶进我们的国土。这些人本可成为优秀公民，只可惜往日的遭际萦回不去，把他们弄得性情乖戾。他们对尊严极为看重，任何冒犯都会招致死亡的惩罚。我们应当不遗余力，务必找出身为死者秘书的斯坦杰森，借此了解死者生活的相关细节。警方业已掌握死者生前寄宿的公寓地址，案情由是取得重大进展。此一发现，皆应归功于苏格兰场格雷格森先生的机敏与干劲。

这天吃早饭的时候，歇洛克·福尔摩斯和我一起读完了这些报道。看样子，报道的内容逗得他很是开心。

"我跟你说过吧，不管事情怎样发展，雷斯垂德和格雷格森都可以邀功领赏。"

"这得看案子结果如何吧。"

"噢，你倒好心，这跟结果一点儿关系都没有。凶手要是被逮住了，那就是全靠他们尽心尽力，要是跑了呢，那就是他们已经尽心尽力。拿抛硬币来打比方，这就叫正

---

① 《每日新闻》（*Daily News*）是英国作家狄更斯（Charles Dickens, 1812—1870）1846 年创办的伦敦报纸，后辗转并入《每日邮报》（*Daily Mail*）。据美国报人、福尔摩斯研究专家克里斯托弗·莫利（Christopher Morley, 1890—1957）所说，柯南·道尔这三段文字准确地反映了这三家报纸当时的风格。

面我赢，反面你输。不管他们干了些什么，都会有人去捧他们的臭脚。'蠢人也有更蠢的人崇拜。'①"

"这到底是怎么回事？"我失声叫道，因为就在此时此刻，我听见了许多人穿过厅堂走上楼梯的脚步声，外加房东太太怨气冲天的声音。

"这是贝克街侦缉特遣队。"我室友一本正经地说道。他话音未落，六个街头流浪儿一窝蜂冲进房来。我从来没见过身上这么肮脏、衣衫这么褴褛的孩子。

"立正！"福尔摩斯厉声喝道，六个脏兮兮的小无赖立刻直挺挺站成一排，活像六尊破破烂烂的小雕像，"以后你们叫威金斯一个人来报告就行了，其他人可以在街上等着。你们找到了吗，威金斯？"

"没，先生，没找到。"其中一个孩子说道。

"我就知道你们找不到。你们得继续找，直到找到为止。喏，这是你们的薪水。"他给了孩子们一人一个先令，"好了，你们走吧，下次的报告最好能漂亮点儿。"

他挥了挥手，孩子们立刻蹿下楼去，跟一窝老鼠似的。转眼之间，街上传来了他们大呼小叫的声音。

"这些小家伙啊，一人能办的事儿比一打警察还要多，"福尔摩斯说道，"一看到面有官相的人物，大伙儿就会闭紧自己的嘴巴。反过来，这些小家伙哪儿都能去，什么都能打听到。还有啊，他们一个个机灵得要命，像针尖一样见缝就钻，缺的只是组织而已。"

---

① 这句话原文为法文，出自法国诗人及批评家布瓦洛（Nicolas Boileau-Despréaux, 1636—1711）的《诗艺》（*L'Art Poetique*, 1674）。

"你雇他们是为了布莱克斯顿路这件案子吗？"我问道。

"是的，因为我还有一个推测需要确认。不过，这只是早晚的事情。嘿！咱们马上就有惊天动地的消息可听了。格雷格森正沿着大街往这儿走，脸上堆满了欢天喜地的表情。他是来找咱们的，我敢肯定。这不，他准备停下了。他来了！"

铃声大作。几秒钟之后，这位淡黄头发的探员一步三级地蹦上楼梯，冲进了我们的客厅。

"亲爱的伙计，"他握住福尔摩斯那双无动于衷的手，高声说道，"恭喜我吧！我已经把整个儿的案情弄得像青天白日一样清楚了。"

我依稀看到一抹紧张的暗影，从我室友那张表情丰富的脸庞一掠而过。

"你是说你已经找到正确的方向了吗？"他问格雷格森。

"岂止方向而已！听着，先生，我们已经逮到了凶犯。"

"凶犯叫什么名字？"

"亚瑟·夏彭蒂耶，皇家海军的一名中尉。"格雷格森神气活现地搓着肉乎乎的双手，挺起胸脯大声说道。

歇洛克·福尔摩斯如释重负地吁了口气，紧绷的脸上绽出笑容。

"请坐，尝尝这种雪茄，"他说道，"我俩都很想知道，这事儿你是怎么办到的。来点儿兑水的威士忌吗？"

"来点儿也无妨，"探员回答道，"这两天我拼死拼活地干，可真是累坏了。倒不是身体上的劳碌，你也知道，主要是脑子用得太多。这一点你肯定明白，歇洛克·福尔摩斯先生，咱俩可都是靠脑子工作的啊。"

"你可真是太抬举我了，"福尔摩斯一本正经地说道，"说来听听，如此可喜的成就你是怎么取得的。"

探员在扶手椅上坐了下来，扬扬得意地冲手里的雪茄喷了口烟。突然之间，他乐不可支地拍了拍自个儿的大腿。

"有意思的是，"他高声说道，"雷斯垂德那个傻瓜老觉得自个儿挺了不起，这回却完全搞错了方向。他紧盯着那个名叫斯坦杰森的秘书，却不知在这件案子当中，那人就跟没出世的胎儿一样清白。要我说，他这会儿保准已经逮到他了吧。"

格雷格森被自个儿的俏皮话逗得不行，笑得上气不接下气。

"你的线索是怎么来的呢？"

"噢，我这就给你们讲讲详情。当然喽，华生医生，这些事儿可绝对不能往外传。当时我们面临的第一个难题，无非是如何查出那个美国人的来历。有些人只会守株待兔，指望有人看了启事来提供线报，或者是相关人士主动站出来报告情况。这可不是托比亚斯·格雷格森的工作作风。你还记得死者身边那顶礼帽吧？"

"记得，"福尔摩斯说道，"那是约翰·安德伍德父子帽店的产品，公司地址是坎伯韦尔路 129 号。"

看格雷格森的神情，活像是被人兜头浇了一盆凉水。"真没想到，你也注意到了这一点，"他说道，"你去过那家帽店吗？"

"没有。"

"哈！"格雷格森如释重负地叫道，"咱们可不能忽略任何机会，机会再小也得试试。"

"伟人眼里无小事。"福尔摩斯一副道学家的口吻。

"事情是这样的。我去找了安德伍德，问他有没有卖出过一顶尺寸款式与此相符的帽子。他翻了翻自个儿的账簿，立刻就找到了那条记录。当时他派人把帽子送了过去，收货人是一个名叫德雷伯的先生，住在托基街的夏彭蒂耶公寓。这么着，我拿到了死者的住址。"

"高——实在是高！"歇洛克·福尔摩斯咕哝了一句。

"接下来，我又去找夏彭蒂耶太太，"探员继续往下说，"发现她脸色苍白，神态凄惶。她女儿当时也在房里——说起来，这姑娘还真是个少见的可人儿。姑娘眼圈儿红红的，跟我说话的时候嘴唇打战，这可没逃过我的眼睛。这么着，我开始觉得事有蹊跷。那种感觉你应该明白吧，歇洛克·福尔摩斯先生，就是摸到正确线索的感觉——那种全身一震的感觉。于是我问她们：'你们以前的房客，也就是克利夫兰的伊诺克·德雷伯先生，莫名其妙地死了，这事儿你们听说了吗？'

"做母亲的点了点头，看样子已经说不出话，女儿则一下子哭了起来。于是我越发确信，眼前这两个人对案情有所了解。

"'德雷伯先生是几点钟从你们这儿去车站的？'我问。

"'八点钟，'母亲咽了几口唾沫，竭力抑制自己的激

动情绪，'他秘书斯坦杰森先生说，合适的火车有两班，一班是九点一刻，另一班是十一点。他打算搭头一班。'

"'后来你们就再也没见过他吗？'

"听到我的问话，母亲的面容发生了可怕的变化，五官完全没了血色。几秒钟之后，她才勉勉强强挤出一个'对'字，而且，她说这个字的音调又沙哑又不自然。

"片刻冷场之后，做女儿的开了口，声音又平静又清晰。

"'妈妈，说假话不会有任何好处，'她说，'我们还是跟这位先生直说了吧。后来，我们的确见过德雷伯先生。'

"'愿上帝宽恕你的罪过！'夏彭蒂耶太太大叫一声，双手往前一伸，瘫在了椅子上，'你这是把你哥哥往死路上送啊。'

"'亚瑟也会希望我们实话实说的。'女儿的口气很是坚决。

"'你们最好把事情原原本本地告诉我，'我告诉她们，'话说半截还不如不说。再说了，我们已经掌握了多少情况，你们还不知道吧。'

"'你要遭报应的，爱丽丝！'做母亲的吼了一声，跟着就转向了我，'我会把一切都告诉您的，先生。您千万不要以为，我为儿子的事情这么着急，是因为他跟这件可怕的案子有什么牵连。他完全是清白的。我只是害怕，您或者别的人，没准儿会觉得他脱不了干系。可是，那样的事情压根儿就不可能。他的人品、职业和履历都可以作证，不可能会有那样的事情。'

"'你最好的选择就是把事实和盘托出，'我这么回答，

'如果事实证明你儿子清白无辜，他自然会平安无事。'

　　"'爱丽丝，要不你先出去一下吧。'她这么说了一句，女儿便依言走了出去。'好了，先生，'她接着说，'我本来不想跟您说这些事情，可我那个遭殃的女儿已经说了，我也就没了别的选择。我既然决定了说，那就不会再隐瞒任何细节。'

　　"'这是你最明智的选择。'我说。

　　"德雷伯先生在我们这里住了将近三个星期。来这里之前，他和他秘书斯坦杰森先生一直在欧洲大陆旅行。他们的上一站应该是哥本哈根，因为我看见了，他们所有的行李都贴着那里的标签。斯坦杰森这个人沉默内敛，可他的东家，恕我直言，就跟他很不一样了。他东家举止粗野，形同野兽。刚到的那天晚上，他就喝了个酩酊大醉，说实在话，第二天中午过了十二点，他都还是跟清醒两个字沾不上边。他对女仆们的态度，放肆得简直叫人恶心。最让人受不了的是，他很快就把同样的态度用到了我女儿爱丽丝身上，三番五次在她面前大放厥词，好在她天真无邪，不明白他那些话的意思。有一次，他居然把她拉到怀里，紧紧地抱住了她——看到这样的无耻行径，连他自个儿的秘书都忍不住开了口，说他的所作所为实在丢人。'

　　"'可你干吗要忍他呢，'我问，'照我看，只要你愿意，随时都可以让房客扫地出门。'

　　"听到我这个切中肯綮的问题，夏彭蒂耶太太涨红了脸。'老天在上，真希望我在他来的当天就撵走了他，'她说，'可是，这当中有一个难以抵挡的诱惑。他俩每天的租金是一人一镑，一星期就是十四镑，更何况眼下正值淡季。我是个寡妇，在海军当差的儿子花费又很大，所以我舍不得放弃这笔收入，只能够尽量维持。但是，前面那件事情实在让人忍无可忍，我只好叫他搬出去。这就是他离开的原因。'

"'然后呢？'

"'看到他坐车走了，我暗自松了一口气。我儿子正在休假，可我没敢让他知道这些事情，因为他脾气暴躁，而且特别疼爱自己的妹妹。他俩走了以后，我关上房门，觉得心里的一块石头落了地。没承想，这之后还不到一个小时，我就听见门铃响，发现德雷伯先生又回来了。他显得格外兴奋，显然是喝了不少。我和女儿在房里坐着，他强行冲了进来，语无伦次地叨咕了几句，说自己没赶上火车。接下来，他转脸对着爱丽丝，当着我的面叫爱丽丝跟他私奔。"你已经到了岁数，"他是这么说的，"哪条法律也管不了你。我有的是钱，你用不着理会这个老婆子，只管跟我走好了。我可以让你过上公主一样的生活。"可怜的爱丽丝吓得直往后躲，可他拽住她的手腕，拼命把她往门口拖。我刚刚开始大声尖叫，我儿子亚瑟走进了房间。后面的事情我看都没敢看，只听见叫骂声和乱作一团的扭打声。等我终于抬头去看的时候，就看见亚瑟站在门口笑，手里还拿着一根手杖。"依我看，那个好伙计应该不会再来烦我们了，"亚瑟说，"我这就去追他，看他打算搞些什么名堂。"说完之后，他拿起帽子，顺着大街跑了下去。第二天早上，我们就听到了德雷伯先生离奇死亡的消息。'

"夏彭蒂耶太太这番话当中夹杂着许多喘息和停顿，有的时候还非常小声，简直让我没法听清。不过，她的话我都做了速记，不可能会有什么错误。"

"听起来相当让人兴奋，"歇洛克·福尔摩斯打着哈欠说道，"后来又怎么样了呢？"

"夏彭蒂耶太太的讲述告一段落之后，"探员继续说道，"我看到了整个案子的关键所在。于是我拿出一种对女人屡试不爽的眼神，紧紧地盯着她，问她儿子是几点钟回的家。

"'我不知道。'她这么回答。

"'不知道？'

"'不知道。他有钥匙，是自个儿开门进来的。'

"'在你睡觉之后吗？'

"'是的。'

"'你是什么时间去睡的呢？'

"'十一点钟左右。'

"'照这么说，你儿子去了至少有两个钟头喽？'

"'是的。'

"'四五个钟头也有可能吧？'

"'有可能。'

"'那段时间里他在干什么呢？'

"'我不知道。'她这么回答，连嘴唇都没了血色。

"问话问到这里，当然也就没必要接着问了。于是我打听好夏彭蒂耶中尉的下落，带上两名伙计去把他逮了起来。当时我拍了拍他的肩膀，叫他老老实实跟我们走，他居然毫无顾忌地回了一句：'要我说，你们来抓我，肯定是以为我跟德雷伯那个混蛋的死有关系吧。'我们可没跟他提过这事儿，所以呢，他这么说实在是非常可疑。"

"可疑极了。"福尔摩斯说道。

"他妈妈说他追德雷伯的时候带了根沉甸甸的手杖，我们抓到他的时候，手杖仍然在他身上。那是根非常结实的橡木手杖。"

"那么，你的推断是什么呢？"

"呃，我的推断是他去追德雷伯，一直追到了布莱克斯顿路。他俩在那里展开新一轮的口角，其间德雷伯吃了他一记手杖，兴许是正打在心窝子上，所以才死得没有伤痕。当晚雨那么大，周围都没有人，夏彭蒂耶就见机行事，把受害人的尸体拖进了那座空房子。什么蜡烛啦、血迹啦、墙上的字迹啦、戒指啦，全都不过是他给警方布的疑阵而已。"

"干得好！"福尔摩斯的音调饱含嘉许，"真的，格雷格森，你现在可真是上了道，前途不可限量啊。"

"不是夸口，我这件案子办得真是挺利落的，"探员骄傲地答道，"按那个小伙子自己的交代，当时他没跟多久就被德雷伯发现了，后者立刻叫了辆出租马车，把他给甩掉了。他在回家路上遇见一个同船服役的老伙计，于是跟那人一起散了很长时间的步。我们问那个老伙计住在哪里，他却给不出一个像样的答复。照我看，整件案子的脉络已经是捋得特别清楚了。可笑的是雷斯垂德，一开始就摸错了门，到现在恐怕也没什么进展。咳，我的天，一说他，他还就真的来了！"

　　来人正是雷斯垂德，我们说话的时候他已经上了楼，这会儿刚好走了进来。平常时候，他的衣着举止总是透着一股子自信自得的气派，这次他人虽然来了，那样的气派却没有跟来，反倒是神色惊惶，身上的衣服也凌乱狼藉。他此番上门拜访，显然是为了征询歇洛克·福尔摩斯的意见，因为他一看见同僚也在，马上就显得尴尬不安，进退维谷。只见他站在房间中央，神经兮兮地摆弄手里的帽子，不知道如何是好。"这案子真是太古怪了，"他终于开了口——"简直叫人没法理解。"

　　"什么，你觉得这案子古怪啦，雷斯垂德先生！"格雷格森趾高气扬地叫了起来，"我就知道你会得出这样的一个结论。死者的那个秘书，约瑟夫·斯坦杰森先生，你找到了吗？"

　　"今天早晨六点钟左右，那个秘书，也就是约瑟夫·斯坦杰森先生，"雷斯垂德沉声说道，"在赫利戴旅馆被人杀了。"

第七章　暗夜曙光

雷斯垂德带来的消息如此重大、如此震撼，我们三个都惊得目瞪口呆。格雷格森从椅子上弹了起来，打翻了他那杯还没喝完的兑水威士忌。我则一言不发地盯着歇洛克·福尔摩斯，只见他嘴唇紧抿，眉头低低地压住了双眼。

"斯坦杰森也死了！"他喃喃自语，"案情更复杂了。"

"之前也简单不到哪里去，"雷斯垂德一边抱怨，一边找了把椅子准备坐下，"看你们三个的架势，我似乎贸然闯进了一场作战会议。"

"你——你肯定这条消息准确吗？"格雷格森结结巴巴地问道。

"我刚从他房间里出来，"雷斯垂德说道，"第一个发现这件事情的就是我。"

"之前我们一直在倾听格雷格森对这件案子的高见，"福尔摩斯说道，"现在，你愿意给我们讲讲你掌握的情况，还有你采取的行动吗？"

"没什么不愿意的。"雷斯垂德一边落座，一边回答，"我绝不隐瞒，我本来以为斯坦杰森跟德雷伯的死脱不了干系。

可是，眼下事情的新发展已经表明，我这个想法完全错了。当时我认定了这种推断，于是就全力打探那个秘书的行踪。三号①晚上八点半左右，有人在尤斯顿车站看见过他俩。凌晨两点，巡警在布莱克斯顿路找到了德雷伯的尸体。我需要解决的问题是，从八点半开始，到罪案发生为止，斯坦杰森干了些什么，案发之后又去了哪里。我给利物浦方面发了电报，讲明了斯坦杰森的长相，还叫他们留意开往美国的船只。接下来，我开始排查尤斯顿车站附近所有的旅馆和公寓。你们明白吧，我的想法是，如果德雷伯和他同伴后来没在一起，后者必然会在车站旁边找个地方过夜，第二天早上好去搭车。"

"他俩多半会预先约定一个碰头的地点。"福尔摩斯指出。

"事实也是如此。昨晚我整晚都在找他，结果是一无所获。今天我起了个大早，八点钟就赶到了小乔治街上的赫利戴旅馆。我问他们，旅馆里有没有一位名叫斯坦杰森的住客，他们立刻给了我一个肯定的回答。

"'您一定就是他等的那位先生吧，'他们是这么说的，'他一直在等一位先生，已经等了两天了。'

"'他现在在哪里呢？'我问。

"'他就在楼上，还没起床呢。他吩咐我们九点钟去叫他。'

"'我现在就上去找他。'我说。

_____

① 原文如此。前文所引《旗帜报》报道中说的是"本月四日"，二者抵牾，未明所以。

"当时我觉得，我要是突如其来出现在他房里，没准儿能吓得他惊慌失措，不自觉地说出点儿什么来。旅馆里的擦鞋工自告奋勇，领着我去了他的房间，房间在三楼，门口有一段狭窄的过道。擦鞋工把他的房门指给我看，跟着就转身准备下楼，正在这时，我看见了一样东西，虽说我已经办了整整二十年的案子，那东西还是叫我直犯恶心。那是一条鲜血织成的红带子，从门缝里钻了出来，曲里拐弯地延伸到过道对面的墙脚，形成一摊小小的血泊。我禁不住惊叫一声，擦鞋工闻声回头，差点儿被地上的血迹吓得晕了过去。房间的门反锁着，我俩便用肩膀把门给撞开了。房间的窗子是开着的，窗边躺着一个蜷成一团的男人，身上穿的是睡衣。那人显然是死了，而且不是刚刚才死的，因为他四肢都已经冰冷僵硬。我俩给尸体翻了个身，擦鞋工立刻认了出来，他就是用约瑟夫·斯坦杰森这个名字登记的那位住客。那人身体左侧有一个很深的刀口，想必是刺穿了心脏，这便是他的死因。再下来就是整件事情当中最离奇的一个地方。你们猜猜看，被害人的尸体上写着什么？"

歇洛克·福尔摩斯还没有开口作答，我心里已经涌起一种恐怖的预感，全身一阵阵发麻。

"写的是'RACHE'这个词，用血写的。"福尔摩斯回答道。

"正是。"雷斯垂德的声音充满敬畏。一时间，谁也没有再开口说话。

躲在暗处的这名凶手，行事竟然如此有条不紊，如此莫测高深，这样一来，他犯下的罪行便显得格外可怖。我的神经虽然顶住了战场的考验，但想到此事也不免心惊胆寒。

"有人看见了凶手，"雷斯垂德继续讲述，"一个送奶的男孩去牛奶店取奶，碰巧路过从旅馆后面的马车房延伸出来的那条小巷，发现有人把通常平放在那里的一架梯子立了起来，搭到了三楼一扇大敞着的窗子上。走过之后，孩子又回过头去看了看，正好看见一个男的顺着楼梯往下爬。那人显得十分平静，十分坦然，孩子以为他可能是替旅馆干活的木匠，所以没有太过留意，只觉得他这时候上工未免早了一点儿。按照孩子的印象，那家伙高个子，红脸膛，穿着一件长长的棕色大衣。杀人之后，凶手一定是在房间里停留了一小会儿，因为我们发现脸盆里有血水，床单上有血迹，说明他洗过手，还不慌不忙地擦了擦刀子。"

听到凶手的长相跟福尔摩斯的推测如此一致，我不由得朝他瞥了一眼，可他脸上完全不见喜色，也不见得意的神情。

"你们没在房间里找到什么追查凶手的线索吗？"他问道。

"没有。斯坦杰森兜里装着德雷伯的钱包，这事情也很正常，因为平常都是他负责结账。钱包里还有八十多镑钞票，说明这两起离奇命案无论动机如何，肯定不是为了抢劫财物。死者兜里没有文件或便条，只有一封大约一个月前从克利夫兰发来的电报，内容是'J. H. 现在欧洲'。电报没有署名。"

"没有其他东西了吗？"福尔摩斯问道。

"没有什么有价值的东西。死者睡前阅读的小说摆在床头，烟斗则在他身边的一把椅子上。桌上有一杯水，窗台上放着一个小小的木头药盒，里面装着两粒药丸。"

歇洛克·福尔摩斯欢呼一声，一下子跳了起来。

"这就是最后的一环，"他兴高采烈地叫道，"有了它，我的演绎链条就算是完整无缺了。"

两位探员直勾勾地看着他，一副莫名其妙的神情。

"这团乱麻的所有线头，"我室友信心十足地说道，"如今已全部落入我的掌握。细节当然还有待补充，可是，从德雷伯和斯坦杰森在车站分手的时候开始，到后者的尸体被人发现为止，其间所有的主要事实我都已一清二楚，如同亲见。我马上就可以向你们证明这一点。你能让我检查一下那些药丸吗？"

"药丸就在我身上，"雷斯垂德一边说，一边掏出一个白色的小盒子，"我之所以随身带着现场发现的药丸、钱包和电报，目的是把它们送去警局妥善保管。我必须声明一下，我并不觉得这些药丸是什么重要东西，带着它不过是凑巧而已。"

"把药丸给我，"福尔摩斯说道。"好了，医生，"他转头问我，"这是普通的药丸吗？"

当然不是。小小的灰色药丸泛着珍珠的色泽，对着灯光看几乎是透明的。"药丸很轻，透明度也很好，看样子可以溶在水里。"我说道。

"的确如此，"福尔摩斯说道，"好了，麻烦你去楼下，把那只可怜的㹴犬[1]带上来。那只狗病了好长时间，就在昨天，房东太太还叫你把它弄死，免得它活受罪哩。"

我走到楼下，把㹴犬抱了上来。狗儿痛苦地喘息着，呆滞的眼睛表明它来日无多。事实上，一看它雪白的鼻头，你就知道它已经超过了犬类的通常寿限。接下来，我在地毯上摆了一只靠垫，把狗儿放了上去。

"现在，我要把其中一粒药丸剖成两半，"福尔摩斯说道，跟着就用自个儿的小刀切开一粒药丸，"一半放回盒子里面，以备将来之用，另一半放进这只酒杯，杯里装了一茶匙的水。你们瞧，咱们这位医生朋友说得没错，它马上就溶掉了。"

"你可能觉得这套把戏怪有趣的，"雷斯垂德的语气有些不善，显然是觉得自己正在被人捉弄，"可我闹不明白，它跟约瑟夫·斯坦杰森先生的死能有什么关系。"

"别着急，伙计，别着急！到时你就会发现，它跟这件事关系不小。现在我要用牛奶给溶液加点儿味道，再把它摆到狗儿面前，狗儿一定会高高兴兴把它舔光的。"

他一边说，一边把酒杯里的东西倒进一个碟子，又把碟子摆到狗儿面前，狗儿很快就把碟子舔了个干干净净。鉴于歇洛克·福尔摩斯的样子不像是在开玩笑，所以我们都安安静静坐在那里，专注地盯着狗儿，满以为能看到什么惊人的反应。可是，狗儿的反应并不惊人。它继续摊开四肢躺在靠垫上，呼吸虽然困难，状态却显然跟刚才一样，

---

① 㹴犬（terrier）是一类勇猛好斗的小型犬的通称，大多数品种源自英国。

完全没受药丸的影响。

在此之前，福尔摩斯已经把自个儿的怀表掏了出来。时间一分一分地过去，药丸还是没产生任何效果。见此情景，他脸上现出极度懊恼、极度失望的表情，一边咬自己的嘴唇，一边用手指敲打桌面，整个人显得烦躁至极。看到他如此焦灼，我打心眼儿里替他难过，两位探员却露出嘲讽的笑容，福尔摩斯遭遇的挫折，一点儿也没让他们觉得不痛快。

"这不可能是巧合，"福尔摩斯终于大喊一声，从椅子上跳了起来，发狂似的在房间里来回踱步，"巧合是不可能的事情。刚刚看到德雷伯的尸体，我就想到了这类药丸，斯坦杰森死了之后，你们恰恰又找到了它。可它居然没有效果，这是怎么回事？毫无疑问，我整个儿的推理链条不可能会出错。出错是不可能的！可是，这只遭瘟的狗竟然一点事儿都没有。啊，我明白了！明白了！"他欣喜地尖叫一声，冲到盒子旁边，把另一粒药丸切成两半，溶到水里，加上牛奶，然后又把它端给猭犬。不幸的狗儿舌头都还没有完全打湿，四条腿就猛地一抽，直挺挺死在了那里，就跟被闪电击中了一样。

歇洛克·福尔摩斯长吁一口气，抹去了额上的汗水。"我应该对自己的判断更有信心才是，"他说道，"到了这个时候，我早就应该明白，要是某个事实跟一长串演绎链条发生了表面上的抵触，这个事实必然可以另作解释。盒子里的两粒药丸，一粒是最为致命的毒药，另一粒则完全无害。我早该想到这一点的，压根儿不用等看到盒子。"

他最后这句话着实惊人，以致我很难相信他不是胡说八道。可是，摆在眼前的死狗已经证实了他的推断。到这会儿，我觉得脑子里的迷雾渐渐消散，对案情的真相也有了一点儿隐隐约约的概念。

"你们可能会觉得眼前的一切非常奇怪，"福尔摩斯接着说道，"原因嘛，早在刚刚开始查案的时候，你们就放过了面前唯一的一条真正的线索。我有幸抓住了它，后来的一切不光证实了我当初的推测，准确说还是我早已预见的必然之事。所以呢，那些令你们觉得困惑、令案情更显迷离的事情，对我来说都是开启思路、提供佐证的好材料。离奇和费解是两码事，绝不能混为一谈。最普通的罪案往往最难破解，恰恰是因为它没有可资演绎的新奇特征。拿这件案子来说吧，如果受害人的尸体就那么简简单单摆在路旁，旁边没有那些离奇恐怖的额外施设，破案的难度就会增加不知道多少倍。让案子显得非同一般的那些怪异细节，压根儿没构成什么障碍，相反还降低了破案的难度。"

对于福尔摩斯这通演说，格雷格森先生早已听得不胜其烦，这会儿便终于忍无可忍了。"听我说，歇洛克·福尔摩斯先生，"他说道，"我们都乐意承认，你是个精明强干的人，有你自个儿的一套工作方法。不过，眼下我们想要的可不光是理论和说教，抓到凶手才是正经。我已经把自己的想法和盘托出，现在看来，我似乎是搞错了，因为夏彭蒂耶这小伙子不可能跟第二宗谋杀有关。雷斯垂德一直在追查他那个斯坦杰森，似乎也不能算是找对了门路。你刚才东拉西扯，旁敲侧击，一副比我们知道得多的样子，可是现在，我们倒应该直截了当问一问你，这案子你究竟知道多少。你说得出凶手的名字吗？"

"我觉得格雷格森的话不无道理，先生，"雷斯垂德说道，"我俩都做了尝试，只可惜都以失败告终。自打我走进这间屋子，你已经说了不止一次，说你掌握了你需要的所有证据。到了现在，你不应该再捂着不说了吧。"

"抓凶手的事情可不能耽误，"我说道，"不能让他有机会制造新的暴行。"

面对大家的催促，福尔摩斯显得有点儿踌躇。他继续在房间里来回踱步，脑袋俯在胸前，眉弓压得很低，这正是他陷入沉思时的惯有模样。

"不会再有凶案了，"到最后，他突然停住脚步，转脸对我们说道，"你们完全不用担这份心。你们问我知不知道凶手的名字，答案是我知道。话又说回来，知道他名字只是小事一桩，重要的是实实在在地逮到他。按我看，这事情我很快就能办到。我已经亲自做好安排，成功的希望也非常大。不过，逮他的时候必须小心从事，因为我们面对的是一个非常老练的亡命之徒，而且，根据我的亲身体会，他还有一个跟他一样聪明的帮手。只要凶手觉得我们找不出任何线索，我们就有逮住他的机会；可是，一旦他觉得有一丁点儿不对劲，肯定就会改名换姓，立刻消失在这座大城的四百万居民当中。我无意伤害你们两位的感情，可我还是得说，照我看，这些人的本事绝不只是跟警方并驾齐驱而已。我没有请求两位的协助，原因就在这里。当然，要是我马失前蹄，你们大可将全部的责任推到我的头上，怪罪我没跟你们商量，这样的结果我早已有所准备。现在我可以保证，等到告诉你们也无妨的时候，我一定毫不耽搁，马上把我的筹划告诉你们。”

格雷格森和雷斯垂德显得不太高兴，不知道是不满意他的保证，还是不满意他对警方的贬词。格雷格森的脸已经红到了耳根，雷斯垂德的小眼睛则闪着又惊异又恼怒的光芒。两个人都还没来得及开口说话，门上就传来一声叩击。来的不是别人，正是街头流浪儿的代表，身份不甚显赫、形象不甚雅观的小威金斯。

“请吧，先生，”他抬手敬了个礼，开口说道，“出租马车已经叫到楼下了。”

“好孩子。”福尔摩斯好声好气地夸了一句。“你们苏格兰场，干吗不选这种款式呢？”他一边说，一边从抽屉里拿出一副钢制手铐，“这一款的弹簧好用极了，一眨眼就能铐上。”

“现在的款式就够用了，”雷斯垂德说道，“如果能找到使用对象的话。”

“说得好，说得好。”福尔摩斯微笑着说，“依我看，还是让车夫来帮我搬搬行李好了。叫他上来吧，威金斯。”

听我室友说话的口气，他似乎打算外出旅行，这可让我吃了一惊，因为他压根儿没提过旅行的事情。房间里有一个小小的旅行皮箱，这会儿就见他拖出箱子，开始捆扎起来。车夫走进房间的时候，他还在忙着收拾箱子。

“帮我扣一下这个带扣，车夫。”他半蹲在那里忙活，头也不回地说了一句。

车夫面色阴沉，看样子很不情愿，但还是走上前去，伸手准备帮忙。说时迟，那时快，只听得一记金属碰击的清脆声响，歇洛克·福尔摩斯突地跳起身来。

"先生们，"他两眼放光，朗声说道，"容我向诸位介绍谋杀伊诺克·德雷伯和约瑟夫·斯坦杰森的凶犯，杰弗逊·霍普先生。"

整件事情发生在电光石火之间，快得让我来不及反应。至今我依然清晰地记得那一刻，记得福尔摩斯旗开得胜的表情，记得他洪亮的声音，也记得车夫直勾勾瞪着自己手腕上那副凭空出现的手铐，记得他那副又惊愕又凶蛮的面容。有那么一两秒钟，所有的人都一动不动，仿佛变成了一组群雕。紧接着，车夫发出一声不知所云的愤怒咆哮，猛然挣脱福尔摩斯的掌握，纵身跃向窗子，木框和玻璃纷纷崩裂。不过，他还没来得及钻出窗子，格雷格森、雷斯垂德和福尔摩斯就一齐扑了上去，跟一群猎鹿犬似的。他们把车夫拽回房里，跟着就是一阵激烈的打斗。车夫十分强壮、十分狂暴，力道像突然发作的癫痫病人一样惊人，以一敌四都一再占到上风。他的脸和手都被窗子玻璃伤得厉害，血不停地流，可这丝毫没有削弱他抵抗的劲头。到最后，雷斯垂德成功地把手伸进他的领巾，卡住了他的脖子，弄得他差点儿窒息，这才让他明白过来，挣扎已经无济于事。即便到了这个时候，我们还是觉得不够保险，于是就把他的双手双脚绑了起来。绑好之后，我们站起身来，一个个都是气喘吁吁。

"他的车就在下面，"歇洛克·福尔摩斯说道，"正好送他去苏格兰场。还有，先生们，"他继续说道，脸上绽出愉快的笑容，"咱们这宗小小的谜案，眼下已经到了尾声。各位要是想问什么问题，在下无任欢迎，绝不会推三阻四。"

第二部

圣徒之域

第一章　盐碱之原

　　北美大陆的中部，横亘着一片枯瘠迫人的荒漠，多年来一直是阻遏文明进军的障碍。这片区域西起内华达山脉，东抵内布拉斯加，北达黄石河，南接科罗拉多[①]，完全是一派荒芜阒寂的景象。在这个严酷的地方，大自然的心绪也是变化无常。这里有白雪皑皑的高山，有幽暗阴郁的谷地，有一条条湍急的河流在犬牙交错的峡谷里奔涌，也有一片片广袤的平原。冬日里银装素裹，夏天则盖满灰色盐碱。地貌虽然各有不同，但却一样地荒凉惨淡，不宜人居。

　　这是一片没有人烟的绝望土地，虽然会偶尔迎来一小群寻找猎场的波尼人或者黑脚人[②]，但那些最为勇敢坚强的人，到这儿也会心里打鼓，巴不得早点把这些骇人心目的平原抛到身后，重新投入大草原的怀抱。郊狼在灌木丛

---

① 文中描述的这片区域大致是今天美国的内华达州和犹他州，也包括怀俄明州和科罗拉多州的一部分。

② 波尼人（Pawnee）和黑脚人（Blackfoot）都是北美的印第安部落。

中躲躲藏藏，兀鹰在天上扇动沉重的翅膀，笨拙的棕熊^①则在乱石嶙峋的阴暗山沟里游游荡荡，竭力寻找赖以为生的食粮。除了它们之外，这片荒原再没有别的居民。

站在布兰科山^②北坡眺望，世上再没有比眼前更单调的景象了。目力所及之处只有一片无边无际的平地，地上盖满尘土，结着东一块西一块的盐碱，散布着一丛丛低矮的耐旱灌木。地平线尽头是一列长长的山峰，参差错落的峰顶挂着点点白雪。这片辽阔的土地没有任何生命迹象，也看不到任何与生命相关的事物。钢蓝色的天空里没有飞鸟，灰扑扑的大地上没有动静，最叫人受不了的，却还是那种死一般的静寂。不论你怎样侧耳聆听，无垠荒野里始终没有任何声音。没有声音，只有寂静——彻头彻尾、撕心裂肺的寂静。

要说这广阔平原上完全没有与生命相关的事物，那倒也并不尽然。从布兰科山上往下看，你会发现荒漠中有一条蜿蜒的小道，一直延伸到视线的尽头。小道印着坑坑洼洼的辙迹，见证过许多冒险家的旅程。道边东一个西一个散布着一些白森森的物件，在阳光下熠熠生辉，跟单调乏味的盐碱地形成鲜明的对比。到近处去仔细瞧瞧吧！那都是动物的骨头，有一些又大又粗糙，另一些又小又精致。大的是牛骨头，小的则属于人类。这一条可怕的篷车小道，

---

① 郊狼（coyote, *Canis latrans*）、兀鹰（buzzard, *Cathartes aura*）和棕熊（grizzly bear, *Ursus arctos horribilis*）都是北美常见的动物。
② 布兰科山（Sierra Blanco）是作者虚构的。

长度足有一千五百里①，有前人留在路旁的累累白骨充当路标，认路倒是非常容易。

一八四七年五月四日，一个孤独的旅人站在山上，俯瞰着前面说的这番景象。从外表上看，你简直会觉得他就是守护此地的精灵，或者说盘踞此地的恶魔。见了他你也很难判断，他年纪究竟是四十左右，还是六十上下。他脸庞瘦削憔悴，羊皮纸一般的棕色皮肤紧包着嶙峋的骨骼，棕色的须发都已斑白，深凹的双眼闪着出奇锐利的精光，一只形同枯骨的手紧握着一支来复枪。这汉子颤巍巍站在那里，拿手里的武器权充拐杖，然而他身形颀长，骨架庞大，表明他曾经拥有强壮有力的体格。不过，看看他皮包骨头的面容，再看看在他枯干四肢上晃荡的褴褛衣衫，你就会明白他为何显得如此年迈、如此衰朽：这个人就要死了——死因则是饥饿和干渴。

之前他一直在山沟里艰难跋涉，后来又爬上这座小小的山峰，指望着看到有水的迹象，只可惜徒劳无功。眼前只有一大片盐碱平原，还有远处的一列荒山，哪里都没有树木或其他植物的影子，因此就没有水汽存在的征兆。周遭的大地广袤无垠，却不见一丝希望的闪光。他瞪着狂乱的双眼，朝北、东、西三个方向张望一番，跟着就认识到，浪游的生涯已到尽头，自己很快就会死在这光秃秃的山崖上。"死在这里，或者是二十年后死在羽绒床垫上，其实都差不多。"他一边喃喃自语，一边在一块巨石脚下坐了

---

① 一英里大约等于一点六公里。

下来。

坐下之前，他将那支派不上用场的来复枪搁到地上，还把一个硕大的灰布包袱从自个儿的右肩卸了下来。看样子，这包袱他已经有点儿拿不动了，因为他没能稳稳当当往下放，包袱落地时多少有点儿磕碰。灰色的包袱里立刻传出一声轻轻的呻吟，探出一张惊恐的小脸和一对小小的拳头，小脸上有一双十分明亮的褐色眼睛，小拳头上有浅浅的肉涡，还有几点雀斑。

"你弄疼我了！"一个稚嫩的声音埋怨道。

"真的啊，"这汉子歉疚地回答道，"我不是故意的。"说着他解开灰布包袱，把一个漂亮的小姑娘抱了出来。小姑娘五岁上下，穿着一双讲究的鞋子、一条好看的粉色裙子和一条亚麻质地的围嘴，全身打扮都体现着一位母亲的关爱。她虽然脸色苍白，小胳膊小腿儿却很结实，说明她遭的罪没有同伴那么多。

"现在好点儿了吗？"汉子焦急地问道，因为她还在揉自个儿金发蓬乱的后脑勺。

"亲一下这里就好了，"小姑娘把伤处伸到汉子面前，郑重其事地说，"妈妈平常就是这么做的。妈妈在哪儿呢？"

"妈妈走了。我想啊，你过不了多久就能看见她了。"

"走了，哼！"小姑娘说，"奇怪，她怎么没跟我说再见呢。哪怕只是去姑妈家喝茶，她也会跟我说再见的。可是啊，这次她都走了三天了。嗳，这里可真够干的，对不对？这里有没有水喝，有没有东西吃呢？"

"没有，什么也没有，小宝贝儿。你稍微再忍一会儿，到时候就好了。把脑袋靠到我身上来，这样会舒服一点儿。我嘴巴干得跟牛皮一样，说话比较费劲，可我想了想，还是让你知道眼下的情况比较好。你手里拿的是什么东西？"

"漂亮东西！好东西！"小姑娘兴高采烈地叫了起来，把两块闪闪发光的云母石举得高高的，"回家以后，我就把它们送给鲍勃弟弟。"

"要不了多久，你就会看到比这还要漂亮的东西，"汉子把握十足地说道，"稍微等等就行。刚才我正准备告诉你——你还记得咱们离开那条河的时候吗？"

"嗯，记得。"

"好，当时啊，咱们以为很快就能碰上另一条河，你明白吧。可是，不知道是罗盘、地图还是别的东西，总之是有什么地方出了毛病，另一条河始终没有出现。水就这么用完了，只剩了几滴给你这样的孩子用，然后——然后——"

"然后你就连脸都洗不了了。"他同伴直愣愣地盯着他肮脏的脸庞，一本正经地插了一句。

"脸洗不了，喝的也没有了。然后就是本德尔先生，他是第一个走的，接下来是皮蒂，那个印第安人，再往后是麦格雷戈太太，再往后是约翰尼·霍恩斯，再往后，小宝贝儿，就是你妈妈了。"

"这么说，妈妈也死了。"小姑娘叫道，把脸埋到围嘴里，伤心地抽泣起来。

"是啊，他们都走了，就剩下咱们俩。然后呢，我觉得这个方向可能有水，所以就扛着你来了这里。眼下看来，咱们的情况并没有什么好转。现在，咱们的机会已经小得不能再小啦！"

"你是说咱俩也要死了吗？"小姑娘止住抽泣问了一句，抬起了泪迹斑斑的小脸。

"我看是差不多了。"

"你怎么不早说呢？"小姑娘开心地笑了起来，"害得我白紧张了半天。嗯，不是吗，只要咱俩死了，就又可以跟妈妈一起了啊。"

"没错，你一定可以的，小宝贝儿。"

"你也可以。我会跟妈妈说，说你对我多么多么好。我敢打赌，她一定会到天堂门口来接咱俩的，带着一大罐水，还有一大堆荞麦饼子。饼子热腾腾的，两面都烤得焦黄，我和鲍勃最喜欢那种饼子了。可是，咱俩还要多久才死呢？"

"我不知道——应该要不了多久吧。"汉子的双眼死死地盯着北方的地平线。苍穹之下闪出三个小小的黑点，这会儿正在飞速靠近，每分每秒都在变大。黑点很快现出本相，原来是三只褐色的大鸟。它们在两个旅人的头顶盘旋一阵，落到了一块可以俯瞰他俩的岩石上。这些大鸟都是兀鹰，也就是生活在美国西部的一种秃鹫。它们来了，预示着死亡已经迫在眉睫。

"公鸡和母鸡①，"小姑娘指着这些不祥的鸟儿，欢天

---

① 1860 年，美国女作家伊丽莎·弗伦（Eliza Lee Cabot Follen, 1787—1860）在伦敦出版童谣集《给所有好孩子的新儿歌》（*New Nursery Songs for All Good Children*），书中有一首《公鸡和母鸡》（*Cocks and Hens*）。

喜地地叫了一声，然后就开始拍手，想让它们飞起来，"嗳，这地方也是上帝造的吗？"

"当然是喽。"听到她这个突如其来的问题，她同伴着实吃了一惊。

"伊利诺伊州是祂造的，密苏里州也是祂造的，"小姑娘接着说，"我猜啊，这地方肯定是别的什么人造的，造得一点儿都不好，连树和水都给忘了。"

"你觉得做祈祷能管用吗？"汉子的问题问得没有底气。

"还没到晚上呢。"小姑娘答道。

"没关系的。这时候做祈祷，确实不怎么符合规矩，可祂老人家也不会介意的，真的。咱们在大平原①上的时候，你不是每天晚上都在篷车里祈祷吗？就把那些祷文念一念好了。"

"你自己干吗不念呢？"小姑娘问道，眼神有点儿诧异。

"我记不得了，"汉子回答道，"从我只有那支枪一半高的时候开始，我就不念祷文了。要我说，现在念也来得及。这样吧，你大声地念出来，我在旁边听着，到齐诵的部分②就跟你一起念。"

"那样的话，你就得跪在地上，我也一样，"小姑娘一边说，一边把包袱皮儿铺在地上，"你得把手抬起来，像这么放着。这样会觉得心里舒服一点儿。"

---

① 这里的大平原（the Plains）特指北美大平原（Great Plains）。北美大平原是北美洲中部一片广袤的草原，大部分位于美国境内。
② 所谓齐诵部分，大致就是"阿门"一类的东西。

他俩祈祷的情景真是怪异，好在他俩的周围只有兀鹰，并没有别的什么观众。两个旅人肩并肩跪在窄小的包袱皮儿上，一个是嘴里念念有词的小不点儿，一个是铁石心肠的冒险者。她那张胖乎乎的小脸蛋，还有他那张棱角分明的憔悴面庞，一同仰对万里无云的天空，直面那位威严可畏的神灵，向祂发出了虔诚的哀恳，而他俩的声音——一个纤细清晰，另一个深沉粗犷——也交织一处，乞求着上天的怜悯与宽恕。做完祈祷，他俩便坐回巨石脚下的阴凉地儿，直到孩子在保护人的宽阔胸膛上酣然睡去。孩子入睡之后，汉子又守望了一会儿，最终还是拗不过自然的力量，原因是在此之前，他已经三天三夜不眠不休。这么着，他的眼皮慢慢盖住疲倦的双眼，脑袋也越来越贴近胸口。到最后，汉子的斑白胡须终于跟小姑娘的金色发绺缠在一起，两个人都进入了深沉无梦的睡乡。

晚睡半个小时的话，这位旅人就会看到一番奇异的景象。那是一缕小小烟尘，从盐碱平原尽头腾起，一开始非常细微，很难与远处的迷雾区别开来。但烟尘越来越高，越来越宽，慢慢变成了一个实实在在、轮廓清晰的云团。云团继续扩增，最终使人一望而知，只有一大群行进之中的生物，才能够扬起这样的沙尘。眼前的景象若是出现在较比丰沃的所在，观者想必会据此断定，一大群觅食草原的美洲野牛，正在朝自己靠近。这当然是不可能的事情，因为我们说的是一个不毛之地。尘云打着旋儿涌来，离两个落难旅人栖身的孤崖越来越近，云中渐渐现出一辆辆篷车的帆布顶盖，以及一个个手持武器的骑手。来的原来是一支浩浩荡荡的篷车队伍，正向着大西部行进。这是支怎样的队伍啊！队伍的前端已经伸到山脚，尾巴却还在地平线之外。杂乱无章的队列，贯穿这一整片广袤平原，大车小车，骑马的男人和徒步的男人，此外还有数不清的女人，身负重担跟跄前行。孩子们有的在车辆旁边蹒跚赶路，也有的坐在车里，透过白色的篷子往外张望。这显然不是什么普普通通的移民队伍，更像是一个受到环境逼迫的游牧民族，眼下正在举族迁徙，奋力寻找新的家园。澄净的空气中传来庞大人群纷纭莫辨的嘈杂声音，外加车轮的吱呀和马儿的嘶鸣。这喧嚣虽说沸反盈天，依然不足以惊醒山上这两个疲惫的旅人。

队伍最前头是二十多名神情坚毅的骑手，个个都穿着深色的手织外套，身上背着来复枪。骑到山脚的时候，这些人停了下来，简短地商量了一阵。

"那些泉眼是在右手方向，弟兄们。"其中一个说道。说话的人头发花白，嘴唇紧绷，胡子刮得干干净净。

"应该往布兰科山的右边走——那样就可以走到格兰德河①。"另一个说道。

"用不着担心水的问题，"第三个人叫道，"能够从岩石中引出水流的上帝，绝不会抛弃祂亲自拣选的子民。②"

"阿门！阿门！"整群人齐声应和。

---

① 格兰德河（Rio Grande）是从美国科罗拉多州西南部流入墨西哥湾的一条大河。
② 《圣经·旧约》的《出埃及记》和《民数记》当中都有耶和华吩咐摩西从岩石中引出水流的记述。

一行人正准备继续赶路，年纪最轻、眼神最好的一名骑手忽然惊呼一声，抬手指向上方的嶙峋山崖。一缕纤薄的粉色在崖顶迎风飘摆，被灰色的岩石衬托得格外鲜明。见此情景，山脚的骑手纷纷勒马端枪，还有一些骑手从后面纵马赶来，预备为先头部队提供增援。所有人的嘴里，不约而同地蹦出了"红皮"①这个字眼。

"这里不可能会有印第安人，"说话的是那个花白头发的长者，他似乎是这伙人的头领，"我们已经走出波尼人的地界，翻过大山之前是碰不上其他部落的。"

"让我上去看看吧，斯坦杰森弟兄。"有个人主动请缨。

"还有我，""还有我，"……十几个声音争先恐后地响了起来。

"把你们的马匹留在山下，我们就在这儿等你们。"长者答道。小伙子们立刻滚鞍下马，拴好马匹，然后就沿着陡峭的山壁往上爬，去查探那个引起他们怀疑的物件。他们爬得很快，没发出任何声响，一看就是身手敏捷、经验丰富的斥候。守在山下的人们看到他们的身影掠过一块又一块岩石，最后就高出崖壁，映现在蓝天之下。冲在最前面的是那个率先报告警讯的小伙子，另有几人紧随其后。突然间，跟随者看到小伙子双手一举，似乎是惊愕得不能自制，等他们赶到山顶，同样被眼前的景象惊得目瞪口呆。

荒山顶上是一块窄小平地，平地上矗着孤零零一块巨石，巨石上斜倚着一个高个儿男人，长须飘拂，相貌冷峻，

---

① "红皮"（redskin）是白人对北美印第安人的蔑称。

同时又瘦得皮包骨头。只见他面容平静，呼吸均匀，显然是睡得很沉。他穿着一件棉绒外套，身边躺着个小姑娘，雪白滚圆的胳膊环着他筋节毕露的黝黑脖子，披着金发的脑袋靠在他的胸口。小姑娘粉色的小嘴微微张开，露出两排洁白整齐的牙齿，稚气的小脸漾着一抹淘气的笑容。她白白胖胖的双腿套着白色的袜子，干干净净的鞋子缝有闪亮的扣袢，跟旅伴那瘦长枯槁的四肢形成了鲜明的对比。这对怪人头顶的石梁上站着三只虎视眈眈的兀鹰，看见新来的人便发出几声悻悻的哀鸣，垂头丧气地飞了开去。

恶鸟的哀号惊醒沉睡的旅人，两人开始迷惑不解地四下张望。大人踉踉跄跄站起身来，看了看山下的平原，平原在他入睡之时还是满眼荒芜，如今却聚集了这么多的人和牲畜。看着看着，他脸上浮现出一种如在梦中的表情，不由得抬起一只瘦骨嶙峋的手，捂住了自己的眼睛。"依我看，这就是人们说的神经错乱了吧。"他喃喃说道。小姑娘站在他的身边，抓着他外套的下摆，一句话也不说，只是用孩子特有的探询目光，好奇地打量周遭的一切。

救援队伍很快说服两个落难的旅人，让他们相信眼前众人并不是幻觉的产物。一个救援者抱起小姑娘，把她扛上自己的肩膀，另外两个则搀起她羸弱的旅伴，扶着他走向山下的车队。

"我名叫约翰·菲瑞尔，"流浪客讲起了自己的经历，"我们本来有二十一个人，现在只剩下我和这个小家伙了。其他人都死在了南边，因为没吃没喝。"

"她是你的孩子吗？"有人问了一句。

"现在算是了吧，"流浪客骄傲地高声宣布，"我救了她，所以她是我的，谁也别想把她从我身边夺走。从今天开始，她就叫露茜·菲瑞尔。对了，你们是干吗的呢？"他好奇地瞥了一眼周围这些黝黑壮健的救命恩人，补了一句："你们的人好像很多啊。"

"差不多有一万，"一个小伙子说道，"我们是遭人迫害的上帝之子，天使莫罗尼的选民。"

"我倒没听过这位天使的事迹，"流浪客说道，"看样子，他选中的人还真不少嘛。"

"你可别拿神圣的事物开玩笑，"小伙子厉声说道，"我们信奉那些埃及文写就的神圣经典，经文刻在黄金打制的书版上，是神圣的约瑟夫·史密斯在帕尔米拉领受的。我们来自伊利诺伊州的瑙沃，那里有我们建造的神殿。这里虽然是荒漠深处，可我们还是来了，好歹能躲过那个暴徒，还有那些不信神的人。"

听到"瑙沃"二字，约翰·菲瑞尔显然想起了什么事情。"我明白了，"他说道，"你们都是摩门教徒。"①

————

① 摩门教（Mormonism）是约瑟夫·史密斯二世（Joseph Smith, Jr., 1805—1844）于十九世纪二十年代在美国纽约创立的一个基督教原教旨主义教派，教义当中包括一夫多妻制，后逐步放弃这种制度。该教派自1830年开始多次遭受迫害，教众由此屡屡迁徙。1839年，史密斯二世率领教众迁入伊利诺伊州小镇康默斯（Commerce），将该镇改名瑙沃（Nauvoo），掌握了该地的军政大权。1844年，他因实行多妻制而遭到非议，后在骚乱之中被人杀死。在他死后，摩门教发生教主之争，最终一分为三，大部分教众奉布里根·扬（Brigham Young, 1801—1877）为首，于1847年开始迁往今日的犹他州，不过，跟扬一起迁徙的第一批教众只有一百四十多人，与文中的"一万"

"我们都是摩门教徒。"小伙子的同伴们齐声应道。

"你们要去哪儿呢？"

"不知道。上帝之手化身为我们的先知，我们都听凭先知的指引。你得去拜见他，他肯定会给你们一个妥善的安置。"

这时他们已经走到山脚，周围挤满了大群大群的迁徙信徒，有面色苍白、神情温顺的妇女，有笑逐颜开的健壮儿童，也有焦灼不安、目光恳切的男人。眼看这两个生客一个年纪幼小，另一个又羸弱不堪，许多信徒发出了震惊与同情的叫喊。不过，护送他俩的队伍并没有停下脚步，只管在一大群摩门教徒簇拥之下继续前行，一直走到了一辆四轮马车跟前。这辆车格外显眼，一方面是因为体量庞大，一方面也因为外观华美。其他车只用了两匹马，充其量不过四匹，这辆车的车辕上却套着整整六匹。车夫旁边坐着一个男的，年龄至多只有三十岁[①]，但却拥有一颗硕大的脑袋和一副果决的神情，首领的威仪由此而生。首领

<hr />

（接上页）不符。文中的"那个暴徒"不详所指，可能是曾与扬争夺教主位置的一名教中首脑。前文提及的天使莫罗尼（Angel Moroni）是摩门教教义当中的一个重要角色。据史密斯二世自称，这位天使曾经多次拜访他，还引领他找到了写在"金版"（golden plates）上的摩门教圣典《摩门之书》（*Book of Mormon*）。另据史密斯二世自称，获得圣典的时间是1827年，地点则是他自家寓所附近的一座小山，圣典原文为埃及文，是他在神的指引之下把它译成了英文。获得圣典之时，他住在纽约州小镇帕米拉（Palmyra）附近。柯南·道尔笔下的摩门教虽有历史依据，但并不完全符合已知史实。

① 下文指明这个首领就是布里根·扬，由上文注释可知，布里根·扬此时四十六岁。

正在读一本褐色封面的书，看到人群靠近便放下书本，专注地听完了事情的经过。这之后，他转头对着两个落难的旅人。

"要让我们收留你们，"他的话如经文一般郑重其事，"你们就必须信奉我们的教义。我们的羊栏容不下恶狼。即便是任由你们暴尸这片荒原，任由日头把你们的骸骨晒得雪白，也远远强过任由你们充当果子上的小小霉斑，任由霉斑最终腐蚀整个儿的果实。条件就是这样，你还愿意跟我们走吗？"

"按我看，只要能跟你们走，什么条件我都可以接受。"菲瑞尔的语气斩钉截铁。听到他这么说话，连那些神色凝重的长老也不由得面露微笑，只有首领无动于衷，依然保持着那副引人注目的严厉表情。

"领他去吧，斯坦杰森弟兄，"首领说道，"给他吃的和喝的，也要给这个孩子。我还要交给你一项任务，那就是向他传授我们的神圣教义。我们已经耽搁得太久了。前进！继续前行，直抵郇山①！"

"继续前行，直抵郇山！"摩门教徒齐声呐喊。首领的指示口口相传，像水波一样漫过长长的迁徙队伍，声音次第减弱，最终变成了遥远地方的一阵喃喃细语。马鞭声起，车轮吱呀，一辆辆庞大的四轮马车动了起来。没过多久，整支迁徙队伍又一次开始蜿蜒前行。奉命照管落难者的长

---

① 郇山（Zion）是基督教圣地耶路撒冷附近的一座小山，可以指代耶路撒冷，还可以引申为乌托邦和乐土。首领用的是这个词的引申义。

老把两人领进自己的马车，车里已经备好了餐食。

"你们就在这儿待着，"长老说道，"几天之后，你疲惫的身体就该复原了。与此同时，你一定得记住，从现在开始，你永远都是我们这个教派的信徒。布里根·扬已经这么说了，他的话等于约瑟夫·史密斯的话，也就等于上帝的旨意。"

第二章　犹他之花

到达最后定居的乐土之前，迁徙的摩门教徒经历了许多磨难，不过，本书并不适合充当一份纪念这些磨难的档案。简言之，他们从密西西比河滨迁徙到落基山脉西麓，一路挣扎前行，百折不挠的劲头堪称史所罕见。野人野兽、饥饿干渴、疲劳疾疫，大自然使出了浑身解数来阻挡他们，但却还是被他们那种盎格鲁—撒克逊人的坚韧精神所征服。然而，艰辛的旅程漫长无尽，恐怖的经历层出不穷，即便是他们中最坚强的人也不免心惊胆寒。因此，旅程终了之时，看到阳光普照、幅员广阔的犹他谷地就在他们下方，听到首领宣布这就是上帝许下的乐土、这些未曾开垦的土地将永远属于他们，所有人莫不屈膝跪倒，诚心颂赞。

事实很快证明，扬不光是一位坚定果决的首领，还是一名擅长管理的能吏。在他的领导之下，地图一幅一幅描了出来，表格一张一张画了出来，未来城市的蓝图就此制定。所有人都按地位高低分到了田地，商人开张营业，工匠各司其职。镇子里的街道和广场像变魔术一般冒了出来，田野里的人则忙着挖水沟、树篱笆、种庄稼、清土地。来年夏天，整个乡野便腾起金色的麦浪。这片奇异的殖民地百业俱兴，最重要的是，建在城镇中心的宏伟神殿也是越来越高，越来越大。这是摩门移民为上帝建造的圣殿，因为祂引领众人安然渡越重重险阻。从曙光初现到暮色降临，锤锯之声响彻建造神殿的工地，自始至终不绝于耳。

两个落难的旅人，也就是约翰·菲瑞尔，以及那个曾与他同处患难、后来又被他收养的小姑娘，跟着摩门教徒走到了这次长征的终点。一路之上，幼小的露茜·菲瑞尔一直待在斯坦杰森长老的马车里，与长老的三名妻子和十二岁的犟小子同行同止，相处也算愉快。小孩子没什么记性，露茜很快就从失去母亲的打击当中恢复过来，得到了这几个女人的宠爱，适应了行进篷车之中的崭新生活。与此同时，约翰·菲瑞尔养好了羸弱的身体，显出他高明向导和坚韧猎手的本来面目，迅速赢得了新伙伴的尊敬。这样一来，到达旅途终点的时候，大家一致同意分给他一块最大最肥沃的土地，仅次于扬本人和教中的四大长老，也就是斯坦杰森、肯博、约翰斯顿和德雷伯。

分到田地之后，约翰·菲瑞尔盖了一座大木屋，并在接下来的几年里不断扩建，把木屋变成了一幢宽敞的别墅。他是个脚踏实地的人，算度精明，手艺高超，身子骨又像钢铁一般结实，可以从早到晚耕耘自己的土地。这一来，他名下的农庄，还有其他的所有东西，全部都兴旺得异乎寻常。他三年就把所有的邻居抛在身后，六年小康，九年致富，十二年之后，放眼整座盐湖城①，能和他相埒的人也不到六个了。从这片巨大的内陆汪洋，一直到遥远的瓦萨奇山脉②，谁的名头也没有约翰·菲瑞尔响亮。

就有那么一件事情，他伤到了教友们敏感的心。无论别人如何劝说，他始终不肯像教友们一样娶妻成家。他从来不为这种固执的拒绝解释因由，只是毅然决然、毫不妥协地坚守着自己的决定。有的人指责他对自己皈依的宗教缺乏热情，也有人断定他只是贪婪守财、吝于花费，还有人说他是因为以往的某次恋爱经历，不忍心辜负大西洋岸某个伤心至死的金发女子。且不论原因如何，菲瑞尔总归保持着严格的独身生活。除了这一点之外，他完全符合这个新兴城镇的教规，并且赢得了正直守义的声名。

露茜·菲瑞尔在养父的木屋里渐渐长大，帮着养父操持所有的家计。山区的清新空气和松树的芬芳气息滋养着这个年轻姑娘，替代了保姆和母亲的位置。年复一年，她越长越高挑，越长越壮实，脸色益发娇艳，脚步也益发轻盈。走在菲瑞尔庄园旁边的大路上，看到这位少女穿行麦田的翩跹身影，又或是碰见她驾轻就熟地骑着父亲的马儿、展露道地西部儿女的优雅骑姿，许多过客都油然生出一些久已遗忘的情怀。就这样，花蕾渐渐绽成花朵，到了她父

---

① 盐湖城（Salt Lake City）是摩门教徒于1847年始建的城市，因邻近美国的大盐湖（Great Salt Lake）而得名，今为犹他州首府。
② "内陆汪洋"即大盐湖，瓦萨奇山脉（Wasatch Mountains）为落基山脉的一个分支，在大盐湖东面，盐湖城在二者之间。

亲成为农夫首富的那一年，她也成了整个太平洋坡地①美国少女的一个绝美样板。

不过，首先注意到她已经从女孩变成女人的并不是她的父亲。当然，做父亲的很少能首先发觉这一类的事情。这个神秘的变化过程太过微妙，次第也太不明显，无法依据时日来测算。对此最为无知无觉的则莫过于少女本人，得等到某个语调、某只手的触碰令她心如鹿撞，她才会半是骄傲半是惊惧地意识到，某种更为博大的陌生天性，已经在自己的内心深处苏醒。她们中很少有人会忘记那个特别的日子，很少有人会忘记那个预告人生新页的小小事件。就露茜·菲瑞尔的情形而言，那个事件本身就相当严重，更别说它还影响到了她本人，以及其他的许多人，未来的命运。

那是六月里一个温暖的早晨，各位后期圣徒②正在像蜜蜂一样忙个不停——他们给自个儿选的徽记，恰恰就是蜂巢。③田野里、街巷中，到处都充斥着人类劳作的嗡嗡营营。条条大路尘土飞扬，一列列货载沉重的长长骡队沿路前行，一窝蜂奔向西方，因为加利福尼亚爆发了淘金热，这座上帝选民的城市正好是去那里的陆路要冲。路上还有

<hr>

① 太平洋坡地（Pacific slope）指南北美洲从大陆分水岭到太平洋岸之间的区域，用于美国则是指从落基山脉到太平洋岸之间的区域。

② 后期圣徒（Latter Day Saints）是摩门教徒的别称，因为摩门教会曾先后用过"后期圣徒教会"及"耶稣基督后期圣徒教会"两个名称。本篇第二部名为"圣徒之域"，原因就在这里。

③ 摩门教徒认为蜂巢代表勤勉、和谐、秩序和俭朴，犹他州的州旗和州徽上都有蜂巢图案。

一群群从边远牧区赶来的牛羊，以及一队队神色疲惫的外来移民，人和马都已被无休无止的旅程弄得倦乏不堪。这一盘五花八门的大杂烩当中，突然闪出露茜·菲瑞尔的身影，她凭着高明的骑术在拥挤人畜的缝隙之中疾驰，美丽的脸庞泛出兼程赶路的红晕，长长的栗色头发飘在身后。父亲吩咐她进城办事，于是她就像往常一样，借着年轻人那种无所畏惧的劲头，快马加鞭往城里赶，一心只想着手里的任务，想着完成任务的法子。路上那些风尘满面的淘金客，惊奇万分地目送她的背影，进城卖毛皮的印第安人从不轻易流露自己的感情，此时也不由得放下素日里的淡漠，为这个白人少女的美丽惊叹不已。

赶到城边的时候，她发现一大群牛封住了她的去路，赶牛的是六个相貌粗野的平原牧人。情急之下，她策马冲进牛群里一个看似留有空隙的地方，打算闯过这道障碍。没想到，她刚一冲进牛群，牛群就在她身后合了起来。这一来，她顿时陷入一片万头攒动的汪洋，周围都是眼神凶猛的长角公牛。她平常就没少跟牛打交道，这时也不以为意，只管抓住一切机会催马前行，指望着从牛群里面钻过去。不巧的是，不知是有意还是无意，有一头牛的角狠狠地顶到了马儿的肚子。吃痛的马儿狂性大发，立刻愤怒地喷了个响鼻，人立起来，乱蹬乱跳。换作一个马术稍欠火候的骑手，此时早已经滚下马来。但情况依然万分危急，因为惊跳的马儿每次下落都会被牛角扎到，每次都会益发地暴跳如雷。姑娘一筹莫展，只能尽量把自己稳在马鞍上，倘若稍有闪失，就会惨死在这些失控牲口的乱蹄之下。突发的紧急情况她见得不多，一时间只觉得天旋地转，抓缰的手也开始渐渐松开。飞扬的尘土混合着狂暴牲畜身上的热气，呛得她喘不过气来，她差点儿就要在绝望之中放弃努力，幸亏她身边突然响起一个友善的声音，让她知道救星已经来临。说时迟，那时快，一只有力的棕色手掌抓住了惊马的口衔，在牛群中拨开一条通道，转眼就把她带离了险境。

"您没受伤吧，小姐。"她的救星彬彬有礼地说道。

她仰头看着他写满焦灼的黝黑脸庞，俏皮地笑了起来。"真把我给吓坏了呢，"她天真烂漫地说道，"我的马儿'邦卓'居然会被一群牛吓成这个样子，谁能想得到呐？"

"谢天谢地，您没有从马上掉下来。"救星恳切地说道。这是个面容粗犷的高个儿小伙，骑着一匹健硕的花马，一身质地粗糙的猎手装束，肩上斜挎着一支长长的来复枪。"据我看，您一定是约翰·菲瑞尔的女儿，"他接着说道，"我刚才看见您从他家那边骑马过来。见到他的时候，麻烦您问问他，还记不记得圣路易斯[1]的杰弗逊·霍普一家。我父亲以前有个好朋友叫菲瑞尔，不知道是不是他。"

"您自己去我家问，不是更好吗？"姑娘的口气略带羞涩。

听到她的提议，小伙子似乎很是高兴，深色的眼睛闪出喜悦的光芒。"我以后会去的，"他说道，"我们已经在山里转了两个月，现在的样子可不适合上门作客。看见我

_____
① 圣路易斯（St. Louis）为美国密苏里州城市。

们的样子，他一定会把我们抓起来的。"

"他感谢您还来不及呢，我也是，"姑娘回答道，"他可疼我了。要是我让那些牛给踩了的话，他会难过一辈子的。"

"我也会。"小伙子说道。

"您也会！呃，我可想不出您有什么好难过的，怎么想也想不出。您又不是我们家的朋友。"

听了这句话，年青猎手的黝黑脸庞一下子变得十分阴郁。看到他的神情，露茜不由得放声大笑。

"好啦，我不是那个意思，"她说道，"当然喽，现在您已经是朋友了。您一定得来看我们啊。好了,我得赶路了，要不然，我爸爸就不会再让我替他办事了。再见！"

"再见。"小伙子应了一声，摘下头上那顶硕大的宽边帽，躬身吻了吻她的小手。接下来，姑娘掉转马头，猛抽一鞭，顺着宽阔的大路冲向远方，卷起一路尘烟。

年青的杰弗逊·霍普继续和同伴们策马前行，闷闷不乐，沉默寡言。之前他一直在内华达山区，跟同伴们一起寻找银矿，这次回盐湖城是为了筹集资金，开发他们在山里找到的矿脉。他本来跟同伴们一样，满脑子都是生意上的事情，适才的突发事件，却把他的心思拽到了另外一个地方。一看到那个像山风一样清新爽快的美丽姑娘，他那颗火山一样野性难驯的心，立刻从最深的深处躁动起来。她的背影消失之后，他意识到自己的人生面临一次转折，银矿生意也好，别的什么事情也罢，都不能与这个占据他所有心思的新问题相提并论。涌入他胸中的爱意，绝不是黄口小儿那种转瞬即逝的突发奇想，而是性情高傲的刚毅汉子那种疯狂炽烈的深挚情感。他已经习惯了马到功成，此时便暗自许下誓言，这一次的事情，同样是绝不允许失败，除非它超出了人类的努力和坚韧所能企及的范围。

当天晚上他就去拜访约翰·菲瑞尔，后来又去了许多次，就这样变成了菲瑞尔庄园的常客。之前的十二年当中，约翰幽居山谷，埋头苦干，没什么机会听到外界的消息。这一类的新闻，杰弗逊·霍普都可以讲给他听，用的还是一种父女俩都感兴趣的方式。霍普一早就去加利福尼亚淘过金，因此会讲许许多多匪夷所思的故事，讲那段疯狂的繁荣岁月，讲人们如何一夜暴富，又如何一夜倾家。除此之外，他还干过探子、猎手、银矿寻宝客、牧场帮工等一系列行当。总而言之，每次有什么地方兴起了激动人心的冒险事业，全都被杰弗逊·霍普赶了个正着。这么着，他迅速赢得了老农夫的欢心，后者讲起他来总是赞不绝口。赶上这样的时候，露茜总是一言不发，可她绯红的脸颊，还有她饱含喜悦的明亮眼睛，早已经清清楚楚地表明，她那颗年轻的心，再也不属于她自己。这些征兆兴许瞒过了她那个老实巴交的父亲，却绝对没瞒过掳获她芳心的那个人。

夏日里一天傍晚，他顺着大路策马奔来，停在了她家的大门口。她正好在门廊里，于是就走下台阶去迎接他。他把缰绳扔上篱笆，沿着院子里的小径，大踏步走上前来。

"我要出发了，露茜，"他握住她的双手，低下头来，温柔地注视着她的脸，"我不要求你现在就跟我走，不过，等我回来的时候，你能下决心跟我走吗？"

"可是，你什么时候回来呢？"她问道，晕红的脸庞笑意吟吟。

"最多也不过两个月。到时我就要来领你走啦，亲爱的。谁也不能把咱俩分开。"

"我爸爸怎么说呢？"她问道。

"他已经同意了，只要我们把银矿顺顺当当开起来就行。那件事情我一点儿都不担心。"

"哦，这样啊。当然喽，既然你和爸爸把一切都安排好了，那还有什么好说的呢，"她把脸颊贴上他宽阔的胸膛，轻声说道。

"感谢上帝！"他激动得声音嘶哑，低下头亲了她一下，"那么，这事情就算是定了。我要是再待下去，那就更走不了啦。他们还在峡谷那边等我呢。再见，我亲爱的——再见。只要两个月，你就能看到我啦。"

他一边说，一边挣脱她的怀抱，跟着就飞身上马，狂奔而去。他一次也没有回头，似乎是害怕自己一旦回头，身后的那个倩影，就会让自己所有的决心瞬间崩溃。她伫立门前，目送他的背影，直到看不见了才转身回房。这时的她，是整个犹他最幸福的姑娘。

第三章　先知驾到

从杰弗逊·霍普和伙伴们离开盐湖城的时候算起，时间已经过了三个星期。一想到小伙子的归来就意味着养女的离去，约翰·菲瑞尔不由得心酸不已。但是，女儿那神采焕发的喜悦脸庞比任何说辞都更加有力，让约翰相信这是一种妥当的安排。他那颗固执己见的心早已经打定主意，无论如何也不能让女儿嫁给摩门教徒。在他看来，那样的婚姻压根儿不算婚姻，只能说是羞耻和侮辱。①不管他对摩门教义有着怎样的看法，这一点他始终不能苟同。不过，对这个问题他必须三缄其口，因为在那些年月，身处后期圣徒的土地，发表异端言论是一件非常危险的事情。

千真万确，这事情危险之极，以致那些圣徒中的圣徒也只敢屏声敛息，悄悄发表自己的宗教观点，怕的是祸从口出，给自己招来立竿见影的惩罚。到如今，曾经受人迫害的教会自己也变成了迫害者，而且是最为可怕的一种类型。他们的执法组织，给整个犹他笼上了一层阴云。不管

---

① 摩门教会正式宣布放弃多妻制是 1890 年的事情，实践中的放弃则还要晚。

是西班牙塞维利亚的宗教裁判所、德国的神圣法庭同盟，还是意大利的地下帮派，都不曾拥有如此可怕的一部惩罚机器。

这个无形的组织神秘莫测，由此就显得加倍可怕。它似乎无所不知、无所不能，与此同时，它的所作所为从不曾有人耳闻目睹。反对教会的人往往会突然消失，谁也不知道他们去了哪里，遭遇如何。妻小在家里徒然等待，做父亲的却永远不会回来，不会有机会告诉家人，自己在那些秘密法官手里受了些什么样的罪。一句草率言辞或一个冒失举动就足以造成人间蒸发，但却没有人知道，压在自己头上的这股恐怖力量究竟是什么性质。可想而知，人们走到哪里都是战战兢兢，即便是到了荒山野岭，还是不敢悄声吐露郁积胸中的疑义。

刚开始的时候，这股看不见的恐怖力量只会把叛教者作为目标，只会对付那些打算改宗或弃教的摩门教徒。可是，没多久它就扩大了打击的范围，因为成年女性的供应渐渐短缺，如果没有可资利用的女性人口，多妻制的教条便只是空文一纸。这一来，诡异的流言开始到处流传，说有些地方出现了被人杀害的外来移民，出现了遭人洗劫的营地，与此同时，那些地方从来也没有印第安人出没。新鲜的女人出现在了长老们的后房，那些女人形容憔悴，哭哭啼啼，脸上还依稀带着一种无法抹去的恐惧。天黑了还没走出大山的旅人，讲起了一伙一伙的武装男子，说那些人都蒙着脸，在黑暗之中一掠而过，鬼鬼祟祟，无声无息。流言与传说渐渐变得有鼻子有眼，又经过人们的一再验证，最终就指向了一个确切的组织。直到今天，在美国西部的荒僻牧场里，"但奈特帮"，或者说"复仇天使"①，依然是一个让人谈虎色变的名字。

对这个制造如许恐怖的组织了解更多之后，人们心中的恐惧有增无减。没有人知道，这个心狠手辣的组织包括哪些成员，这组织打着宗教的旗号做下种种血腥暴力的勾当，教会把成员的名字捂得严严实实。白天你跟某个朋友聊天，说起了自己对先知及其使命的疑惧，到了晚上，这个朋友就可能会跟其他人一起，携着火与剑来对你实施恐怖的惩罚。这一来，所有人都害怕自己的邻居，谁也不敢把内心深处的真实想法说出来。

一个天气晴好的早晨，约翰·菲瑞尔正准备去麦田里看看，忽然听见大门的门闩响了一下。他往窗外一望，看见院子里的小径上有个身材敦实、头发淡黄的中年男人，正在往屋子这边走。他的心一下子提到了嗓子眼儿，因为来的不是别人，正是了不起的布里根·扬。菲瑞尔深知来者不善，满心都是恐惧，赶紧去屋门口迎接这位摩门首领，后者却对他的问候不理不睬，板着脸随他走进了客厅。

"菲瑞尔弟兄，"扬一边说，一边坐了下来，觑起一双睫毛浅淡的眼睛，死死地盯着这位农夫，"教中的各位纯正信徒，一直都拿你当好朋友看。你在荒漠里忍饥挨饿的

---

① 但奈特帮（Danite Band）是约瑟夫·史密斯二世创立的摩门教武装，布里根·扬称之为"复仇天使"（Avenging Angels）或"毁灭天使"（Destroying Angels）。不过，该组织在 1847 年之后是否依然存在，至今仍有争议。

时候，我们收留了你，与你分享食物，领着你安全来到这上帝选定的山谷，然后又分给你一大块田地，准许你在我们的保护之下发家致富。这些事情，我没说错吧？"

"没说错。"约翰·菲瑞尔答道。

"作为对所有这些事情的回报，我们只提了一个条件，只要求你皈依我们的纯正信仰，严格遵守我们的规矩。当时你答应得好好的，现在呢，如果大家的报告符合事实的话，你已经把这个要求抛到脑后了。"

"我哪里抛到脑后了呢？"菲瑞尔伸出双手表示抗议，"我没有缴纳公共基金吗？没有去神殿礼拜吗？没有——？"

"你的妻子们都在哪儿呢？"扬一边说，一边四处张望，"叫她们出来吧，我好跟她们打个招呼。"

"我没结婚，这事情确实不假，"菲瑞尔答道，"可女人本来就不多，再者说，比我更有资格得到她们的人多了去了。我并不孤单，我女儿可以照顾我。"

"我要说的就是你的女儿，"摩门首领说道，"她已经出落成全犹他最美丽的花朵，而且得到了本地许多高贵人士的垂青。"

约翰·菲瑞尔暗自叫起苦来。

"外面有一些我不愿相信的传言，说她已经跟某个不信正教的人订了婚约。依我看，这一定是那些嘴巴闲得没事的人造的谣。在圣徒约瑟夫·史密斯立下的教规里，第十三条是怎么说的呢？'正教女子必得嫁与选民，嫁与外人便是大罪。'规矩既是如此，你又已经正式入教，想必不会纵容你女儿破坏规矩吧。"

约翰·菲瑞尔紧张地摆弄着手里的马鞭，一时间没有回答。

"就在这一件事情上，我们要检验你整个的信仰——神圣四人委员会就是这么决定的。你女儿年纪还轻，我们不会让她嫁给头发花白的老头，也不会完全剥夺她选择的机会。我们这些做长老的，都拥有不少小母牛[①]，我们的孩子呢，也不能缺了这样东西。斯坦杰森有个儿子，德雷伯也有一个，两个孩子都很乐意把你女儿娶进家门，就让她二选其一好了。他俩都是年少多金，信仰也非常纯正。你意下如何？"

菲瑞尔默不作声，眉头紧锁。

"您得给我们一点儿时间，"过了一小会儿，他终于开了口，"我女儿年纪还小，现在结婚太早了吧。"

"她有一个月的时间来做决定，"扬一边说，一边站起身来，"一个月之后，她就得给我们一个答复。"

他刚要出门，突然又回过身来，脸涨得通红，目露凶光。"你要是胆敢拿你虚弱的意志来挑战四人委员会的命令，约翰·菲瑞尔，"他大声咆哮，"倒不如当初就和你女

---

① 作者原注："某次讲道的时候，赫伯·C.肯博（Herber C. Kemball）曾用这个亲昵的称谓来指涉他的一百个妻子。"原注中"这个亲昵的称谓"即文中的"小母牛"（heifer）。原注中的肯博是前文提及的"四大长老"之一，应即布里根·扬的副手金博（Herber C. Kimball, 1801—1868），此人有四十三个妻子。据布里根·扬曾经的妻子之一、后来的反多妻制斗士安·扬（Ann Eliza Young, 1844—1925）所说，金博曾在讲道时说："我觉得多娶个妻子跟多买头母牛没什么区别。"

儿一起变成布兰科山上的两堆白骨，那样还是个更好的结局！"

他比画了一个威胁的手势，随即转身出门，双脚重重地碾过院子里的石子小径，声音传进了菲瑞尔的耳朵。

菲瑞尔把双肘支在膝头，坐在那里苦思冥想，不知道该怎么跟女儿说这件事情。就在这时，一只柔软的手搭到了他的手上。他抬头一看，发现女儿已经站在了自己身边。看到她那张苍白惊恐的脸，他立刻明白，女儿听见了刚才的谈话。

"我想不听也不行啊，"看到父亲的表情，女儿说道，"他说话那么大声，整座房子都听得见。噢，爸爸，爸爸，咱们该怎么办呢？"

"别这么自己吓自己，"父亲一边回答，一边把女儿拉到怀里，用粗糙的大手抚摸她栗色的头发，"咱们总能想出解决的办法的。你对这个小伙子的感情是不会淡下来的，对吧？"

女儿没有说话，只是抽泣一声，用力捏了捏父亲的手。

"不会，当然不会。你要说会，我也不乐意听。他是个很不错的小伙子，而且还是个基督徒，就凭这一点，他就比这儿的那些家伙强，他们再怎么念经祷告也是白搭。①有一帮人明天要去内华达，我会想办法托人给他捎个信儿，让他知道咱们的处境。要是我没看错这个小伙子的话，他一定会马上赶回来，跑得比电报

① 摩门教自认是基督教的一个分支，但时人往往视之为邪教，其他基督徒也不把摩门教徒引为同道。

还快。"

听了父亲这句形容，露茜禁不住破涕为笑。

"他回来以后，肯定能拿出一个最好的办法。可我真正担心的还是你，亲爱的爸爸。你也听过——你也听过那些可怕的故事，讲的是那些跟先知作对的人：他们的结局都很可怕。"

"可我们还没开始跟他作对呢，"父亲回答道，"等我们真这么干了以后，那就得多留点儿神了。他给了咱们一个月的期限，要我说，这一个月过完的时候，咱们最好是已经远远地离开了犹他。"

"离开犹他！"

"只能是这样了。"

"庄园怎么办呢？"

"咱们只能尽量多弄点儿现钱，其他就顾不上了。跟你说实话吧，露茜，这样的念头我也不是今天才有的。我可不愿意向任何人点头哈腰，不愿意学那些家伙的样，他们就是这么奉承他们那个该死的先知的。我是个生来自由的美国人，没见过这种事情，而且我一把年纪，想学也学不会了。他要是再敢来这个庄园耀武扬威，没准儿就会发现，迎接他的是一粒大号的枪子儿。"

"可他们不会放咱们走的。"女儿心有疑虑。

"等杰弗逊回来以后，咱们很快就能逃出去。这之前，你可别自己折磨自己，宝贝儿，别把眼睛给哭肿了，要不然，他看到你的时候就该找我算账了。没什么好怕的，什么危险都没有。"

说这些宽心话语的时候，约翰·菲瑞尔的语调无比自信，可露茜还是禁不住留意到，当天晚上，父亲闩门的时候特别小心，还把他卧室墙上那支锈迹斑斑的老猎枪取了下来，仔仔细细清理了一遍，再下来，他给枪装上了子弹。

第四章　星夜逃亡

跟摩门先知谈话之后的第二天早晨，约翰·菲瑞尔进了盐湖城，在城里找到那个要去内华达山区的熟人，托那人把写给杰弗逊·霍普的信带过去。他在信里讲了自己和女儿大祸临头的处境，叫小伙子赶快回来。办完这件事情之后，他觉得心里踏实了一点儿，回家时的心情也轻松了一些。

快到自家庄园的时候，他突然惊讶地发现，庄园大门的两根柱子上各拴了一匹马。正要进屋的时候，他看见自家的客厅已经变成了两个小伙子的地盘，心里面更是莫名其妙。其中一个小伙子长着一张苍白的长脸，窝在他家的摇椅里，双脚跷到了炉子上面；另一个脖子粗得跟牛似的，肿泡泡的五官显得十分粗鄙，这会儿正双手插兜站在窗边，嘴里吹着一首流行的圣歌。菲瑞尔进屋之后，两个小伙子都冲他点了点头，首先开口的是坐摇椅的那一个。

"兴许你还不认识我们，"他说道，"这位是德雷伯长老的儿子，而我是约瑟夫·斯坦杰森。我曾经和你一起在荒漠里跋涉，那时候上帝伸出手来，将你领进了真正的家园。"

"正如祂会按祂自己选择的时机，将万族领进真正的家园，"另一个小伙子瓮声瓮气地说道，"祂的碾子转得慢，但却碾得特别细。[①]"

菲瑞尔早已猜出两位客人的身份，这时便冷冷地点了点头。

"遵照父亲的指示，"斯坦杰森接着说道，"我们俩特来向你女儿求婚，让你和她在我们俩当中随便挑一个。依我看，还是我的要求比较合理，因为我只有四个老婆，德雷伯弟兄却有七个。"

"不，不是这样，斯坦杰森弟兄，"另一个叫了起来，"问题不在于我们有多少个，而在于我们养得起多少个。我父亲已经把他的几座磨坊给了我，我的钱可比你多。"

"可我的前途比你好，"斯坦杰森气冲冲地说，"等上帝请走我父亲之后，他的鞣革场和皮具厂就都是我的了。再说了，我年龄比你大，教阶也比你高。"

"还是让姑娘自己选吧，"愣小子德雷伯答道，冲着窗玻璃上自己的影子傻笑起来，"一切都交给她来决定。"

两个小伙子对话的时候，约翰·菲瑞尔一直火冒三丈地站在门边，好不容易才控制住自己，没有拿手里的马鞭往客人背上招呼。

"听着，"他终于开了口，大踏步走到客人跟前，"等

----

① 　这句话的原文是"He grindeth slowly but exceeding small"，是英文谚语"mills of God grinding slowly"（上帝的碾子转得慢）的一个变体。这句谚语源自古希腊，有多个大同小异的版本，意思大致等同于"不是不报，时候未到"。

我女儿叫你们来的时候，你们才可以来。在那之前，你们两个就不要再在我面前出现了。"

两个摩门教小伙子惊愕地瞪着菲瑞尔。按他俩的看法，他们两个愿意为这个姑娘你争我夺，不管是姑娘本人，还是姑娘的父亲，都应该觉得无上光荣才是。

"出去的路有两条，"菲瑞尔吼道，"要么你们自己从门口走出去，要么我把你们从窗子扔出去，你们打算选哪一条？"

他棕色的脸膛凶相毕露，枯瘦的双手跃跃欲试，吓得两位客人一下子弹了起来，急匆匆开始撤离。老农夫追着他俩到了门口。

"你们俩商量好了选哪一条的话，跟我说一声。"他挖苦了一句。

"你会为这件事情付出代价的！"斯坦杰森叫道，气得面无人色，"你竟敢违抗先知和四人委员会的命令。我们会叫你后悔一辈子。"

"上帝之手会重重地落到你身上，"愣小子德雷伯叫道，"祂会从天而降，把你打成碎片！"

"是吗，我这就把你打成碎片！"菲瑞尔怒不可遏地喝道，跟着就准备冲上楼去拿枪，但却被露茜拽住了胳膊，一时间行动不得。他还没来得及挣脱露茜的手，就听见外面马蹄声起，再追也来不及了。

"这两个假惺惺的小流氓！"他一边大骂，一边拭去额上的汗水，"女儿啊，你与其嫁给他俩当中的任何一个，还不如死在我面前好。"

"我也是这么想，爸爸，"女儿斩钉截铁地回答道，"还好，杰弗逊就快回来了。"

"没错，要不了多久他就回来了。他回来得越早越好，因为我们不知道，他们接下来要唱哪一出。"

的确，眼下已经是生死关头，这位倔强的老农夫，还有他的养女，非常需要一个拿得出办法的好帮手。在这座新城的全部历史当中，从来也没有人像他这样，全然无视长老们的威权。微不足道的过失都会招致无比严厉的惩罚，他这种大逆不道的罪人，真不知道会面临怎样的命运。菲瑞尔知道，自己的财富和地位，到这时根本派不上用场。别的一些人跟他一样出名、一样富有，结果还不是被人偷偷干掉，财产也归了教会。虽说他并不缺乏勇气，但罩在头顶的这层若隐若现的恐怖阴影却让他不寒而栗。摆在明处的任何危险，他全都可以泰然面对，但这种悬而未决的处境，着实使人惊悸不安。尽管如此，他还是在女儿面前藏起了内心的恐惧，竭力装出一副满不在乎的样子，只不过藏也没用，因为女儿关切的眼睛无比锐利，早已把他的焦虑看得明明白白。

他知道，扬肯定会为这次的事情发来威胁或警告，事实也果真如此，只不过具体的方式出乎他的预料。第二天早上起床的时候，他愕然发现，被单上钉着一张小小的方纸片，就钉在与他胸口对应的位置，上面写着一行歪歪扭扭的粗体字：

限你二十九天之内改邪归正，否则——

136

末尾的这个破折号，比任何具体的威胁都要可怕。约翰·菲瑞尔怎么也想不明白，纸片是怎么跑到自己房间里来的，因为他家的佣人都睡在庄园中另外一座房子里，他这座房子的门窗又关得严严实实。他把纸片一揉了之，没有跟女儿提起这件事情，但这次意外好比一股寒气，钻到了他的心里。扬给了他一个月的限期，"二十九"显然是剩余的天数。敌人的力量如此神秘莫测，要有怎样的意志和勇气才能与之抗衡？钉纸片的那只手，完全可以直刺他的心窝，而他永远也无法知道，自己是死在谁的手里。

第三天早上的事情，更是让他胆战心惊。父女俩刚刚坐下准备吃早餐，露茜却突然指着上方惊叫一声。天花板正中潦草地写着一个"28"，显然是用烧焦的木棒写的。女儿不明白其中究竟，他也没有跟女儿解释。当天晚上，他端着枪坐在房里，就这样守望了一整夜，结果是一无所见、一无所闻。到早上一看，他房门朝外的一面还是出现了一个大大的"27"。

日子就这样一天天过去。菲瑞尔发现，就像黎明天天都会到来一样，他的敌人也一天不落地数着日子，一天不落地把一个月限期的剩余天数标在某个显眼的地方。这些要命的数字有时出现在墙上，有时出现在地板上，偶尔还以小告示的形式出现在花园的门或者栏杆上。菲瑞尔拿出十二万分的警惕，但还是没能发现这些天天都有的警告究竟是怎么来的。到后来，一看见这种东西，他就会产生一种近于迷信的恐惧。他渐渐变得形容枯槁，坐立不安，眼神也惊骇仓皇，像遭人追猎的动物一样。如今他生命里只剩下一个指望，指望那年青的猎手从内华达赶来。

二十天减到十五天，十五天又减到十天，该来的人却没有半点音讯。要命的数字一天比一天小，猎手依然不见人影。每次听到路上传来得得的蹄声，或是听到车把式吆喝牲口，老农夫都会迫不及待地跑到大门口，满以为帮手最后还是赶了回来。到最后，五天变成了四天，四天又变成三天，他终于灰心丧气，彻底放弃了逃脱的希望。他心里清楚，自己一个人单枪匹马，又不熟悉那些环抱盐湖城的大山，压根儿就没有逃脱的本事。另一方面，常有人走的大路全都是戒备森严，没有四人委员会的放行命令，谁也别想过得去。他左想右想，始终想不出一个安然脱祸的办法。尽管如此，有一个决心始终没有动摇，那就是他宁可不要性命，也不能答应那件他明知会让女儿蒙受耻辱的事情。

一天晚上，他独自坐在房里，一边翻来覆去地掂量眼前的麻烦，一边徒劳无功地寻找解决麻烦的方法。这一天的早上，他家的墙上已经出现了"2"这个数字，也就是说，下一天就是最后的期限了。那时候会怎么样呢？各式各样含混模糊的可怕想象，把他的脑子塞得满满当当。还有他的女儿——没有了父亲，她又会遭遇怎样的命运呢？这一张无影无形的天罗地网，真的是无路可逃吗？想到自己如此无用，他不由得伏在桌上抽泣起来。

什么声音？寂静中传来一阵轻轻的刮擦声——声音虽然小，静夜里却显得格外清晰。声音是从屋门上来的，菲瑞尔便蹑手蹑脚走进大厅，支起耳朵细听。这令人毛骨悚然的细小声音停了片刻，跟着就再一次响了起来。很显然，有人正在敲击屋门上的一块板子，只不过动作非常轻。是某个午夜刺客来执行那秘密法庭的暗杀令了吗？还是某个奴才正在往门上打限期已到的记号呢？约翰·菲瑞尔觉得，即便是当场死去，也好过忍受这种让人心惊肉跳的折磨。于是他扑到门边，拉开门闩，猛一下打开了门。

屋外的光景安宁静谧。这是个晴朗的夜晚，天上的星星闪着明亮的光芒，老农夫望向前方，围在篱墙和大门里的前门小花园一览无余，但花园里并无人影，大路上也是一样。菲瑞尔长吁一口气，又向左右两边望了望，最后才不经意瞥了一眼自己的脚下。这一瞥让他大吃一惊，因为他看到一个男人四肢摊开，直挺挺趴在地上。

他着实吓得不轻，不由得靠到墙上，抬手扼住自己的喉咙，免得自己叫出声来。一开始他以为地上趴的是个受了伤的人，没准儿已经奄奄一息，接下来却看见那人匍匐着爬进大厅，动作像蛇一样敏捷无声。进屋之后，那人立刻跳起身来，关上屋门，把一张粗犷的脸庞和一副果决的神情，亮在了目瞪口呆的老农夫眼前。来人正是杰弗逊·霍普。

"天哪！"约翰·菲瑞尔倒吸一口凉气，"你可真把我吓了个半死！你非得这样子进来，究竟是为什么呐。"

"给我点儿吃的，"霍普说道，声音非常嘶哑，"我没时间吃，也没时间喝，已经整整四十八个小时了。"主人的晚餐到这会儿还摆在桌子上，于是他纵身扑到那些冷肉和面包跟前，狼吞虎咽地吃了起来。"露茜还好吗？"吃饱之后，他张口就问。

"好。她并不知道眼前的危险。"做父亲的答道。

"那就好。这房子每一面都有人监视，所以我只好这么爬过来。那些家伙兴许精明得要命，可还没精明到能逮住一名瓦肖①猎手的地步。"

忠实的盟友已经赶到，约翰·菲瑞尔觉得自己好像换了个人。他一把抓住小伙子的坚韧手掌，使劲儿地握了握。"我真是为你自豪，"他说道，"眼下这个时候，愿意来帮我们分担麻烦和危险的人可不多啊。"

"你说到点子上了，老伙计，"年青的猎手答道，"我尊敬你的为人，可要是这事情只牵涉你一个人的话，要让我把脑袋往这个马蜂窝里伸，我还是得多想想的。是因为露茜我才来的，谁要想伤害她，恐怕得先让犹他地方霍普家的人少掉一个才行。"

"咱们该怎么办呢？"

"明天是你们的最后期限，今晚不行动就来不及了。我在老鹰谷那边备了一匹骡子，还有两匹马。你有多少现钱？"

"两千元金币，外加五千元纸钞。"

"这就够了。我的钱也有这么多，可以凑在一起。咱们得翻过大山，往卡森城②那边走。你最好去把露茜叫起

①　瓦肖（Washoe）是内华达的旧称，因为当地生活着同名的印第安部族。
②　卡森城（Carson City）在内华达，今为内华达州首府。

140

来。你家的佣人没在这房子里睡，倒还挺方便的。"

菲瑞尔去叫女儿收拾行装的时候，杰弗逊·霍普把屋里能吃的东西通通归置到一起，打成一个小小的包裹，又找好一只陶罐，往里面灌满清水，因为他凭经验知道山里泉眼不多，而且相隔遥远。他刚刚打点停当，老农夫就带着女儿回到了大厅里，两个人都已经穿戴整齐、做好了出发的准备。两个恋人亲亲热热地相互问候，只不过也没说几句，因为眼下的每一分钟都非常宝贵，要做的事情又很多。

"咱们必须立刻启程，"杰弗逊·霍普说道，嗓音虽然低沉，但却十分坚决，正是一副明知山有虎、偏向虎山行的口吻。"前门和后门都有人监视，不过，咱们可以从侧面的窗子爬出去，然后再从田地里往外走，小心一点儿就可以了。上了大路之后，咱们走两里路就能到老鹰谷，那里有马匹等着咱们。天亮之前，咱们就已经翻了半座山啦。"

"要是有人阻拦呢？"菲瑞尔问道。

霍普用力拍了拍支棱在前襟外面的左轮手枪枪把。"就算寡不敌众，咱们也要带那么两三个一块儿上路。"他坏笑着说。

灭掉屋子里所有灯火之后，菲瑞尔站在黑黢黢的窗前，望了望那片曾经属于自己、如今却不得不永远舍弃的田地。不过，他早就对这样的牺牲有了准备，再想到女儿的尊严和幸福，倾家荡产的遗憾就更加不值一提了。眼前是沙沙作响的树木和宽广寂静的田野，一切都显得那样地祥和温馨，简直让人无法想象，其间竟然弥漫着隐隐的杀机。可是，年青猎手的苍白脸庞和凝重神情已经清楚表明，他摸进屋子时看见的东西，给了他太多往那方面想的理由。

菲瑞尔带上装金币和钞票的口袋，杰弗逊·霍普拎起少得可怜的口粮和饮水，露茜拿的则是一个小小的包裹，里面装的是她最为看重的几样东西。他们小心翼翼地慢慢打开窗子，然后守在窗边，等到一片乌云让夜色暗了下来，这才一个接一个地爬进小花园。接下来，他们屏住呼吸，佝偻着身子，踉踉跄跄地穿过花园，由此得到了篱墙的掩护。再下来，他们贴着篱墙往前走，一直走到了通往玉米田的那个缺口。就在这时，小伙子猛然抓住两个同伴，把他们拽到了暗影里，三个人悄无声息地趴在地上，全身都在颤抖。

以往的草原生涯给了杰弗逊·霍普两只灵敏如同山猫的耳朵，这时候便显出了用场。他们三个刚刚伏到地上，几码之内的某个地方就响起一声山枭的哀号，紧接着，不远处传来一声应和的号叫。与此同时，一个模糊的人影出现在他们刚才打算穿过的那个缺口，又一次发出那种用作信号的哀鸣。这一声响过之后，另一个人立刻从暗处钻了出来。

"明天半夜，"第一个人说道——这个人看样子是领头的，"听到夜鹰①叫三声就动手。"

"好的，"另一个人答道，"要通知德雷伯弟兄吗？"

"通知他，还要让他通知其他的人。九到七！"

----

① 夜鹰（Whip-poor-Will）也称三声夜鹰，为分布于北美大陆的夜鹰科卡氏夜鹰属鸟类，学名 *Antrostomus vociferus*，英文名字是对它鸣声的直接模拟。这里的夜鹰叫应该也是信号。

"七到五！"另一个人应了一声，两人随即动身，朝不同的方向飞速离去。他俩之间的最后两句对话，显然是一种问答式的口令。这两人的脚步声刚刚消失在远处，杰弗逊·霍普便跳起身来，帮着两个同伴穿过缺口，然后又头前带路，以最快的速度穿过田野。每次发现露茜力有不逮，他就会半搀半挟，带着她继续赶路。

"快！快！"他自己也上气不接下气，却还是时不时出声催促，"咱们已经闯过了他们的警戒线。后面的一切都得看咱们的速度了。快！"

上了大路之后，他们的脚程就快多了，其间他们只碰上过一次路上有人的情况，当时还成功地躲进一片庄稼地，逃过了被人认出来的危险。快到城边的时候，猎手折进一条通往山区的崎岖小道。夜幕里耸出两座嶙峋山峰，黑黢黢浮现在他们上方，两山之间的沟壑，正是马匹所在的老鹰谷。凭着绝无差失的直觉，杰弗逊·霍普循着一条干涸的溪涧，在巨石之间跋涉辗转，最终抵达那个乱石掩蔽的隐秘角落，找到了拴在那里的几头驯良牲口。姑娘分到了那匹骡子，老菲瑞尔也带着钱袋骑上马背，杰弗逊·霍普则牵着另一匹马，沿着陡峻险恶的山道继续前行。

如果你未曾对大自然狂性大发时的模样见惯不惊，那么他们走的路线保准儿会让你魂飞魄散。山道一侧矗着一堵上千尺的巨型峭壁，黪黑阴沉，来势汹汹，嶙峋的表面排列着一根根长长的玄武岩石柱，活像是某种石化怪兽的肋条。另一侧则是七零八落的巨岩碎石，使人寸步难行。小道在峭壁和乱石堆之间曲折蜿蜒，有时狭窄得只容纵列，有时又崎岖不平，只有经验老到的骑手才能穿越。但眼前纵是千难万险，逃亡者的心依然轻松畅快，因为他们每走一步，便与那迫使他们逃亡的恐怖暴政多了一分距离。

只可惜没过多久，他们就看到一样证据，发现自己还没有逃出摩门教徒的控制范围。一行人刚刚走到小道上最荒僻的地段，姑娘便指着上方惊叫一声，只见峭壁上伸出一块俯瞰小道的山岩，黢黑的轮廓被夜空衬得格外分明，上面站着个形单影只的哨兵。他们看见哨兵的时候，哨兵也看见了他们，静寂山谷里随即响起一声军营风格的喝问："何人过路？"

"去内华达的赶路人。"杰弗逊·霍普答道，一只手够到了挂在马鞍旁边的来复枪。

他们看见，独自值勤的哨兵居高临下，指扣扳机打量着他们，似乎对他们的回答不太满意。

"谁给的许可？"哨兵问道。

"神圣四人委员会。"菲瑞尔答道。根据他对摩门教的了解，这个委员会是他可以假传号令的最高权威。

"七到九。"哨兵喝道。

"五到七。"杰弗逊·霍普想起之前在花园里听见的口令，即刻回了一句。

"走吧，上帝与你们同行。"哨兵的声音从上方传来。过了岗哨之后，道路宽了一些，马儿也可以小跑起来了。回头看去，那孤独的哨兵正倚着枪杆稍事歇息，于是他们知道，自己已经成功闯过上帝选民布下的边境岗哨，自由就在前方。

第五章 复仇天使

　　他们沿着乱石纵横的曲折小道，整夜穿行在迷宫一般的沟壑之中，其间不止一次误入歧途，好在霍普对这片山区十分熟悉，每次都能领他们走回正路。破晓时分，一幅荒蛮却瑰奇的美景展现在他们面前。积雪盖顶的雄伟山峰，从四面八方将他们团团围住，一座座你挨我挤，都想从同伴的肩头望向远方的地平线。两边的山崖都陡峻无比，山壁上的松树仿佛只是悬停在他们头顶，风一吹就会哗啦啦砸到他们身上。这样的恐惧并不完全是一种幻觉，因为这荒凉的山谷里堆满了倒树和巨石，全都是被风吹下来的。他们刚刚走过，身后就有一块硕大的岩石呼啸着滚了下来，轰隆隆的巨响在寂静的山谷中久久回荡，疲惫的马儿吓得狂奔起来。

　　太阳从东边的地平线上慢慢升高，座座大山的峰顶如节日彩灯一般次第亮起，直至彤然一色、熠熠生辉。壮美的景象使三个逃亡的人精神抖擞，脚下也添了劲头。他们在谷中涌出的一道湍急水流旁边停了停，一边饮马，一边急匆匆吃了早饭。父女俩想要多歇一会儿，杰弗逊·霍普却不讲丝毫情面。"这时候，他们应该已经追过来了，"他说道，"一切都得看咱们的速度。等咱们平安到达了卡森城，想歇一辈子都行。"

接下来的一整个白天，他们一直在奋力穿越一道又一道的山沟。傍晚时分，他们估算了一下行程，认为自己已经把敌人甩下了至少三十里。入夜之后，他们在一块突出山崖的底部安顿下来，借那里的乱石遮挡寒风，然后挤在一起相互取暖，凑合着睡了几个小时。不过，天不亮他们就起了身，又一次走在了路上。他们一路都没看见有人追踪的迹象，杰弗逊·霍普便开始觉得，他们虽然惹恼了那个可怕的组织，眼下却已经远远逃出它的魔爪。他根本不知道，那只魔爪伸展的范围会有多么广远，赶上来攫住他们的速度又会有多么迅疾。

出逃之后的第二天，大约在中午时分，他们携带的些少口粮行将告罄。这倒没让猎手担什么心，因为山里面有的是猎物，他以前也经常得靠自个儿的来复枪过日子。于是他找了个隐蔽的角落，码上几根干树枝，生起一堆旺火让父女俩取暖，因为他们眼下是在海拔近五千尺的高处，空气寒冷刺骨。接着他拴好马匹，跟露茜道了个别，然后就把来复枪挎上肩膀，出发去寻找猎物，遇见什么打什么。他回头望了望，看到老人和姑娘缩在火堆旁边，三头牲口则一动不动地站在父女俩后面。再下来，交错的山岩挡住了父女俩的身影。

他穿过一个又一个山谷，接连走了两里，只可惜一无所获。不过，根据树皮上的疤痕以及其他的一些迹象，他断定附近应该有无数的熊。两三个小时的徒然搜索之后，他终于灰了心，打算转身回去。就在这时，他抬眼望见一样东西，一下子觉得心花怒放。他上方三四百尺的高处，一头野兽站在一座突出悬崖的边缘，看起来有点儿像绵羊，只不过多了一对硕大的犄角。看情形，这头大角羊——它的确就叫这个名字①——是在替一个猎手视线之外的羊群放哨，还好它脑袋冲着相反的方向，没有留意到猎手的存在。于是他伏到地面，把来复枪架上一块岩石，稳稳地瞄了半天才扣动扳机。大角羊身子一腾，在悬崖边缘踉跄几步，重重地跌进了下方的山谷。

这头野兽十分沉重，一个人根本搬不动，猎手只好割下一只后腿，又从肚子上割了块肉，就这么算了数。眼看已到黄昏，他扛起这些战利品，急匆匆准备原路返回。可是他刚刚举步，立刻意识到自己面临一个很大的困难。原来啊，刚才他急于寻找猎物，不知不觉远离了他熟悉的那些山谷，要想重新找到来时的路径，并不是一件轻而易举的事情。他此刻所在的山谷岔上加岔地分出了许多道沟，哪一道看起来都差不多，压根儿就无从辨别。他顺着一道沟走了至少一里，最后却碰上一条他断定自己不曾见过的山间急流。确信这道沟不对之后，他试了试另外一道，得到的是同样的结果。夜晚迅速来临，等他终于找到一道熟悉的沟壑，天差不多已经黑透了。路虽然找到了，要保持正确的方向也不容易，原因是月亮还没有升起来，再加上

————————

① 大角羊（big-horn）为原产北美的牛科羊属动物，学名 *Ovis canadensis*，因公羊的角特别大而得名。

道路两边山崖高耸，使周遭的黑暗更加浓重。猎物压得他直不起腰，长途跋涉又让他疲惫不堪，可他还是强打精神蹒跚前行，心里想的是每走一步，他就离露茜近了一步，而且他带回了充裕的食物，足以维持到旅程的终点。

他和父女俩分别的地方是在一道山沟里，这会儿他终于走到了山沟的垭口。尽管夜色昏黑，他还是可以从两边山崖的轮廓认出这道山沟。他已经离开了将近五个小时，估计父女俩一定是等急了，于是就借着心里的高兴劲儿，把双手举到嘴边，发出一声余响满谷的"喂"，好让父女俩知道他回来了。接着他停住脚步，想听听父女俩的回应。可是，他没有听到任何回应，只有他自己的喊声在万籁俱寂的沟谷中反复回荡，无数次冲击他的耳膜。他又喊了一嗓子，声音比上一次还要响亮，然而，短短几小时之前还跟他在一起的两位亲人，依然没有任何声息。模模糊糊的莫名恐惧袭上他的心头，于是他疯了似的跑向前方，情急之下，连他好不容易弄来的食物都掉在了地上。

转过山崖之后，刚才生火的地方完全进入了他的视野。那里仍然有一堆发着红光的木柴余烬，然而，非常明显的是，他走了之后，火堆就再不曾有人照管。到了现在，四周仍然是一片死寂。眼看着心里的担忧全都变成了毋庸置疑的事实，他继续疾步向前。火堆余烬的周围没有任何活物：牲口、老汉、姑娘，通通都不见了。事情再清楚不过，他不在的这段时间里，突然发生了某种可怕的祸灾，那祸灾不光将他们通通吞噬，而且没留下任何痕迹。

突然的打击使得杰弗逊·霍普目瞪口呆，一时间只觉得天旋地转，靠了来复枪的支撑才没有栽倒在地。但他骨子里终归是个实干家，因此便迅速摆脱了暂时的萎靡状态。他从闷烧的火堆里抄起一根烧剩一半的木柴，把木柴的火吹旺，然后用它权充火把，把他们小小的营地检查了一遍。地上到处是马蹄印，说明袭击父女俩的是一大帮骑马的人。从蹄印的方向来看，那帮人得手之后就掉头回盐湖城去了。不过，他们是不是把父女两个都带走了呢？杰弗逊·霍普想来想去，刚要断定他们只可能这么做，突然却瞥见一件令他如遭雷殛的东西。营地一侧不远处有一个低矮的红色土堆，毫无疑问是他离开之后才有的，那样的土堆不会是什么别的东西，只可能是一座新坟。走到近处，他发现坟上戳着一根木棍，木棍上有一条刀劈的裂缝，裂缝里夹着一张纸片。纸片上的文字简短之极，但却明白切题：

约翰·菲瑞尔

生前系盐湖城居民

殁于一八六〇年八月四日

他只离开了短短一小会儿，这位刚强的老人就去了，这么张破纸片，就算是老人的墓志铭。杰弗逊·霍普疯狂地四处张望，想知道还有没有第二座坟，但却没有任何发现。露茜已经被可怕的追踪者带了回去，等在那里的是她一早注定的命运，也就是充实长老之子的后房。想到她的命运已经无法挽回，又想到自己的无能为力，小伙子恨不得自己也跟这位老农夫一样，长眠在最后的安息之地。

不过，他的实干天性又一次战胜了绝望带来的消沉情绪。就算他已经一无所有，至少还可以把全部的生命投入复仇的行动。除了百折不回的耐性和韧劲之外，杰弗逊·霍普还有一种不达目的绝不罢休的报复心理，他曾经在印第安部落当中待过，这一点可能是从印第安人那里学来的。站在凄凉的火堆旁边，他感到世上只有一件事情能减轻自己的痛苦，那就是亲自动手，对仇人实施完完全全、彻彻底底的报复。他下定决心，要把自己的坚强意志和不竭精力全部奉献给这个目的。想到这里，他板着一张惨白狰狞的脸，一步步走回食物掉落的地点，然后把行将熄灭的火堆重新拨旺，烤好了够吃几天的肉食。把烤好的肉打成一个包裹之后，虽然说已经万分疲倦，但他还是循着复仇天使们留下的蹄印，踏上了翻山越岭的归程。

　　在他曾经骑马走过的那些山沟里，他徒步跋涉了整整五天，一身疲惫，双足酸软。夜里他扑倒在乱石丛中，胡乱睡那么几个钟头，天光放亮之时，他早已经走出老远的距离。第六天他抵达老鹰谷，回到了这趟不幸旅程的起点。站在这里，他可以俯瞰摩门教徒的家园。此时他已经筋疲力尽，只能倚着自己的来复枪，抬起一只枯瘦的手，冲下方那座宽广寂静的城市疯狂比画。看着看着，他发现一些主要的街道上飘着旗帜，还有其他一些节庆活动的迹象。他正在琢磨这些东西的含义，忽然间听见蹄声得得，看见一个人策马奔来。等马儿到了近处，他认出来人是一个摩门教徒，名字叫作考珀。他以前帮过考珀几次忙，这时便上前搭话，想从考珀嘴里打听露茜·菲瑞尔的遭遇。

"我是杰弗逊·霍普，"他开口说道，"你应该记得吧。"

摩门教徒直勾勾盯着霍普，脸上的惊奇一览无遗。的确，眼前这个流浪汉衣衫褴褛、头发蓬乱、面色惨白、眼神狂野，很难让人联想到先前那个潇洒利落的年青猎手。不过，他最终还是认出了霍普，惊奇的表情马上换成了惊恐。

"你疯了吗，还敢到这里来，"他叫道，"要是有人看到我跟你搭腔的话，我这条命也保不住了。你帮着菲瑞尔一家逃跑，神圣四人委员会已经下令通缉你了。"

"我可不怕他们，也不怕什么通缉令，"霍普斩钉截铁地说道，"眼下的情况你肯定知道一点儿吧，考珀。现在我恳求你，无论如何要回答我几个问题。咱俩的交情一直都挺不错的。看在上帝的分上，你可别拒绝回答。"

"什么问题？"摩门教徒紧张地问道，"要问就快点问。这里的石头长着耳朵，树木也长着眼睛哩。"

"露茜·菲瑞尔怎么样了？"

"她昨天跟小德雷伯结了婚。挺住，伙计，挺住，你怎么跟丢了魂儿一样啊。"

"我没事，"霍普有气无力地说道，一张脸一直白到了嘴唇，整个人往下一出溜，瘫在了他刚才倚靠的岩石上，"结婚了，是么？"

"昨天结的——'赐福之屋'①挂了旗子，为的就是这

---

① "赐福之屋"（Endowment House）位于盐湖城的神殿广场，是摩门教徒建造的宗教建筑，用于举行各种典礼，于1889年在美国政府的反多妻制运动中被彻底摧毁。

个。为了争夺她，小德雷伯和小斯坦杰森还吵了起来。他们两个都参加了追捕他们的行动，斯坦杰森还开枪打死了姑娘的父亲，他似乎觉得，这样他还更有理由得到姑娘。不过，等两边的人在委员会里争论这个问题的时候，还是德雷伯那一边占了上风，所以呢，先知就把姑娘交给了他。可是啊，谁得到她都长久不了，因为我昨天看到了她，她脸上全是死亡的气息，哪里还像个女人，活脱脱已经是个鬼了。怎么，你要走了吗？”

"是啊，我要走了。"杰弗逊·霍普已经站起身来，这时便随口应了一句。他的面容如此冷酷、如此僵硬，简直像一件大理石雕，可他眼里闪着刻毒的凶光，跟石雕不一样。

"你要去哪里呢？"

"你别管了。"他答道，跟着就把来复枪挎上肩膀，大踏步走进了山沟。他一直走进大山的心脏，走进野兽出没的地方。山里的野兽虽多，哪一种却都不像他本人这么凶猛、这么危险。

那个摩门教徒的预言，实在是灵验得过了头。或者是因为父亲的惨死，又或是因为被迫承受这桩可恨的婚事，可怜的露茜从此便再也不曾扬起头来，只是一天天消瘦憔悴，不到一个月就死了。露茜那个酒鬼丈夫娶她主要是为约翰·菲瑞尔的财产，并没有为她的死显出多了不得的悲伤，倒是他其他那些妻子为露茜的死亡惋惜不已，并且按照摩门教的习俗，在葬礼前夜为她守灵。凌晨时分，她们正围坐在棺材四周，灵堂里发生了一件叫她们惊恐莫名的事情。只见房门突然洞开，一个长相凶蛮、满脸风霜、衣衫褴褛的男人大踏步走了进来。他没有看那些惊惶瑟缩的女人，也没有跟她们说一句话，径直走向那具无声无息的洁白躯体，那躯体曾经包藏露茜·菲瑞尔洁白无瑕的灵魂。他俯下身去，虔敬地吻了吻她冰冷的额头，跟着就抓起她的手，把手指上的结婚戒指取了下来。"她不能戴着这东西下葬。"他恶狠狠地吼了一句。她们还没来得及叫人，他已经飞快地跑下楼梯，转眼就没了踪影。事情发生得如此诡异、如此短暂，要不是标志她妻子身份的金指环的的确确不见了的话，守灵的那些女人自己都不敢相信这是真事，更不用说让别人相信了。

杰弗逊·霍普在山里流浪了几个月的时间，过着一种怪异的野人生活，仇恨的火焰越烧越旺，占满了他的心房。城里面有了各式各样的传言，说有人看见一个怪人在城郊游荡，还有人看见怪人在荒凉的山沟里出没。有一次，一颗子弹呼啸着钻进斯坦杰森家的窗子，打在了离主人不到一尺远的墙上。还有一次，德雷伯正从一道悬崖下面走过，一块巨石突然从上方砸向他的头顶，他赶紧纵身扑到地面，这才逃过了惨死的劫数。没多久，两个摩门小子弄清了是谁想要自己的性命，于是就一次又一次带着人进山搜查，企图逮住或杀死敌人，结果是一次又一次无功而返。接下来，他俩采取了一些预防措施，从此不再单独出门，夜里也总是待在家里，还给自家的房子配了警卫。一段时间之后，他们渐渐放松了戒备，一来是再也没有人听说或看见他们的对头，二来是他们觉得时间可以淡化对头的复仇心理。

事实与此恰恰相反，要说时间对霍普的复仇心理产生了什么影响的话，那也只是加深，绝不是淡化。这位猎手本来就拥有一颗强硬执拗、无法动摇的心，这颗心又被报仇雪恨的念头塞得满满当当，根本容纳不了其他的任何感情。话虽如此，他首要的特质终归还是脚踏实地。他很快就认识到，自己虽然有一副铁打的身板，照样经不起这种没完没了的折腾。天天风吹日晒，又没有像样的食物，弄得他身体一天不如一天。如果他像条野狗一样死在山里，大仇还怎么报呢？可要是继续这么耗下去，那样的死法就是迟早的事情。他觉得这么耗着正中仇人的下怀，于是就心不甘情不愿地回到内华达的矿山，计划在那里养好身体，为报仇雪恨攒下充足的经费。

按照他本来的打算，他至多只会离开一年，种种意外却迫使他逗留矿山，一待就是将近五年。只不过，即便到了那个时候，他心里的冤苦之情和复仇渴望还是一如既往，跟他站在约翰·菲瑞尔坟前的那个没齿难忘的晚上没有两样。于是他乔装改扮，更名换姓，悄悄回到了盐湖城，一心只想着伸张自己心目中的正义，完全不在乎自己会有什么样的结局。到了那里他才发现，等着他的不是什么好消息。原来在几个月之前，上帝选民闹了内讧，一些年轻教众起来反抗长老的权威，结果是一些不满分子离开犹他，变成了教外人士。德雷伯和斯坦杰森也在那些人的行列当中，谁也不知道他俩的去向。传言说德雷伯把大部分家产变成了现钱，离开时是个腰缠万贯的富人，而他的伙伴斯坦杰森，走得就比较潦倒一些。至于说他俩的下落，那可就一点儿线索也没有了。

　　许多人都会在这样的困难面前望而却步，彻底打消报仇的念头，报复心再强也是一样，而杰弗逊·霍普呢，却不曾有过哪怕一瞬间的动摇。靠着自己有限的积蓄，再加上打零工的贴补，他一个镇子一个镇子地走遍美国，到处寻找仇人的踪迹。年复一年，黑发渐渐挂上了霜花，可他依然在继续流浪，活像一头人形的猎犬，一门心思想着他为之献出整个生命的那个目标。到最后，他的执着终于换来了回报。回报不过是偶然瞥见一扇窗子里的一张面孔，但这一瞥已经足够让他知道，他的仇人就在他当时所在的城市——俄亥俄州的克利夫兰。看见仇人之后，他赶紧回到自己简陋的住处，拟好了整个复仇计划。没承想，他瞧见德雷伯的时候，对方也碰巧在看窗外，不光认出了街上的这个流浪汉，还看到了流浪汉眼里的杀气。德雷伯连忙找来已经成了他秘书的斯坦杰森，两个人一起跑到一名地方法官[①]面前，说有个老情敌因为嫉妒和怨恨找上门来，他俩的生命受到了威胁。杰弗逊·霍普当晚就遭到警方拘禁，而且被关了几个星期，因为他找不到保人。等到他终于获释，却发现德雷伯的房子空空如也，主人已经和秘书一道出门，上欧洲去了。

　　复仇者又一次遭遇挫折，凝结在心的仇恨又一次驱使他穷追不舍。可是他囊中羞涩，只好回原来的地方工作了

---

① 地方法官（justice of the peace）是英美法系国家设置的一种主要负责审理小案的法官，具体职责因地而异。有些地方已经废止这种设置。

一段时间，为即将展开的旅程省下每一分钱。到最后，他攒下一笔勉强够他糊口的钱财，马上就赶往欧洲，一个城市一个城市地寻找仇人的踪迹，一路靠各式各样的卑贱营生筹集费用，却始终赶不上仇人的脚步。他赶到圣彼得堡，仇人已经去了巴黎，他跟去巴黎，仇人又刚刚去了哥本哈根。到了丹麦的国都，他发现自己又迟了几天，因为仇人马不停蹄去了伦敦。就是在伦敦，他终于追得仇人山穷水尽。想知道这位老猎手在伦敦的经历，我们最好读读华生医生的回忆录，因为他这本业已令我们受益无穷的笔记，忠实记录了老猎手的亲口陈述。

第六章　华生回忆录续录

我们的犯人疯狂拒捕，并不表明他本来就对我们心存歹意，因为他刚刚意识到自己无法逃脱，马上就友好地笑了起来，还说他衷心希望，适才打斗的时候，他没有伤到我们中任何一个。"照我猜，你这就要送我去警察局了吧，"他冲歇洛克·福尔摩斯说道，"我的出租马车就在门口。要是你们愿意把我的脚松开的话，我可以自己走到车上去。我可不像以前那么轻了，抬的话还挺费劲的。"

格雷格森和雷斯垂德交换了一个眼色，看样子是认为这提议相当不近人情，福尔摩斯却立刻相信了犯人的保证，把绑住犯人脚踝的毛巾解了下来。犯人站起身来抻了抻腿，就跟想确认双腿真的已经重获自由似的。至今我依然记得，当时我一边看他，一边在心里想，身板比他壮健的人我真是见得不多。我还记得，他那张晒得黝黑的脸庞带着一副倔强剽悍的表情，跟他的膂力一样让人畏惧。

"按我看，如果警察局缺个当头的，你就是最合适的人选，"他盯着我的室友，丝毫不掩饰自己的钦佩之情，"你追查我的手段可真够绝的。"

"你们俩最好跟我一起去。"福尔摩斯对两位探员说道。

"我可以帮你们赶车。"雷斯垂德说道。

"好极了！格雷格森可以跟我一起坐车里。还有你，医生，你既然对这个案子挺有兴趣，干脆就一直跟到底好了。"

我欣然接受了福尔摩斯的提议，大伙儿便一起到了楼下。我们的犯人平静地踏进那辆原本属于他的马车，完全没有逃跑的意思，我们也跟着他坐到车里。雷斯垂德爬上车夫的座位，扬鞭打马，很快就把我们送到了目的地。接下来，有人把我们领进一个小小的房间，房间里的一名督察记下了犯人的姓名，以及他被控谋杀的两名受害者的姓名。这名警官脸色苍白，神情漠然，以一种单调机械的方式办完了他的例行公事。"本周之内，我们就会把人犯送上地方法庭，"他说道，"还有，杰弗逊·霍普先生，你有什么话要说吗？我必须提醒你，你所说的一切都会被记录在案，还可能被用于对你的指控。①"

"我要说的话多极了，"犯人慢吞吞地说道，"各位先生，我这就给你们讲讲全部的原委。"

"留到审判时再讲不是更好吗？"督察问道。

"你们兴许审判不了我，"犯人回答道，"你们用不着显得那么惊慌，我可没想过要自杀。你是个医生，对吗？"问这个问题的时候，他那双狂野的黑眼睛转到了我的身上。

---

① 这名督察是在向霍普通知"沉默权"（right to silence），即被告有权拒绝自证其罪，因此可以不回答任何问题。英国是沉默权的发祥地，相关制度及实践据云确立于十七世纪晚期。

"是的，我是医生。"我答道。

"那你把手放这儿试试。"他微笑着说，还用铐着的双手指了指自己的胸腔。

我把手伸了过去，立刻感觉到他的心跳不光异常剧烈，而且十分紊乱。他的胸腔急剧抖颤，就像是一幢本已摇摇欲坠的房屋，又赶上一部马力强劲的机器在里面开工。房间里此时非常安静，我甚至可以听到一种低沉嘈杂的声音，从他的胸腔里隐隐传来。

"怎么，"我叫道，"你得了主动脉瘤！"

"他们也是这么说的，"他若无其事地说，"上个星期，我去找医生看了看我这个病，医生告诉我，瘤子要不了几天就会破裂。前面这些年，病情一直是每况愈下。我这个病是在盐湖城山区得上的，因为我在野外待得太久，吃的东西又不够。现在我已经办完了自个儿的事情，走得再早也没关系了。只不过，死之前我想给这件事情留点儿记录。我跟其他那些杀人犯不一样，可不想落下他们那种名声。"

督察和两位探员急匆匆讨论了一番，议题是该不该允许他把自己的故事讲出来。

"按您的意见，医生，他的病情真的非常危急吗？"督察问道。

"毋庸置疑。"我答道。

"如此说来，为司法公平起见，我们显然有义务取得他的口供，"督察说道，"先生，你有权陈述本案经过，不过我要再一次提醒你，你说的东西都会被记录在案。"

"你们不介意的话，我准备坐下来说，"犯人一边说，一边老实不客气地坐了下来，"这个病搞得我很容易疲倦，更何况半个钟头之前，我刚刚跟你们打了一架。我一只脚已经踏进坟墓，不需要跟你们撒什么谎。我说的每个字都是千真万确的事实，至于你们要拿它来派什么用场，那就不关我的事了。"

说到这里，杰弗逊·霍普往椅子上一靠，开始发表以下这通非同寻常的自白。他讲得平心静气、有条不紊，完全是一副闲话家常的模样。我敢保证下文记述准确无误，因为我看过雷斯垂德的记事本，上面有犯人原话的记录，一个字都不差。

"我为什么恨这两个人，跟你们没有多大关系，"他说道，"简单说吧，他们对两个人——一个父亲和一个女儿——的死负有责任，所以呢，他们付出了生命的代价。他们的罪行过去了那么久的时间，我去哪个法庭也不可能告倒他们。可是，我知道他们是有罪的，因此我拿定主意，要把法官、陪审团和刽子手的责任一个人全包了。要是处在我这个位置，要是还有点儿男子汉的血性，你们也会这么干的。

"我刚才说的那个姑娘，二十年前本来是要嫁给我的。后来她被迫嫁给这个你们都知道的德雷伯，又为这件事情心碎而死。我从姑娘的遗体上取下结婚戒指，自己跟自己发了誓，德雷伯死之前看到的最后一样东西，一定得是这枚戒指，死之前想的最后一件事情，一定得是这桩他即将血债血偿的罪行。我带着戒指东奔西走，跟着他和他同伙跑了两个大洲，终于还是逮到了他们。他们的算盘是把我

160

拖垮，这只能说是痴心妄想。十有八九，我明天就会死，果真如此的话，那我也死得心安理得，因为我在这世上的事情已经办完，而且办得漂亮。他们两个都上了路，都是由我亲手打发的。如今我心愿已了，再没有什么值得留恋的东西。

"他们有的是钱，我却是个穷光蛋，所以说，要跟在他们屁股后面跑，对我来说并不是那么容易。到伦敦的时候，我口袋里几乎是一个子儿也不剩了，因此我意识到，不找点儿糊口的活计是不行的。赶车骑马对我来说跟走路一样轻而易举，于是我去一家车行挂了号，没两天就有了工作。我每个星期都得给东家交一笔固定的车租，剩下的就归我自己。剩下的通常没多少，可我还是千方百计挺了下来。最困难的事情是认路，因为按我看，在古往今来所有的迷宫里面，就数眼前这个城市最让人晕头转向。不过呢，我带了张地图在身边，熟悉了那些主要的旅馆车站之后，活干得也就相当顺手了。

"为了弄清这两位先生落脚的地点，费了我不少时间，当时我东问西问，最后才偶然碰上了他们。原来他们住的是坎伯韦尔街区的一家公寓，在泰晤士河的对面。既然已经找到他们，我当然知道，他们从此就落入了我的手掌心。我蓄了胡子，他们压根儿不可能把我认出来。我可以监视他们，跟踪他们，迟早能找到下手的机会。我已经下定决心，绝不能让他们再一次从我手底下溜走。

"话虽如此，他们还是差一点点就溜掉了。不管他们跑到伦敦城的哪个角落，我都在后面跟着他们，有时候赶着我的车，有时候就靠走路。当然，还是赶车比较好，那样他们就跑不出我的视线。这么着，我只有在大清早或者大半夜才能挣点儿钱，东家的车租也没法按时交了。可我并不在乎有没有钱挣，只要能亲手解决我的仇人就行了。

"不过，这两个人还是非常狡猾的。他们一定是想到了自己有可能被人跟踪，因为他们从来不单独出门，也不在天黑以后出门。整整两个星期，我天天都赶着车跟在他们后面，从来没见过他们分头行动。德雷伯倒是有半数时间醉得昏天黑地，斯坦杰森却连个盹儿都不打。我从早到晚监视他们，结果是连机会的影子都没瞧见。可我还是没有灰心，因为冥冥之中有什么东西告诉我，报仇雪恨的时候就要到了。我唯一担心的就是我胸腔里这个玩意儿，怕的是它破裂的时间早了那么一点点，让我来不及把事儿办完。

"到最后，一天晚上，我赶着车在他们寄住的那条街上来回转悠，那条街的名字叫作托基街。转着转着，我看见街上来了辆出租马车，一直跑到了他们住处的门口。没过多久，就有人从屋里搬了些行李出来，又过了一会儿，德雷伯和斯坦杰森也出了门，坐上车走了。我加快速度跟了上去，始终没让他们跑出我的视线范围，心里面十分着急，怕的是他们又要去别的地方。他们在尤斯顿车站下了车，我就让一个小男孩帮我看着马，自己则跟着他们上了月台。我听见他们向车站的职员打听去利物浦的火车，职员说刚刚开走一班，下一班要几个小时以后才来。听了这个消息，斯坦杰森似乎非常恼火，德雷伯倒显得相当高兴。

当时我混在人群里，离他们非常近，他们说的每个字我都可以听见。德雷伯说他有点私人的事情要办，如果斯坦杰森愿意等的话，他很快就可以赶回来。斯坦杰森劝他不要这么干，并且提醒他，他们两个说好了不能单独行动。德雷伯的回答是，事情非常敏感，他只能一个人去办。我没听清楚斯坦杰森又说了句什么，总之德雷伯听了就开始破口大骂，还叫斯坦杰森不要忘了自己只是他花钱请的佣人，更不要以为自己有下命令的资格。听了他这些话，秘书就不再跟他白费唇舌，只是跟他约好，万一他赶不上最后一班火车的话，秘书会在赫利戴旅馆等他。德雷伯回答说，他十一点钟之前就会回来，到时在月台上见。说完之后，他径直走出了车站。

"我等待已久的时刻终于到来，我的仇人就这么被我攥在了手心。他俩在一起的时候可以相互照应，落了单就只能任我摆布了。不过我并没有贸然行动，因为我早就拟好了完整的计划。如果仇人来不及知道是谁对自己下的手，来不及知道报应为什么会来，复仇的行动也就没什么满足感可言了。按照我的计划，我一定要留出一点时间，一定要让亏负我的人明白，他以前欠下的孽债已经找上门来。说来也巧，几天前有位先生坐我的车去检查布莱克斯顿路的几座房子，不小心把其中一座的钥匙落在了车上。他当天晚上就来找钥匙，我也把钥匙还给了他，只不过趁他找来之前印了个模子，找人给我配了一把。这样一来，在这个大城市里面，至少有一个地方可以让我放心大胆地做自己的事，不用怕别人打扰了。接下来只剩一个难题，也就是说，怎么把德雷伯弄进那座房子。

"出了车站之后，他顺着大路往前走，路上进了一两家酒馆，而且在最后一家酒馆待了将近半个小时。从酒馆里出来的时候，他连路都走不稳了，显然是喝得相当不少。当时正好有一辆汉森车排在我的前面，结果就被他给叫走了。我连忙追了上去，跟那辆车贴得非常紧，整段路程当中，我这匹拉车马儿的鼻子离那辆车的车夫始终不到一码①。我们一前一后跑过滑铁卢桥②，接着又在各条街道上跑了好几里。到最后我大吃一惊，因为他竟然把我领回了他原来住的那条街。我实在想不出他回那里去干什么，但还是跟了上去，把车停在离那座房子一百码左右的地方。我看见他进了屋，他的车随即驶离。麻烦给我杯水，我嘴巴都说干了。"

我递给他一杯水，他一口气喝了下去。

"这样就好点了，"他说道，"好了，我等了他大概一刻钟，也可能更久一点儿，然后就突然听见一阵嘈杂的声音，似乎是房子里面有人打架。紧接着，房门猛然打开，里面出来了两个人，除了德雷伯以外，还有个我从来没见过的小伙子。小伙子揪着德雷伯的衣领，走到台阶顶上就狠狠地搡了一把，跟着又补了一脚，一下子把德雷伯送到了街心。'你这条癞皮狗，'小伙子一边破口大骂，一边冲德雷伯挥舞自个儿的手杖，'看你还敢不敢冒犯正派的姑

---

① 汉森车的车夫坐在马车尾端，参见前文注释。

② 泰晤士河上的滑铁卢桥（Waterloo Bridge）建于 1817 年，因 1815 年的滑铁卢战役而得名，为伦敦名胜。

娘！'看他那怒气冲天的样子，我估摸他肯定会用手杖把德雷伯痛打一顿，只可惜那条野狗抡圆了双腿，连滚带爬地顺着大街跑掉了。他一直跑到拐角的地方，看见我的车就冲我招了招手，忙不迭地跳上了车。'送我去赫利戴旅馆。'他这么吩咐了一句。

"看到他真真切切坐进了我的车，我的心高兴得怦怦乱跳，跳得让我担惊受怕，怕的是瘤子在这个大功垂成的时刻突然破裂。我赶着车慢慢往前走，暗自盘算接下来该怎么办。当时我完全可以直接把他拉到荒郊野外，找一条僻静的小路，给他安排一次最后的审判。我刚要拿定主意，他却抢先替我解决了这个问题。原来他又犯了酒瘾，看见路边有一家豪华酒馆，便叫我门口停车。他下车走进酒馆，进去之前还留了句话，让我在外面等他。他在里面一直待到酒馆打烊，出来的时候已经醉得不成样子，所以我知道，这盘棋我赢定了。

"你们可不要以为，我打算学那些冷血杀手，直接把他弄死了事。就算我真那么干了，那也只能说是天公地道，可我确实干不出那种事情。我早就已经决定，要给他一个活命的机会，如果他愿意利用的话。我流浪多年，在美国各地干过许多杂七杂八的工作，其中之一是给约克学院[①]的实验室看门扫地。有一天，教授给学生们讲解毒物知识，在课堂上展示了一种他称为植物碱的东西。那东西是他从

----

① 美国如今有三个名为"约克学院"（York College）的学校，其中只有宾夕法尼亚州约克学院的建校时间早于故事情节。不过，文中的约克学院更可能是作者的随口杜撰。

南美土著人用的一种箭头毒药里提炼出来的，毒性大得惊人，一丁点儿就可以使人立刻丧命。我把他用来装毒药的那个瓶子看在眼里，等他们走了就从里面取了一点点。我配药的手艺也还说得过去，于是用这种植物碱做了些可以溶解的小药丸，给每粒药丸配上一个盒子，又在每个盒子里加了一粒外观相同的无毒药丸。当时我已经打定主意，一旦我找到机会，就会让这两位先生从这种盒子里挑一粒药丸，剩下的一粒我吃。这同样是一场你死我活的决斗，噪音却比隔着手帕开火小多了。①从那天开始，我一直都把药丸盒子带在身上，眼下呢，这东西终于派上了用场。

"时间已经快到凌晨一点，夜晚又冷又狂暴，风刮得呼呼的，雨也下得跟瓢泼一样。周围的景象虽然凄惨，我心里却非常高兴，差一点儿就情不自禁欢呼起来。不知道你们当中，有没有哪位曾经苦苦盼望一样东西，为它等待二十个漫长的年头，然后又突然发现，它已经伸手可及。要是有过这样的经历，你们就能够明白我当时的心情。我点起一支雪茄，抽了几口，竭力想让自己镇定下来，双手却还是抖个不停，太阳穴也突突直跳。我赶着车，在黑暗中看见了苍老的约翰·菲瑞尔和美丽的露茜，他俩看着我，正在向我微笑，当时我看得非常清楚，就跟我此时看见在座诸位一样。一路之上，他俩始终走在我的前方，一个在马儿左边，另一个在右边，陪着我到了布莱克斯顿路那座房子跟前。

---

① 以前的西方人进行手枪决斗的时候，往往以手帕落地作为双方可以开火的信号。

"四周不见人影，也没有任何声音，只有雨哗哗地下个不停。我往车窗里看了看，发现德雷伯蜷成一团，醉得睡着了。我推了推他的胳膊，跟他说了声，'该下车了。'

"他回答说，'知道了，赶车的。'

"照我看，他肯定是以为他之前说的那个旅馆到了，所以就二话不说立刻下了车，跟着我穿过屋子前面的花园。这时他还是有点儿头重脚轻，我只好在他旁边搀着他。到了屋子跟前，我打开屋门，把他领进了餐厅。我可以跟你们保证，整个过程之中，菲瑞尔父女俩一直都走在我和他的前面。

"他一边跺脚，一边说了句，'这里黑得跟地府似的。'

"我一边说'马上就有光了'，一边划了根火柴，把带在身上的一支蜡烛点了起来。然后我转头对着他，用蜡烛照着我自个儿的脸，说了句，'好了，伊诺克·德雷伯，认得我是谁吗？'

"他醉眼惺忪地盯着我看了片刻，跟着我就看见，他眼里突然恐惧弥漫，整张脸都吓得抽搐起来，显然是认出了我。他面如死灰，踉踉跄跄地往后缩，额头上沁出汗水，牙齿则咯咯咯地打起架来。看到他这副模样，我靠到身后的门上，大声地笑了好一阵子。我一直都知道，复仇的滋味肯定是十分甘美，但却从来没有想到，它竟然能像此时这样，让人整个儿的灵魂畅快无比。

"'你这个狗东西！'我骂了一句。'我从盐湖城一直追到圣彼得堡，可你次次都从我手里逃了出去。现在好了，你东跑西颠的日子终于可以结束了，因为我们两个当中，总有一个见不到明天的太阳。'我一边说，他一边往后缩，看他脸上的表情，肯定是以为我已经疯了。这么说吧，当时我的确是疯了。我两边的太阳穴跳得跟打鼓似的，依我看，幸亏这时我流了好多鼻血，舒缓了我的神经，不然的话，我多半就要发羊痫风之类的毛病了。

"我锁上门，冲着他的脸哗啦啦晃动钥匙，大声喊道，'你倒是说说，露茜·菲瑞尔现在会在哪里呢？报应来得虽然慢，可你到底没跑得了。'我说话的时候，他那没种的嘴唇一直在抖个不停。他肯定是想求我饶他一命，只不过知道求也没用而已。

"'你是要谋杀我吗？'他结结巴巴问了一句。

"'压根儿没有谋杀这一说，'我这么回答，'谁会把宰条疯狗说成谋杀呢？你把我可怜的爱人从她惨遭杀害的父亲身边拖走，又把她拖进你那间天杀的无耻后房，那个时候，你心里可有一丝怜悯？'

"'她父亲不是我杀的。'他叫了起来。

"'可是，是你打碎了她那颗纯洁无瑕的心，'我声嘶力竭地大吼一声，把药盒子搡到了他的面前，'现在，就让至高无上的上帝来给我俩做个了断。挑吧，挑好了就吃下去。两粒之中一粒是死，一粒是生，你挑剩的一粒我吃。让我们来瞧上一瞧，这世道究竟是天理尚存，还是全凭运气。'

"他一边往后躲，一边疯狂叫喊，苦苦求饶，可我拔出刀来，把刀子架上他的喉咙，逼着他听从了我的命令。我把剩下的一粒吃了下去，跟着我们就脸对脸站在那里，一声不响地等了大概一分钟，等着看哪一个活，哪一个死。

等最初的一阵剧痛向他发出警报，让他知道自己吃下的一粒才是毒药，当时他脸上的表情，我怎么可能忘得掉呢？看到他的表情，我放声大笑，还把露茜的结婚戒指举到了他的眼前。整个过程只用了片刻工夫，因为那种植物碱发作得非常快。一阵痛苦的痉挛，扭曲了他的五官，他双手往前一伸，身子踉踉跄跄，接着就发出一声嘶哑的叫喊，重重地栽在了地板上。我用脚把他翻了过来，又用手试了试他的心跳。他的胸腔里没有动静。他死了！

"我的鼻子一直都在淌血，可我压根儿没有留意。到现在我也想不出来当时我为什么会有用血在墙上写字的念头，兴许是因为我心里格外轻松痛快，所以想搞点儿恶作剧，跟警察兜兜圈子吧。我想起一个死在纽约的德国人，他尸体上方就写着'RACHE'这个词。那时的报纸都在说，这一定是那些秘密组织干的事情。我觉得这个词既然能蒙住纽约人，肯定也能蒙住伦敦人，于是用手指蘸上自己的血，把这个词写在了墙上一个方便顺手的地方。写完之后，我走回自己的马车跟前，发现周围还是没人，天气也还是非常糟糕。赶着车走了一阵之后，我把手伸到平常放露茜戒指的口袋里摸了摸，却发现戒指不见了。当时我的感觉跟遭了雷劈一样，因为我只有这么一件纪念露茜的物品。我估计戒指可能是我弯腰察看德雷伯尸体的时候掉的，所以就原路折返，把车留在一条小巷里，大着胆子走到了房子跟前。我这么干，是因为我宁愿去冒天大的风险，也不愿失去露茜的戒指。刚到大门口，我就跟屋里出来的一个警官撞了个满怀，这时我只好装得烂醉如泥，好歹打消了他的怀疑。

"伊诺克·德雷伯就是这么完蛋的。接下来我要办的事情只剩一件，那就是对斯坦杰森实施同样的惩罚，以此清偿他欠约翰·菲瑞尔的血债。我已经知道他住在赫利戴旅馆，于是就去那里晃荡了一整天，可他一直没有出门。我估计他是看到德雷伯始终没有露面，所以起了疑心。斯坦杰森这个人，还真是挺狡猾的，而且从来不会放松戒备。不过，他要是以为窝在房里就可以躲过我的话，那可真是错得不能再错了。我很快搞清他卧房的窗户是哪一扇，第二天一早就采取行动，借用别人撂在旅馆后巷的一架梯子，在灰蒙蒙的晨光里爬进了他的房间。我把他叫了起来，然后就告诉他，他多年前欠下的那条人命，已经到了偿还的时候。我跟他讲了德雷伯的死法，又把同样的选择摆在他的面前，让他在药丸里面挑一粒。可他不但不好好把握这个求生的机会，还从床上跳了起来，打算扼住我的喉咙。我被迫动手自卫，结果就一刀捅进了他的心脏。说到底，我动不动手都是一样，因为苍天有眼，绝不会让他那只罪恶的手挑到毒药之外的任何东西。

"我要说的差不多都说完了，这样最好，因为我自己也快完了。斯坦杰森死后，我接着赶了大概一天车，本来的打算是就这么干下去，直到攒够回美国的路费为止。后来，我站在车行的院子里等活计，来了个穿得破破烂烂的少年，问我们这里有没有一个名叫杰弗逊·霍普的车夫，说贝克街221B有位先生想雇他的车子。我没觉得有什么蹊跷，于是就跟着他去了。至于我所知道的下一件事情嘛，就是眼前这个小伙子把手铐扣上了我的腕子，逮我的手法干净利落，我这辈子还真没见过。先生们，我的故事讲完了。你们尽可以把我看成一个杀人凶手，可我还是认为，我和你们一样，也是维护正义的执法者。"

他讲述的事情如此惊心动魄，说话的神态又如此非同一般，以致我们都静静地坐在那里，听得全神贯注。对于形形色色的罪案细节，两位专职探员早已经听得耳朵起了茧子，尽管如此，他们似乎还是对霍普的故事产生了浓厚的兴趣。他讲完之后，我们一声不响地坐了几分钟，静悄悄的房间里只有雷斯垂德的铅笔发出的沙沙声，因为他正在对自己速记的证词做最后的订正。

"只有一个问题，我希望你能做一点儿小小的补充，"歇洛克·福尔摩斯终于打破沉默，"我登出启事之后，帮你来领戒指的那个同伙是谁？"

犯人乐呵呵地冲我朋友挤了挤眼睛。"我可以说我自个儿的秘密，"他说道，"却不想把别的人拉下水。当时我看到你的启事，觉得你有可能是在引我上钩，也有可能真的捡到了我想要的戒指，所以呢，我那位朋友自告奋勇，要帮我去看一看。依我看，你一定会承认，他干得相当漂亮。"

"这一点毫无疑问。"福尔摩斯恳切地说道。

"好了，先生们，"督察郑重宣告，"法律上的手续必须完成。人犯将于本周四上庭受审，在座诸位均须列席。上庭之前，人犯由我负责监管。"他一边说，一边拉响铃铛，两名狱卒走了进来，把杰弗逊·霍普带了出去。与此同时，我和我朋友走出警局，坐出租马车回贝克街去了。

第七章　盖棺论定

　　福尔摩斯和我都得到了星期四上庭的通知，可是，星期四这个日子到来之时，我们的证言已经没有用武之地。一位更为尊贵的法官已经接管这件案子，将杰弗逊·霍普传召到另外一个法庭，让他在那里接受绝对公正的审判。就在被捕当天的夜里，他的动脉瘤终于破裂。第二天早上，人们发现他四肢摊开躺在监房的地板上，脸上带着一抹平静的笑容，似乎曾在弥留之际回首往事，并且觉得人生有所成就，功业皆得圆满。

　　"他这么死了，格雷格森和雷斯垂德肯定会发疯的，"第二天晚上，我和福尔摩斯聊起这件事情，福尔摩斯说道，"这本来是他俩出头露脸的大好机会，眼下不就泡汤了吗？"

　　"我可看不出他俩跟霍普的被捕有多大关系。"我答道。

　　"在这个世界上，重要的并不是你做了什么，"我室友愤愤不平地说道，"重要的是你能把什么算到自己头上。这且不说，"顿了一顿之后，他接着说道，语气比先前欢快了一些，"这次的调查我无论如何也是不愿意错过的。

我还真不记得，有哪件案子比这件更精彩。它一方面非常简单，另一方面又包含着几个非常有启发性的特点。"

"简单！"我忍不住叫了起来。

"呃，说实在话，这案子还真不适合用别的词来形容，"看到我惊讶的神情，歇洛克·福尔摩斯笑了起来，"这案子从本质上说非常简单，证据就是我没有靠任何东西帮忙，只用了几个非常普通的演绎，就在三天之内逮到了凶犯。"

"这倒是真的。"我说道。

"之前我已经跟你讲过，非同寻常的细节往往是破案的指南，并不能构成障碍。要解决这一类的问题，关键在于具备逆向推理的能力。逆推是一种非常有用的本领，学会也非常容易，只可惜人们疏于这方面的练习。处理日常事务的时候，正推要比逆推有用一些，所以呢，人们往往对逆推弃而不用。懂得综合的人比懂得分析的人多得多，两者之间的比例是五十比一。"

"说老实话，"我说道，"我不太明白你的意思。"

"我就知道你听不明白。那我再试一试，看能不能讲得清楚一些。如果你把一系列环环相扣的事件讲给别人听，大多数人都能够讲出这些事件的后果。他们可以在脑子里把这些事件组合到一起，推导出将来的某件事情。反过来，如果你告诉别人的仅仅是一个结果，那就很少有人能只靠自己的心智，演绎出导致这一结果的各个步骤。我所说的逆向推理，或者说分析性推理，指的就是这种能力。"

"我明白了。"我说道。

"好了，这案子就是一个例子：结果你已经知道，其余一切却只能靠你自己去发现。我这就尽量给你讲讲，我这个演绎过程都有哪些步骤。就从最开始的一步开始讲好了。你也知道，当时我是步行到房子跟前去的，脑子里没有任何先入为主的想法。很自然，我首先查看的是路面的情况，结果呢，正如我之前跟你讲过的那样，我清晰地看到了一辆马车的辙迹。之后通过询问，我又确证了一个事实，也就是说，这辆车是夜里来到现场的。我之所以断定它是一辆出租马车，而不是私家专用之物，是因为它的轮距比较小。伦敦城里这些公众日用的辘辘车，可比士绅们私用的布茹姆车①窄多了。

"前面说的是我的第一个收获。接下来，我沿着花园小径慢慢地走了一遭，小径的土质又刚巧是黏土，特别容易留下印记。毫无疑问，那条小径在你眼里不过是一溜踩得稀烂的污泥，可是，对于我这双训练有素的眼睛来说，落在它表面的每个印记都有独特的含义。在侦探科学的全部领域之中，再没有哪个分支比辨认足迹的学问更为重要，也没有哪个分支比它更受人冷落。可喜的是，我一直都对这门学问非常重视，还通过大量的实践把它转化成了我的第二天性。因此，我不光看到了警员们踩出的深凹足印，更看到了最先穿过花园的那两个男人留下的足迹。他俩的足印先于其他足印，这是个一望而知的结论，因为在小径

---

① "辘辘车"原文为"growler"（字面意思是"咆哮者"），是四轮出租马车的别名，得自车轮碾过砾石街道的辘辘声响；布茹姆车（brougham）是英国贵族及政客亨利·布茹姆（Henry Brougham，1778—1868）设计的一种高档轻便四轮马车。

上有些地方，他俩的足印已经被后来的足印完全盖住。就这样，我演绎链条中的第二个环节宣告成形。它让我知道，那座房子的夜间访客共有两人，其中之一个子很高，这是我根据他的步幅算出来的，另外一个则衣冠楚楚，理由是他那双靴子留下的印记又小又精致。

"进屋之后，我此前最后一个推论立刻得到验证，因为我那位漂亮靴子先生，已经躺在了我的眼前。由此可知，要是他的确死于谋杀的话，凶手就是高个子那位。死者的尸身确实没有伤痕，可他的表情苦恼至极，明明白白地告诉了我，他死之前就知道了自个儿的命运。如果是死于心脏病，或者是其他什么突发疾病，死者脸上绝对不会有这种表情。闻死者嘴唇的时候，我嗅到一股轻微的酸味，由此得出他被迫服毒的结论。我说他被迫服毒，跟说他死于谋杀一样，也是因为写在他脸上的仇恨和恐惧。我得出这个结论用的是排除法，原因是其他假设都不能解释所有的事实。你可别觉得这种手段闻所未闻，强灌毒药绝不是犯罪史上的新鲜事物。随便问问哪个研究毒物的专家，他都能马上想到敖德萨①的多尔斯基案，以及蒙彼利埃的勒图利耶案。

"好了，接下来就该解决那个关于'为什么'的重大问题了。抢劫不是凶手的目的，因为他什么也没拿。那么，他的动机究竟是关乎政治，还是关乎女人呢？这就是我当时面临的问题。两相比较，我还是倾向于后者。政治刺客

---

① 敖德萨（Odessa）是今乌克兰港口城市，当时属于俄国。

最巴不得的事情就是赶紧干完赶紧跑，与之相反，这桩凶案却做得格外从容，凶手的足迹遍布整间屋子，说明他案发期间一直都在现场。这样一种有条不紊的复仇方式，背后的原因只可能是私人恩怨，不会是政治对立。发现墙上的字迹之后，我就对自己的推断有了空前的自信。那东西是个幌子，这一点只能说是一目了然。当然，早在戒指出现的时候，动机的问题就已经有了定论。很显然，凶手曾经用它来提醒受害人，让后者记起某个业已死亡或是不在现场的女人。就是在那个节骨眼儿上，我问了问格雷格森，问他往克利夫兰发电报的时候，有没有打听德雷伯先生以往经历中的特殊细节。你应该还记得，他当时的回答是否定的。

"这之后，我对房间做了一次仔仔细细的检查。这次检查不光验证了我对凶手身高的推断，还让我了解到一些额外的细节，比如说崔克诺帕里雪茄，以及凶手的指甲长度。检查之前我已经得出结论，鉴于现场没有打斗迹象，地板上的大量血迹一定是凶手激动之下流出的鼻血。检查时我又发现，血迹与凶手的足迹走向一致。一个人会在情绪激动的时候流这么多鼻血，多半得是个血气旺盛的人，因此我冒险推测，凶犯应该是个身强体壮的红脸大汉。事实证明，我这个推测是正确的。

"离开现场以后，我做了件格雷格森漠视不理的事情，给克利夫兰警方的首脑发了封电报，电报里没打听别的事情，就问了问跟伊诺克·德雷伯的婚姻相关的一些情况。他的回复可说是一锤定音，因为它让我知道德雷伯之前就控告过一个老情敌，为此还申请过法律的保护，当时的被告名叫杰弗逊·霍普，目前正在欧洲。此时我确信，我已经理清了这件谜案的头绪，剩下的事情仅仅是抓凶手而已。

"此前我已经暗自断定，跟德雷伯一起走进那座房子的不是别人，正是那辆出租马车的车夫。路上的印迹告诉我，套在车上的马儿曾经四处乱走，那样的情形只可能出现在它没人照管的时候。马儿既然没人照管，车夫当时如果不在房子里面，还能在哪儿呢？此外，我们绝不能去做一个荒唐的假设，认为车夫只是案件之中的第三者，因为一个心智健全的人，如果要实施一桩蓄谋已久的罪行，绝不会冒着迟早被人告发的风险，在第三者的眼皮子底下干。最后，如果你想在伦敦城里跟踪他人的话，还有比当车夫更好的方法吗？考虑到上面说的种种因素，我可以选择的结论只有一个，也就是说，杰弗逊·霍普混迹于伦敦的车夫队伍。

"既然他当过车夫，我们就没理由认为他会放弃这份职业。恰恰相反，从他的角度来看，突然间做出任何改变，都可能会把别人的注意往自己身上引。因此，至少是在一段时间之内，他多半会继续履行自己的职责。除此而外，我们也没理由认为他会使用假名。这个国家里本来就没有人知道他姓甚名谁，改名字还有什么必要呢？所以呢，我把我那支街头流浪儿侦缉队组织起来，打发他们对伦敦的每一家车行展开系统性的搜索，直到找到我想找的人为止。这事情他们办得有多么漂亮，我在机会面前的反应又有多么敏捷，你一定记忆犹新，我也就不多说了。斯坦杰森被杀是一个完全出乎我预想的意外，但他的死无论如何也很难防止。正如你看到的那样，他的死引领我找到了那些药丸，药丸的存在则是我早已预见的事情。现在你看明白了吧，我整个的演绎过程可说是一根环环相扣的链条，既无中断，亦无瑕疵。"

"真是太妙了！"我叫了起来，"你这些成就，理当得到公众的赞赏。你应该就这个案子发一篇文章。你不愿意发的话，我可以替你去发。"

"想发你尽管去发，医生，"他回答道。"瞧瞧这个！"他一边说，一边递给我一份报纸，"看看这篇！"

他递给我的是当天的《回声报》①，用手指着的文章正是关于此案的报道。报道是这么写的：

公众痛失耸人听闻之谈资一件，皆因命案疑凶霍普突然死亡，该犯涉嫌谋杀伊诺克·德雷伯及约瑟夫·斯坦杰森两先生。到得如今，案情细节或将永远成谜，所幸本报已由可靠方面获悉，此一罪行源自一起年深日久之情感纠纷，纠纷牵涉男女情爱，并与摩门教义有关。据信，两受害人年轻时皆为后期圣徒教中成员，已故人犯霍普亦自盐湖城来至本地。此案纵无其他影响，最低限度亦以至为惊人之方式，尽显本城警探之破案效率，并可俾一应外侨引以为训，仇怨宜于家中

---

① 《回声报》(*Echo*) 是存在于 1868 年至 1905 年间的伦敦报纸。

解决，不应携来英国土地。尽人皆知，此次神勇缉拿之功全属苏格兰场著名警官雷斯垂德先生及格雷格森先生。人犯落网之地据知为某先生寓所，该先生名为歇洛克·福尔摩斯，以业余人士而言亦有些许侦探才能。既有如此良师，该人士或可于将来有所进益，得两警官衣钵之万一。两警官据信将获颁某等奖项，受赏亦属实至名归。

"我不是一开始就跟你说了吗？"歇洛克·福尔摩斯高声说道，笑了起来，"我们这一整件'暗红习作'，就产生了这么一个结果：帮他们赚了个奖！"

"没关系，"我回答道，"我已经把所有的事实写进回忆录，公众会看到的。还有，你用不着介意那些事情，知道自己破案成功就行了，就像那个古罗马守财奴一样——

'众人嗷嗷，我则自喜，箧中多金，我自知之。①'"

① 这句话原文为拉丁文，出自古罗马诗人贺拉斯（Horace，前65—前8）的《讽刺诗集》（Satires）第一部第一卷。不过，由苏格兰诗人及翻译家西奥多·马丁（Sir Theodore Martin，1816—1909）的《讽刺诗集》英译本可知，贺拉斯这首诗虽然是讽刺一个贪财的罗马显贵，但诗中这句话却出自一个雅典人之口。

四签名①

第一章　演绎法

歇洛克·福尔摩斯从壁炉台角落拿起一只药瓶，又把一支皮下注射器从整洁的摩洛哥皮套①里抽了出来。紧接着，他用修长白皙的手指小心翼翼地装好细细的针头，把左手的衬衫袖口挽了起来。有那么一小会儿，他只是若有所思地看着自己强健有力的前臂和手腕，上面已经布满数不清的针眼。到最后，他把针头扎进手臂，又把针筒一推到底，跟着就再次倒进那把天鹅绒面扶手椅，心满意足地长出了一口气。

好几个月以来，同样的表演我每天都要看三次。不过，看得多并不意味着看得惯。恰恰相反，我对这种场景的反感日益加深，每天晚上都会受到良心的谴责，恨自己缺乏抗议的勇气。我一次又一次暗暗发誓，一定要清除这个良心上的包袱，可我室友总是摆着一副冷峻超然的架势，让人万万不敢在他面前有丝毫放肆。他非凡的本领，高高在上的态度，还有我业已有所领教的一些特异性情，全都让

① 摩洛哥皮（morocco）是一种手工鞣制的染色山羊皮，因最初为摩洛哥名产而得名。

我畏葸不前，不敢去冒犯他。

不过，就在这天下午，或者是因为我午餐时跟他一起喝了点儿博讷葡萄酒①，又或是因为他这番慢条斯理、不厌其烦的动作格外让人焦躁，我突然觉得，再装看不见已经不行了。

"今天又是什么呢？"我问道，"是吗啡，还是可卡因②？"

他刚刚翻开一本古旧的哥特字体③书籍，此时便无精打采地抬了抬眼皮。"可卡因，"他说道，"百分之七的溶液。你想试试吗？"

"不想，绝对不想，"我粗声大气地答道，"我身体还没从阿富汗战争当中恢复过来呢，我可不能往伤口上撒盐。"

看到我激烈的反应，他微微一笑。"也许你说得对，华生，"他说道，"按我看，从生理上说，这玩意儿确实是有害的。不过呢，我发现它特别地提神醒脑，跟这个比起来，副作用也就是小事一桩了。"

"可你得想想！"我恳切地说道，"想想其中的代价！它兴许的确有你说的那种效力，可以让你的脑子兴奋起来，但这个过程是病态的，会加快身体组织的变化，最终还会造成永久性的身体虚弱。它把你弄得多么沮丧，你自己应

---

① 博讷葡萄酒（Beaune）指的是产于法国勃艮第地区博讷镇的葡萄酒，据说较为烈性。

② 在当时（维多利亚时代）的英国，可卡因是药店里有卖的流行兴奋剂，尚未遭到严厉禁止。

③ 哥特字体（black-letter）是十二世纪至十七世纪广泛流行于西欧的一种手写及印刷字体。

该也很清楚。毫无疑问，这是件得不偿失的事情。它带来的快感不过是一瞬间，却可能让你失去那些与生俱来的非凡禀赋，你干吗要冒这样的险呢？你一定得记着，我说这话可不光因为咱俩是朋友，还因为我是一名医生，对你的健康负有一定的责任。"

他似乎并没有生气着恼的意思，反倒把双手的指尖拢到一起，又把双肘架上椅子的扶手，一副谈兴很高的样子。

"我的脑子，"他说道，"受不了死水一潭的局面。给我个问题，给我件工作，只管把最深奥难解的密码或最错综复杂的分析扔到我面前，我马上就会进入最佳状态。那样的话，我当然可以放弃这些人造的兴奋剂。可是，我真的对按部就班的单调生活深恶痛绝，非常渴望精神上的强烈刺激。正因如此，我才选择了这个特殊的行当，准确说是创造了这个行当，因为这世上干这行的没有别人，只有我一个。"

"私家侦探只有你一个？"我挑起了眉毛。

"私家顾问侦探只有我一个，"他回答道，"我是侦探行里最后、也最高的上诉法庭。格雷格森啦，雷斯垂德啦，埃瑟尼·琼斯啦，这些人一旦山穷水尽——当然，山穷水尽是他们的正常状态——就会把案子摆到我的面前。身为本行专家，我会检查相关的资料，向他们提供专业的意见。我从不为这些案子邀功请赏，我的名字也不会登上任何报纸。工作本身已经是最高的奖赏，因为我为自己的特殊本领找到了一块用武之地。当然喽，通过杰弗逊·霍普一案，你应该已经对我的工作方法有了一点儿切身体会吧。"

"没错，深有体会，"我诚心诚意地说道，"这辈子我还没见过比这更惊人的事情呢。甚至啊，我还把这个案子写成了一本小册子，并且起了个稀奇古怪的书名，叫作'暗红习作'。"

他悲哀地摇了摇头。

"我大略扫了一眼你写的东西，"他说道，"说实在话，我没法向你表示祝贺。侦探工作是，或者说应该是，一门精密的科学，因此就应该像其他精密科学一样，得到不带感情色彩的冷静对待。你倒好，老想着给它涂抹一点儿浪漫色彩，最后的效果呢，就跟把爱情故事或私奔情节塞进欧几里得第五命题①差不多。"

"可是，这案子确实有浪漫情节啊，"我抗议道，"我总不能篡改事实吧。"

"有些事实没必要写出来，非要写的话，也得把握好剪裁的分寸。这案子只有一点值得一提，也就是那种抽丝剥茧、以果推因的奇妙演绎方法，全靠了它的帮助，我才能成功破案。"

我一下子觉得很是窝火，因为我写这本东西完全是为了讨他的好，得到的却是他的数落。同时我必须承认，他这种自我中心的态度，也是我生气的一个原因。他似乎认为，我这本小册子应该专门记述他个人的辉煌事迹，只字

---

① "欧几里得第五命题"即欧几里得《几何原本》（*Elements*）第一卷的第五个命题，亦即"等腰三角形两底角相等，两底角的外角也相等"。对中世纪的欧洲学生来说，此命题相对较难，因此有"难倒笨驴之桥"（bridge of asses）的称号。

不提任何别的。跟这位室友在贝克街共度的这些年里，我不止一次地注意到，他好为人师的沉静外表下面藏着一点小小的虚荣。不过我并没有反唇相讥，只是坐在那里揉自个儿的伤腿。我这条腿吃过一粒捷泽尔枪弹[1]，虽然不妨碍走路，天气变化的时候却总会疼痛难忍。

　　"最近，我的业务已经扩展到了欧洲大陆，"沉默片刻之后，福尔摩斯一边往他那个古旧的欧石南[2]烟斗里装烟丝，一边又开了口，"上个星期，弗朗索瓦·勒·维拉尔跑来咨询我，这个人近来在法国的侦探界很出风头，你多半也听说过。他完全继承了凯尔特人[3]那种敏锐的直觉，但要在侦探领域更进一步却还缺一个必备的条件，那就是广博而精确的知识。他那件案子牵扯到一份遗嘱，有几个地方也还蛮有意思。后来我让他去参考两件类似的案子，一件发生在一八五七年的里加，另一件发生在一八六一年的圣路易斯[4]。这么着，他找到了正确的答案。你瞧，这是我今早收到的感谢信。"

　　说话间，他把一张皱巴巴的外国纸片扔了过来。我飞

---

[1]　原文如此，但根据《暗红习作》的相关记述，华生中枪的地方是肩胛骨。

[2]　"欧石南"原文为"brier-root"，指杜鹃花科欧石南属植物白欧石南（*Erica arborea*）的根。白欧石南是生长在地中海地区的一种灌木，根茎木质坚硬，是制作烟斗的好材料。

[3]　凯尔特人（Celt）是欧洲一些古代民族的统称，尤指古代的不列颠人和高卢人。直至今天，英法两国仍有一些人使用凯尔特语言。

[4]　里加（Riga）为今拉脱维亚城市，当时属于俄国；名为"圣路易斯"（St. Louis）的地方很多，比如《暗红习作》中提及的那个美国密苏里州城市。

快地扫了一遍，便瞥见一大堆赞美之辞，处处都是"精彩绝伦""大师手笔"和"高招妙着"之类的字眼，充分体现了那位法国侦探五体投地的景仰之情。

"他这完全是学生对老师说话的口气嘛。"我说道。

"哦，他把我的帮助看得太重要了，"歇洛克·福尔摩斯轻声说了一句，"其实呢，他自个儿也是很有天赋的。理想的侦探需要三个条件，他已经具备了两个。观察能力和演绎能力他都有，缺的只是知识，而知识也是他迟早会有的东西。这阵子，他正在把我的一些小小著作译成法文。"

"你的著作？"

"喔，你还不知道吗？"他笑了起来，高声说道，"不怕献丑，我的确写过几篇论文，讲的都是技术方面的问题。比如说，你瞧，这儿就有一篇《论各种烟灰之间的区别》。我在文章里列举了一百四十种雪茄、香烟和烟丝，还用了彩图来说明各种烟灰有何不同。烟灰是侦破罪案时经常碰到的东西，有时候还会成为极其重要的线索。举个例子来说吧，如果你能确定凶手抽的是印度朗卡雪茄[①]，显然就可以缩小搜索的范围。对于一双训练有素的眼睛来说，崔克诺帕里雪茄的黑灰和鸟眼烟丝的白末[②]，跟白菜和土豆一样判然有别。"

---

① 朗卡雪茄（lunkah）是一种味道浓烈的方头雪茄，因所用烟草产自印度哥达瓦里河三角洲（Godavery Delta）诸岛而得名，当地人把岛屿称为"lanka"。

② 崔克诺帕里雪茄见前文注释；鸟眼烟丝（bird's-eye）是一种用包含叶梗的烟叶切成的烟丝，叶梗截面呈现为烟丝中的鸟眼斑点。

"你辨识细节的本事真是不一般。"我如是评论。

"那是因为我认识到了细节的重要性。喏，这篇讲的是如何辨认足迹，外加用石膏提取脚印的方法。还有这篇，这是一篇有趣的小文，讲的是职业如何影响人的手形，文章附有石版画的图解，画的是石工、水手、木塞制作工、排字工、织工和钻石琢磨工的手。讲求科学的侦探都会发现，这方面的知识非常实用，尤其有助于辨认无名的尸体、查明罪犯的履历。好了，我光顾着唠叨我这些爱好，你一定觉得很无趣吧。"

"一点儿也不，"我恳切地说道，"我觉得这些事情再有趣不过了，尤其是在我有幸看到你的实际应用以后。还有，你刚才提到观察和演绎，我没想错的话，这两样东西在一定程度上应该是一码事吧。"

"不对，完全不是一码事，"他一边回答，一边舒舒服服地靠回椅子背上，抽了几口烟斗，吐出一个个浓浓的蓝色烟圈，"举例来说，观察只能让我知道你今早去过威格莫尔街邮局，演绎却让我知道你在那里发了封电报。"

"一点儿不错！"我说道，"两件事你都说对了！可是说老实话，我真想不出来你是怎么知道的。我去那里只是突发奇想，事先又没跟别人提过。"

"这事情就是简单的代名词，"看到我的诧异，他吃吃笑了几声——"简单得荒唐至极，以至于解释纯属多余。话又说回来，它兴许可以说明观察和演绎之间的界限。观察告诉我，你鞋帮上有一个小小的红色泥点。威格莫尔街邮局对面的人行道正在施工，路面底下的泥土被翻了上来，去邮局的人很难不踩到。那儿的泥土带有一种特殊的红色，据我所知在这周围其他地方是找不出的。观察所得就这么多，其他都是演绎了。"

"那么，电报的事情你是怎么演绎出来的呢？"

"咳，我整个早上都坐在你对面，当然知道你没写过信。你书桌的抽屉开着，我看到里面有一整版没撕开的邮票，还有厚厚的一沓明信片。如此说来，你去邮局不是发电报又是干什么呢？排除掉所有不可能的情形之后，剩下的就必然是事情的真相。"

"就这件事情而言，你说得当然没错，"我想了一想才开口回答，"不过，刚才你也说了，这是件最最简单的事情。要是我出一道难点儿的题目来检验你的理论，你不会觉得我不讲道理吧？"

"恰恰相反，"他回答道，"那样的话，我就用不着再打一针可卡因了。我巴不得有题可做，你出什么题都行。"

"我听你说过，如果一个人每天都要使用某件物品，难免会在物品上留下深深的个人印记，这样一来，有经验的观察者就可以从中窥见主人的个性。好了，我这儿有一只刚到手没多久的表。你能不能行行好，把上一个主人的性格或习惯告诉我呢？"

我把表递给了他，心里带着一点儿小小的得意，因为我觉得我这个题目他根本解不了，出出来只是为了让他吸取教训，不要再时不时地拿出一种自以为是的腔调。他把表摊在手上，紧盯着表盘看了一阵，然后又打开底盖，检查了一下里面的机簧，先是用眼睛看，后来又用上了一把高倍的放大镜。最后他终于"啪"一声合上表盖，把表还给了我。看到他那张沮丧不已的脸，我忍不住微笑起来。

"这只表几乎提供不了任何资料，"他说道，"有人刚刚清洗过这只表，最能说明问题的那些痕迹都被洗掉了。"

"你说得对，"我答道，"到我手里之前，这只表的确刚刚洗过。"

我嘴上这么说，心里却很是不以为然，觉得我室友不应该文过饰非，拿一个如此苍白无力的借口来掩盖自己的失败。就算表没洗过，他又能看到些什么资料呢？

"我这次研究虽然不尽人意，却也不是一无所获，"他抬头盯着天花板，眼神又空洞又暗淡，"不对的话请你指正，我认为这只表本来是你哥哥的，而他又是从你父亲那里继承来的。"

"毫无疑问，这你是从刻在底盖上的'H. W.'知道的吧？"

"的确如此。'W'代表你的姓氏，而这只表是将近五十年之前制造的，刻在表上的姓名缩写又跟表本身一样古老，说明它是为你们家的上一代制造的。家里的珠宝通常会传给长子，长子又多半会袭用父亲的姓名。①如果我没记错的话，你父亲已经过世多年，这样一来，表自然会传到你哥哥手里。"

"到现在为止都没说错，"我说道，"还有什么别的吗？"

---

① 英语民族姓名的一般结构是名字（教名）＋中名＋姓氏，中名往往可以略去不写。华生的全名据《暗红习作》所说是"John H. Watson"，略去中名的姓名缩写为"J. W."，与父亲和兄长的"H. W."不同。

"你哥哥是个不爱整洁的人，应该说是非常不爱整洁，而且非常不小心。你家里本来为他预备了光明的前程，可他却浪费了自个儿的机会。他过了一段很穷的日子，偶尔也会有短暂的宽裕，最后他死了，死的时候已经沾上了酒瘾。我能看出来的只有这些，别的就没了。"

我从椅子上蹦了起来，拖着伤腿在房间里乱走，想快又快不起来，心里充满了苦涩的感觉。

"你这样可就太掉价了，福尔摩斯，"我说道，"我真是不敢相信，你竟然能堕落到这种地步。你去查过我那个不幸兄长的生平经历，现在又装模作样在我面前推断出来。你可别指望我相信，这些都是你从他这只旧表里看出来的！你这么干不光是不厚道，坦白说的话，还有点儿江湖骗子的意思。"

"亲爱的医生，"他好声好气地说道，"请接受我的歉意。刚才我只是把这事情当作一个抽象的题目，忘了它对你来说是一件多么真切、多么伤心的事情。不过，我可以向你保证，在你把表拿给我看之前，我连你有个哥哥都不知道呢。"

"可是，这些事情你究竟是怎么知道的呢？你说得完全正确，一点儿都不差。"

"哦，这么说我运气还不错。我说的只是一些理当属实①的事情，压根儿没指望它们真的跟事实这么吻合。"

---

① "理当属实"原文为法律术语"balance of probability"，这个术语等同于"preponderance of the evidence"（证据优势），指的是民事法官采信证言的一个标准。如果法官认定某条证言真实的可能性大于不真实的可能性，这条证言就达到了"理当属实"的标准。

"可这总不可能都是猜出来的吧？"

"不是，当然不是，我从来都不猜。猜是一种糟糕透顶的习惯，足以摧毁一个人的逻辑思考能力。你觉得我的推断神秘莫测，仅仅是因为你没有跟上我的思路，要不就是没有注意到那些包含着大量信息的微小事实。举例说吧，我刚才首先指出的是你哥哥很不小心。好了，你看看表盖的下缘，上面不光有两个凹痕，还有许多刮花的痕迹，说明他总是把表跟镍币、钥匙之类的硬物装在同一个口袋里。一个人对一只价值五十畿尼①的表如此不上心，一定是一个非常马虎的人，这样的推理只能说是轻而易举。同样不难推断的是，一个人既然能继承到这么一件价值不菲的物品，其他方面的条件自然也差不到哪里去。"

我点了点头，表示我听懂了他的逻辑。

"收进一只表之后，英格兰的当铺照例会用针尖充当铁笔，把当票的编号刻在表盖内侧。这要比贴标签方便一些，因为编号不会遗失，也不会串到别的东西上面。借助放大镜，我看到表盖内侧至少有四个这样的编号，结论是什么呢，就是你哥哥经常处于捉襟见肘的状态，再一个结论呢，就是他偶尔也会突然阔绰起来，要不就没有能力去赎当了。最后，你来看看锁孔所在的表身，看看锁孔周围这些不计其数的划痕，全都是钥匙打滑造成的。②如果用

---

① 畿尼（guinea）为英国旧币，一畿尼等于二十一先令，亦即一点零五英镑。

② 怀表于十六世纪问世，早期的怀表都是用钥匙来上发条，钥匙通常拴在表链上。用旋柄上发条的怀表到十九世纪中叶才出现。

钥匙上发条的人脑子清醒，怎么还会留下这些划痕呢？反过来，没有哪个醉汉的表上没有这种东西。醉汉夜里给表上发条的时候，因为手发抖，总是会在锁孔周围留下这样的痕迹。你说说，这些事情有什么神秘的呢？"

"你这么一说，确实跟青天白日一样清楚，"我回答道，"刚才我真不该冤枉你，应该对你非凡的本事更有信心才是。我能不能问一问，眼下你手头有没有业务呢？"

"没有，所以我才用上了可卡因。没有脑力工作可做，我真是活不下去。缺了这个，活着还有什么意思呢？站到这窗子边上来瞧瞧吧，这世界如此单调无聊、如此凄凉惨淡、如此毫无意义，你以前见识过吗？瞧啊，瞧那团黄雾怎样打着旋儿流过街道，怎样掠过那些颜色跟泥巴一样的房屋。还有比这更乏味、更庸俗、更叫人绝望的东西吗？如果没有施展的地方，医生啊，本事大又有什么用呢？罪案平平无奇，生活平平无奇，除了那些平平无奇的本事之外，什么本事也派不上任何用场。"

我刚要开口回应他这篇激烈的演讲，耳边却传来一记清脆的叩门声，跟着就看见房东太太端着个黄铜托盘走了进来，托盘里放着一张名片。

"有位年轻女士要见您，先生。"她对我室友说道。

"玛丽·莫斯坦小姐，"福尔摩斯念道，"嘿！这名字我可没印象。叫那位年轻女士上来吧，哈德森太太。不用回避，医生，你还是留在这儿吧。"

第二章　案情陈述

　　莫斯坦小姐走进房间，步伐沉稳，外表非常镇静。她青春年少，金发满头，身形娇小，容颜秀丽，手套戴得规规矩矩，衣着品味无可挑剔。不过，她的打扮多少有点儿简单朴素，说明她生活并不优裕。她身穿一件暗灰褐色的长裙，裙子上没有饰物和花边，头上那顶小小的无檐帽也是和裙子一样的暗色，唯一的亮色只是帽子侧面的一小片白色羽毛。她的五官算不上特别端正，脸色也不能说是娇艳欲滴，可她的表情温柔可爱，大大的蓝眼睛蕴含着非同一般的灵气和真挚。我到过三个大洲，见过许多不同种族的女人，但我从来不曾看见，有谁的脸比她的更能体现文雅聪慧的天性。她在歇洛克·福尔摩斯拉给她的椅子上落座的时候，我禁不住注意到，她嘴唇在颤，手也在抖，内心的焦虑显露无遗。

　　"我来找您，福尔摩斯先生，"她说道，"是因为您以前帮过我东家塞希尔·福里斯特太太，替她解决了一桩小小的家庭纠纷。您的善心和本领，给她留下了很深的印象。"

　　"塞希尔·福里斯特太太啊，"福尔摩斯若有所思地重复了一遍，"我好像确实给她提供过一点儿微不足道的帮助。话又说回来，我没记错的话，那只是一件非常简单的案子而已。"

"她可不这么觉得。不过，再怎么说，您肯定不会用同样的词汇来形容我这件案子。我简直想象不出，还有什么事情能比我眼下的处境更离奇，更让人没法解释。"

福尔摩斯搓了搓手，眼睛也亮了起来。他从椅子上往前欠了欠身，一种异常专注的神情浮上他鹰隼一般的英挺面庞。

"说说您的案子吧。"他一副单刀直入的公事口吻。

我觉得自己的处境有些尴尬。

"两位，恕我失陪。"我一边说，一边从椅子上站起身来。

出乎我意料的是，这位年青女士抬起一只戴着手套的手，示意我不要离开。

"如果您的朋友，"她说道，"愿意惠然留步的话，或许能给我莫大的帮助呢。"

我立刻坐回原位。

"简单说吧，"她接着说道，"事情是这样的。我父亲是个军官，驻地在印度，我还很小的时候，他就把我送了回来。那时我母亲已经去世，英格兰也没有我家的亲戚，好在父亲安排我去上爱丁堡一家条件不错的寄宿学校，我在那里一直待到了十七岁。一八七八年，作为团队里一名老资格的上尉，我父亲得到十二个月的假期，于是就回了国。他给我发了封电报，说他已经安然回到伦敦，还叫我即刻南下，去朗廷酒店①找他。如今我依然记得，他的电文充满了慈爱。到伦敦之后，我马上坐车去了朗廷酒店，酒店的人却告诉我，莫斯坦上尉的确住在这里，只不过昨天晚上就出去了，到现在还没回来。我等了一天，父亲仍然杳无音讯。当晚我就按酒店经理的建议报了警，第二天一早还在所有的报纸上登了启事。我们的寻找一无所获，从那天开始，一直到今天，我那不幸的父亲始终没有任何消息。他怀着满满的希望返回祖国，本以为可以享享清福，谁知道——"

她把手放到自个儿的喉咙上，哽咽起来，话也只说了半句。

"日期呢？"福尔摩斯一边问，一边翻开自个儿的记事本。

"他失踪的日子是一八七八年十二月三日，到现在差不多十年了。"

"他的行李呢？"

"行李留在酒店，里面却没有任何线索，有的只是一些衣服、一些书，还有一大堆安达曼群岛②的特产。我父亲的职守是看管岛上的犯人。"

"他在伦敦有什么朋友吗？"

---

① 朗廷酒店（Langham Hotel）是一家真实存在的连锁酒店，伦敦的朗廷酒店于 1865 年开业，是柯南·道尔经常光顾的地方。1889 年 8 月，柯南·道尔在这家酒店与美国出版商达成了撰写《四签名》的协议。

② 安达曼群岛（Andaman Islands）是印度洋上孟加拉湾里的一个群岛，大部分在印度境内，当时属英国管辖，是流放罪犯的地方。

"据我们所知只有一个，那就是他在孟买第三十四步兵团①的战友舒尔托少校。少校是在我父亲回国前不久退休的，家住诺伍德高地。可想而知，我们跟他联系过，可他连自个儿的同袍回了国都不知道。"

"这案子不一般。"福尔摩斯如是点评。

"最不一般的地方我还没讲到哩。大概六年之前，具体说就是一八八二年的五月四日，有人在《泰晤士报》登了一则启事，征询玛丽·莫斯坦小姐的住址。那人在启事里说公布住址对我有好处，却没留自个儿的姓名地址。当时我刚到塞希尔·福里斯特太太家，给她的孩子当家庭教师。依照她的建议，我把自己的住址登在了报纸的启事栏里。住址登出去的当天，邮差就送来一个小小的纸盒，盒子上写着我的名字，里面装着一颗硕大光亮的珍珠，寄件人没留任何附言。从那以后，每一年的同一天我都会收到一个同样的盒子，盒子里有一颗同样的珍珠，同样没有关于寄件人的任何线索。有位专家说，这些珍珠属于一个少见的品种，价值相当不菲。你们可以看一看，它们真的非常漂亮。"

说话间，她打开一个扁平的盒子，盒子里有六颗珍珠，都是我生平仅见的上品。

"您说的事情很有意思，"歇洛克·福尔摩斯说道，"您还碰上了别的什么怪事吗？"

"是的，而且是今天碰上的，所以我才会过来找您。

_____

① 孟买第三十四步兵团（34th Bombay Infantry）是作者虚构的部队番号。

今天早上，我收到了这么一封信，您不妨亲自过过目。"

"谢谢您，"福尔摩斯说道，"信封也给我好了，谢谢。信封上盖的是伦敦西南邮区的邮戳，时间则是七月七日。嗬！角上还有个拇指印，多半是邮差的。信纸上乘，信封也得要六便士一札。写信的人对文房用品很挑剔啊。信上没留地址。

> 今晚七点，请到兰心剧院①外左起第三根柱子旁边见面。倘若心有疑虑，您可以带上两位友人。您是位蒙冤受屈的女子，终将得到公平的对待。别叫警察。要是叫了警察，一切就会付诸流水。
>
> 　　　　　　　　　一个您还不认识的朋友

"呃，说实在的，这还真是一件非常奇妙的小小谜案呢！您是怎么打算的呢，莫斯坦小姐？"

"这正是我想向您请教的问题。"

"这么说的话，我们一定得去——您和我，再加上——对了，华生医生就是最合适的人选。写信给您的人不是说了嘛，可以带两位友人。他以前就和我一起办过案子。"

"不过，他会愿意去吗？"她问道，声音和表情都楚楚动人。

"要是能帮上忙的话，"我满腔热情地说道，"我会觉得非常荣幸。"

_____

① 伦敦的兰心剧院（Lyceum Theatre）历史可追溯到1765年，现存的剧院建于1834年，位于斯特兰街附近的威灵顿街。

"两位真是太好心了，"她回答道，"我一直过着与世隔绝的生活，没有什么可以借重的朋友。我六点钟来这里应该可以吧，你们说呢？"

"那您可千万别迟到，"福尔摩斯说道，"对了，还有一个问题，这封信的笔迹，跟珍珠盒子上地址的笔迹一致吗？"

"我把盒子上的地址带来了。"她一边回答，一边拿出六张纸片。

"您绝对是一位模范主顾，因为您的直觉非常好。好了，我们来瞧瞧吧。"福尔摩斯把纸片排在桌面，一张一张地来回扫视。"除了信以外，其他的笔迹都经过伪装，"过了一小会儿，他开口说道，"不过，伪装之后的笔迹依然可以识别。您看，这些地址里的'e'总是带着希腊字母的韵味，压都压不住，再看看末尾那个's'的曲线，毫无疑问，它们跟这封信出自同一个人的手笔。我并不是要给您什么无谓的希望，莫斯坦小姐，不过，您觉得这跟令尊的笔迹有相似之处吗？"

"截然不同。"

"我估计也是如此。那么，六点钟我们在这里等您。麻烦您把这些纸片留给我，我可能会在您来之前就展开调查。现在才三点半，您自便吧。"

"再见。"我们的客人说道。接下来，她用慧黠友善的目光挨个儿扫了我们俩一眼，把珍珠盒子放回怀里，急匆匆地离去了。

我站到窗边，目送她沿街前行的轻快步履，她那顶灰色的帽子，连同帽子上簪的白羽毛，渐渐变成了黑压压人群中的一个小点。

"真是个漂亮姑娘！"我赞叹一声，转头看了看我的室友。

他已经重新点起烟斗，这会儿正耷拉着眼皮靠在椅子上。"是吗？"他无精打采地说道，"我倒没注意。"

"你简直是一部自动机械——一架光知道计算的机器，"我不由得嚷嚷起来，"有些时候，你的表现可真是没有人性。"

他温和地笑了笑。

"最要紧的事情，"他说道，"就是不能让个人特质影响你的判断。主顾对我来说只是一个零件，只是问题当中的一个要素。感情色彩和理性演绎，完全是水火不容。你只管相信，我这辈子见过的最动人的女子，恰恰是一名为了保金毒死三个小孩的凶手，最终还上了绞架，与此同时，我认识一个男的，我的熟人里再没有谁比他更讨人厌，可他是个慈善家，已经在伦敦的穷人身上花费了将近二十五万镑。"

"可是，这一次嘛——"

"哪一次也不能例外。有例外就不叫规矩。你以前试过从笔迹推断个性吗？你从这家伙的笔迹当中看出了些什么？"

"这个人写字又清楚又规范，"我答道，"想必是生活很有条理，个性也比较强。"

福尔摩斯摇了摇头。

"看看他写的这些长字母，"他说道，"压根儿就不比其他的字母高多少。'd'写得像个'a'，'l'也跟'e'差不多。个性强的人可能会把字写得非常潦草，但总是会让长字母鹤立鸡群。这家伙写'k'的方法表明他性格犹豫，大写字母的写法则说明他自视甚高。我得出门了，有一些事情需要调查一下。我给你推荐本书吧，温伍德·瑞德的《人类的牺牲》，这本书足可跻身有史以来最非凡著作的行列。[①]我一小时之内就回来。"

我捧着书坐在窗边，心思却与作者那些惊世骇俗的观点相距遥远。我脑子里全是刚刚离去的那位访客，全是她盈盈的浅笑，她深沉圆润的嗓音，还有她生活里那团诡异疑云。既然她父亲失踪的时候她十七岁，那她现在就应该是二十七岁——正当妙龄，因为这个岁数的年青人已经脱去自我中心的稚嫩，有了阅历带来的一点点审慎。就这样，我坐在那里胡思乱想，脑子里终于冒出一些十分危险的念头，以致我不得不扑到书桌跟前，发疯似的钻研起最新的病理学论文来。我算个什么人物，一名陆军军医，拖着一条情形不妙的伤腿，经济上的情形则比伤腿还要不妙，我凭什么去想那样的好事呢？她不过是个零件，不过是个要素——如此而已。毫无疑问，就算未来惨淡无光，我也应该以大丈夫的气概毅然承当，绝不能借助一些鬼火一般的妄念，把它打扮成光明的模样。

---

① 温伍德·瑞德（Winwood Reade, 1838—1875）为英国历史学家及哲学家。《人类的牺牲》（*Martyrdom of Man*, 1872）是他最重要的一部著作，该书从世俗视角讲述西方文明史，并因大胆抨击基督教教义而引发争议。

第三章　寻找答案

一直到下午五点半，福尔摩斯才回到贝克街。只见他春风满面，风风火火，兴致高得不能再高，以他的情形而论，这一种状态总是与另一种状态交替出现，那便是低落得不能再低落的阵发抑郁。

"这案子并没有什么特别神秘的地方，"他一边说，一边端起我给他倒的一杯茶，"所有的事实综合起来，可能的解释似乎只有一个。"

"什么！这案子你已经解决了吗？"

"呃，这么说倒也为时尚早。我只是发现了一个富于启发性的事实，如此而已。这个事实，话又说回来，启发性非常之大。当然喽，细节还有待补充。刚才我查阅了以前的《泰晤士报》，结果就发现，家住诺伍德高地、曾在孟买第三十四步兵团服役的舒尔托少校已经死亡，时间是一八八二年四月二十八日。"

"恕我愚钝，福尔摩斯，可我真的没看出来，这个事实的启发性在哪里。"

"没看出来？你可真让我惊讶。那么，你不妨这样分析眼前的问题。莫斯坦上尉消失了。他在伦敦的时候，唯一有可能拜访过的人就是舒尔托少校，少校却说自己不知道他在伦敦。四年之后，舒尔托死了。他死之后不到一周，莫斯坦上尉的女儿就收到一件价值不菲的礼物。礼物年年都有，如今还更进一步，添上了一封信，把上尉的女儿说成一位蒙冤受屈的女子。除了夺去她的父亲之外，信里说的冤屈还能是什么东西呢？如果不是舒尔托的后人知道了一些内情、想要给姑娘一些补偿的话，送礼物的举动为什么会在舒尔托死后立刻开始呢？面对这些事实，你还能提出什么别的解释吗？"

"可这种补偿真是古怪！补偿的方法也一样古怪！还有，既然他现在愿意写信，六年前为什么不写呢？除此而外，信里说什么还她公道，她能得到什么样的公道呢？要说她父亲到现在还活着，那样的假设未免太过牵强。另一方面，从你掌握的情况来看，她并没有蒙受什么别的冤屈。"

"这案子还有疑点，疑点确实还有，"歇洛克·福尔摩斯若有所思地说道，"不过，今晚的冒险之旅应该可以澄清所有的疑问。嗬，楼下来了辆四轮出租马车，莫斯坦小姐也在里面。你准备好了吗？好了的话，咱们最好赶紧下楼，时间已经比咱们约定的晚了一点点。"

我拿起帽子，还有我最沉重的那根手杖，可我看见福尔摩斯戒备更甚，把他的左轮手枪从抽屉里拿了出来，塞进了衣服口袋。很显然，他觉得今晚的活计可能会有凶险。

莫斯坦小姐裹了件黑色的斗篷，聪慧的脸庞虽然平静，却也显得有些苍白。面对我们即将展开的这趟诡异之旅，她要是不觉得忐忑不安的话，那也就不像个女人了。尽管如此，她还是展现了无懈可击的自控能力，对歇洛克·福尔摩斯提的几个附加问题应答如响。

"舒尔托少校和我爸爸是非常亲密的朋友，"她说道，"爸爸的信里老是提到这位少校。他和爸爸都是安达曼群岛驻军的指挥官，打交道的机会多极了。对了，我们曾经在爸爸的书桌里找到一张奇怪的纸条，谁也不明白其中的意思。我倒不认为纸条跟眼下的事情有哪怕一丝关联，只是觉得您没准儿会想看看，所以就把它给带来了。喏，就是这个。"

福尔摩斯小心翼翼地打开纸条，放在自己的膝盖上展平，然后才拿出自己的双层放大镜，有条不紊地把整张纸仔仔细细检查了一遍。

"这张纸是印度的土产，"他说道，"曾经被人钉在一块板子上。纸上的图形似乎是一座巨型建筑的局部构造，那座建筑有数不清的厅堂、走廊和过道。图上有个地方用红墨水标着一个小小的十字，十字上方有一行褪色的铅笔字迹，写的是'左起 3.37'。左边的角落里有一个古怪的符号，看着像四个连成一横排的十字，符号旁边用非常粗糙的字体写着'四签名——乔纳森·斯莫、马哈默特·辛格、阿卜杜拉·汗、多斯特·阿克巴'。我承认，我也看不出它跟眼下的事情有什么关联。不过，它显然是一份非常重要的文件。它当初是被人小心翼翼收在记事本里的，因为它正反两面同样干净。"

"我们的确是在爸爸的记事本里找到它的。"

"那您就把它收好吧，莫斯坦小姐，我们没准儿会用得上它。现在我开始怀疑，这事情可能比我当初的设想严重得多，而且更加难以把握。我必须重新考虑考虑。"

他靠到车座上，眉头紧锁，眼色茫然，一看就正在冥思苦想。莫斯坦小姐和我小声谈论着眼下的行动和可能的结果，我们的旅伴却把无法打破的沉默保持到了旅程的终点。

这是个九月的傍晚[①]，时间还不到七点钟，只可惜天色阴沉，夹着细雨的浓浓雾气低低笼罩着这庞大的城市，色若泥泞的乌云颓然垂落在泥泞街道上方。斯特兰街的路灯变成一个个模糊的光点，漫射的灯光在湿滑的人行道上投下一团团暗淡游移的光晕。商店橱窗里的明亮黄光渗入雨雾迷蒙的空气，化作一道道朦胧的光幕，在人潮汹涌的通衢中摇曳飘摆。络绎不绝的面孔从这些狭窄的光带里次第闪过，或悲或喜，或哀或乐，着实让我觉得诡异莫名、如见鬼魅。这些面孔从黑暗之中闪入光明，又从光明之中回返黑暗，倏忽一如人类的命运。我这个人并不算多愁善感，可是，这样一个阴郁沉重的傍晚，再加上我们面临的这个怪异事件，还是让我心情压抑、惶惑不安。从莫斯坦小姐的神态来看，她的心情也跟我一样烦乱。唯有福尔摩斯超然物外，完全不受这些琐细事由的影响。他把记事本摊在自个儿膝头，借着便携提灯的光亮，时不时地写那么几笔，把一些数字和要点往本子上记。

---

① 原文如此。不过，前文说这次约会发生在莫斯坦小姐收到信的当天，信件的日期又是"七月七日"。以时序景象而论，或以九月为是。

我们到达兰心剧院的时候，剧院两边的入口已经人头攒动。源源不断的两轮或四轮出租马车从剧院正前方辚辚驶过，卸下一摞又一摞的"货物"，其中既有身着礼服、露着衬衫前襟的男士，也有围着披肩、珠光宝气的妇人。我们刚走到信中约定的第三根柱子跟前，就有人上前招呼我们，此人瘦小黧黑，动作敏捷，一身马夫装扮。

"你们是跟莫斯坦小姐一起的吗？"来人问道。

"我就是莫斯坦，这两位先生是我朋友。"莫斯坦小姐答道。

来人向我们投来咄咄逼人的探询目光。

"您多包涵，小姐，"他的口气多少有点儿强硬，"可我还是得让您保证，您这两位朋友都不是警察。"

"这一点我可以保证。"莫斯坦小姐答道。

来人尖声打了个呼哨，立刻有一名街头流浪儿拉来一辆四轮马车，为我们打开车门。来人爬上车夫座位，我们则坐进车厢。不等我们坐定，车夫便扬鞭打马，马车一头扎进雾蒙蒙的街道，开始狂奔起来。

眼下的局面非常怪异，因为我们驱车前行，既不知终点何在，也不知所为何事。话又说回来，除非我们收到的邀请是一个彻头彻尾的骗局——那样的设想简直不可思议——否则我们就有充分的理由相信，此行将会产生重大的后果。莫斯坦小姐的表现一如既往地坚强镇定，我则讲起了以前在阿富汗的一些冒险经历，为的是逗她开心。只不过说实在话，我自己倒是被眼前的局面弄得非常紧张，又对此行的目的地感到非常好奇，讲起故事来就有点儿不着边际。直到今天，她仍然一口咬定，说我当时给她讲过一则感人至深的逸闻，情节是一头火枪如何在夜静更深之时窥探我的帐篷，我又如何抄起一支双筒小老虎冲它开火。行程刚开始的时候，我还对车行的方向有点儿概念，可车子跑得很快，雾也很浓，我对伦敦的了解又很有限，没多久我就晕头转向，除了知道路似乎很长之外，别的就什么也不知道了。不过，歇洛克·福尔摩斯始终不曾迷失方向。车子穿过一个个广场，又在一条条曲里拐弯的小街钻进钻出，福尔摩斯念念有词，报出了途经地点的名字。

"罗切斯特街，"他说道，"现在是文森特广场，现在又到了沃萨桥路。咱们显然是在往萨里郡①那边走。是的，应该没错。现在咱们上了沃萨桥②，你们瞧，可以瞥见河里的波光。"

我们的确看到泰晤士河从眼前一掠而过，看到灯火在宽广静默的水面闪烁，但马车仍在飞速前行，很快就钻进了河对岸的一座街巷迷宫。

"华兹华斯路。"我同伴说道，"普莱利路。拉克霍尔巷。斯托克韦尔广场。罗伯特街。冷港巷。看样子，我们要去的并不是什么高尚地方啊。"

确实，我们已经进入一片暧昧可疑、阴森可怕的街区。街面上是一长排一长排黑暗的砖房，打破阴郁的只有街角

---

① 萨里郡（Surrey）是英格兰的一个郡，在伦敦西南面。
② 沃萨桥（Vauxhall Bridge）是沃萨桥路的一部分，这里的沃萨桥是 1816 年建成的老沃萨桥，于 1898 年拆除，现存的沃萨桥建于1906 年。

那些酒馆粗鄙花哨的耀眼灯光。接下来是一排排双层别墅，每座别墅门前都有个巴掌大的花园，再下来则是一排排崭新刺目的砖头建筑，长得似乎没有尽头，活像是庞大城市伸向乡间的一根根丑陋触须。最后，马车终于在一条新街上的第三座房子跟前停了下来。街上的其他房子都没有人居住，我们面前这座也跟邻家一样黑灯瞎火，只是厨房的窗子里透着一点亮光。但我们刚一敲门，门马上就开了，开门的是一个印度仆人，顶着黄色的缠头布，穿着宽松的白袍，还系着一条黄色的腰带。眼前不过是一幢三流的郊区住宅，毫不起眼的门廊里竟然站着一名东方仆人，让人觉得既怪异又不协调。

"老爷①在等你们呢。"仆人说道。就在他说话的同时，房子的某间内室传来一个又高又尖的声音。

"领他们进来见我，吉特默迦②，"那声音说道，"直接领他们过来。"

---

① 此人所说的"老爷"原文是"sahib"，是殖民时代的印度原住民对欧洲人的敬称，后文中的"老爷"亦然。
② 吉特默迦（khitmutgar）是印度人对男仆的称呼。

第四章　秃头男子的故事

　　我们跟在印度仆人后面，沿着一条普普通通的过道往前走。肮脏的过道灯光暗淡，装潢则更是惨不忍睹。到最后，仆人走到右边墙上的一扇门跟前，一下子推开了门。耀眼的黄光从房间里涌到我们身上，黄光中央站着一个身材矮小、脑袋溜尖的男人。他脑袋周边长着一圈儿短短的红发，亮锃锃的秃顶赫然其上，宛如一座耸出冷杉树林的山峰。只见他站在那里绞着双手，五官不停抽搐，时而像在发笑，时而像在发怒，消停的时候却是一秒钟也没有。大自然赋予他一片耷拉的下唇，他那口参差不齐的黄牙由此愈显得触目惊心，而他不停地用手去捂自个儿的下半边脸，结果却只能说是欲盖弥彰。除了那个异常引人注目的秃顶之外，他的长相还是挺年轻的。实在说呢，他刚刚才过三十岁。

　　"乐意效劳，莫斯坦小姐，"他说了一遍又一遍，嗓音又尖又细，"乐意效劳，先生们。请移尊足，踏进我这间小小的避难所。地方很小，小姐，装潢倒还称我的意。在伦敦南部这片满目凄凉的荒漠里，这也算得上一块艺术的绿洲了。"

看到他邀请我们进入的这个房间，我们都大吃了一惊。眼前的房间跟这座凄惨的房子大异其趣，就像是镶在黄铜底座上的一颗一水钻石①。房间四壁都悬着无比华美、无比富丽的帷幕和挂毯，帷幕卷起的地方则点缀着一些东方式样的花瓶以及装裱精美的油画。琥珀色和黑色相间的地毯又厚又软，脚一踩就舒舒服服地往下陷，如同踏进一大块苔藓。地毯上斜铺着两张巨大的虎皮，角落里一张席子上还矗着一个硕大的水烟壶，房间里这种东方式的奢华气派由是锦上添花。房间中央有一盏形如鸽子的银质吊灯，悬在一根几乎看不见的金线上，灯里面点着火，将若有若无的芳香注满整个房间。

"萨德乌斯·舒尔托，"小个子微笑着说，一张脸仍然抖个不停，"就是敝人的姓名。不用说，您一定是莫斯坦小姐，这两位先生是——"

"这位是歇洛克·福尔摩斯先生，这位是华生医生。"

"医生，是吗？"小个子十分兴奋地叫道，"您带听诊器了吗？我能不能请您——您愿意帮我个忙吗？我一直对我的二尖瓣很不放心，您要能帮我看看就太好了。我的主动脉瓣应该没什么毛病，可我很想听听，您对我的二尖瓣有什么宝贵的意见。"

依照他的请求，我听了听他的心脏，怎么也找不出任何毛病。当然，我发现他处于极度的恐惧之中，不过这用

①　"一水"（first water）为珠宝业行话，相当于"一等""最优"。珠宝业以净度衡量钻石的品质，钻石越是纯净如水，品质就越好，品质最佳的钻石即为"一水钻石"。

不着听心脏，因为他从头到脚都在发抖。

"您的心脏似乎没有问题，"我说道，"您不需要担心。"

"您得原谅我这么紧张，莫斯坦小姐，"他乐呵呵地说道，"我承受着巨大的痛苦，长年都在为自个儿的二尖瓣提心吊胆。听医生说这些担心没有依据，我真是太高兴了。莫斯坦小姐，要是令尊当时能克制一点儿，不给自己的心脏施加那么大的压力，没准儿到今天还活着哩。"

听到他用如此冷漠唐突的口气来谈论一件如此敏感的事情，我不由得怒不可遏，简直想冲他脸上来一巴掌。莫斯坦小姐坐了下来，嘴唇都没了血色。

"其实我心里明白，我父亲已经去世了。"她说道。

"我会把一切都告诉您的，"舒尔托说道，"不仅如此，我还要还您一个公道。而且我说到做到，不管我哥哥巴索洛缪怎么说。您这两位朋友来了我很高兴，他俩不光可以保护您，还可以替我接下来的言行作个见证。我们加一起就是三个，应该可以镇住我哥哥巴索洛缪。不过，我们绝不能让外人掺和进来，我说的是警察和官员。我们自个儿就能圆满解决所有的事情，用不着任何外来干预。可不能传得满城风雨，巴索洛缪最讨厌这个。"

他在一张低矮的长靠椅上坐了下来，开始冲我俩眨巴他那双暗淡无神的蓝眼睛，探询着我俩的意思。

"我可以保证，"福尔摩斯说道，"不管您接下来要说什么，我都不会往外传。"

我点了点头，意思是我也一样。

"那就好！那就好！"舒尔托说道，"莫斯坦小姐，您愿意来杯奇扬第吗？要不然，来点儿托考依①怎么样？别的酒我这儿也没有了。开一瓶吗？不用？呃，那么，我估计你们应该不反对我抽烟，不反对东方烟草的芬芳气味吧。我这个人有点儿神经质，对我来说，水烟壶可是一剂千金难买的镇定良药哩。"

他拿起一支小蜡烛，点燃硕大烟碗里的烟草，烟雾开始咕嘟咕嘟地穿过烟壶底部的玫瑰花水。②我们三个人坐成一个半圆，伸着脑袋，托着腮帮，坐在圆心的则是这个身材矮小、抖抖索索、脑袋又尖又亮的古怪家伙，正在那里紧张不安地吞云吐雾。

"刚刚决定写这封信给您的时候，"他说道，"我本来是打算留下自己的地址的。可我担心您不顾我的请求，带些不那么顺眼的人来，所以才冒昧订下这样一个约会，让我仆人威廉斯先帮我看看你们的情况。我完全相信他的判断力，而且吩咐过他，如果情形不对的话，那就不要再进行下一步了。你们得原谅我的这些预防措施，因为我这个人的性情有点儿孤僻，甚至可以说有点儿挑剔，与此同时，这世上再没有比警察更不赏心悦目的东西了。野蛮功利主义的任何体现都会让我退避三舍，这也是天性使然。我很少跟野蛮的大众发生接触，而我生活的这个环境，你们也

<hr />

① 奇扬第（Chianti）是意大利奇扬第地区出产的红葡萄酒；托考依（Tokay）是匈牙利托考依地区出产的甜葡萄酒。

② 印度水烟壶（hookah）的顶部是一个碗状器皿，用来放火源和烟草，烟气可以通过壶身进入底部的水罐，水罐里可以装有各种香料的水，吸烟是通过连在水罐上的吸管。

看到了，还是有那么一点点高雅情调的。恕我斗胆，我自认是一名艺术赞助人，艺术是我的命根子。那幅风景是柯罗的真迹，还有啊，那幅萨尔瓦多·罗萨虽然会让内行提出疑义，那幅布格罗却绝对没有任何问题。[1]我对当代的法国画派情有独钟。"

"恕我唐突，舒尔托先生，"莫斯坦小姐说道，"可我应您的邀请来到这里，是因为您有一些情况要告诉我。时间已经很晚了，我希望这次会面越短越好。"

"再短也短不到哪儿去，"他答道，"因为我们肯定得上诺伍德走一遭，去看看我哥哥巴索洛缪。我们得一起去，看能不能说服他。他已经生了我很大的气，就因为我做了我认为应该做的事情。昨天晚上，我们争吵得相当激烈。他发怒的时候有多可怕，你们根本想不出来。"

"要去诺伍德的话，最好是马上动身。"我冒昧插了一句。

他一下子大笑起来，笑得连耳根子都红了。

"那样是不行的，"他高声说道，"我这么突如其来领你们去见他，真不知道他会说出些什么来。不行，我得让你们有个准备，让你们知道，我们大家是在同一条船上的。首先我必须声明，事情当中的一些细节我自己也不清楚，我能做的，只是把我知道的事实和盘托出。

---

① 柯罗（Jean Baptiste Corot, 1796—1875）为法国著名画家，以描绘意大利风景闻名；萨尔瓦多·罗萨（Salvator Rosa, 1615—1673）为巴洛克时期意大利画家、诗人及版画家；布格罗（William Adolphe Bouguereau, 1825—1905）为法国学院派画家，擅长传统题材。

"你们应该已经猜到了，我父亲就是约翰·舒尔托少校，曾经在印度军团服役。大概十一年前，他退伍回国，住进了诺伍德高地的本地治里别墅①。他在印度发了财，回来时带着一大笔钱，一大堆名贵土产，外加一帮子印度仆人。既然有这样的条件，他就给自己买了座房子，过起了非常奢华的生活。他只有两个孩子，那就是我，还有我的双胞胎哥哥巴索洛缪。

"莫斯坦上尉失踪的事情造成了很大的轰动，我记得非常清楚。我们从报上读到了事情的细节，又知道上尉是父亲的朋友，于是就当着父亲的面，大肆谈论这一起失踪事件。父亲经常加入我们的讨论，猜测上尉到底出了什么事情，以致我们从来不曾想到，整件事情的秘密就藏在他的心里——亚瑟·莫斯坦的结局，世上只有他一个人知道。

"话又说回来，我们确实知道父亲心里藏着某种秘密，知道他面临某种巨大的威胁。他非常害怕单独出门，本地治里别墅也总是雇着两个假充门房的职业拳手。今晚载你们过来的威廉斯就是其中之一，以前还拿过一次全英格兰的轻量级冠军呢。父亲始终不肯说明他究竟在怕什么，只不过，他对装了木腿的人反应格外强烈。有一次，他实实在在掏出他的左轮手枪，冲一个木腿男人开了火，结果发现那人只是个兜揽生意的小贩，根本没有任何恶意。当时我们赔了一大笔钱，总算把事情压了下去。我和哥哥本以为这只是父亲一时糊涂，后来的一些事情却改变了我俩的

————————

① 本地治里（Pondicherry）是印度的一个地区。这个别墅名大概是主人自己取的。

216

看法。

"一八八二年初，我父亲收到一封从印度寄来的信，一下子受了很大的打击。他是吃早饭的时候拆的信，差点儿就当场晕倒在桌子上。从那天开始，他的病越来越重，一直到最后去世。我们始终没能了解到那封信的内容，可我知道那封信很短，字迹也很潦草，因为他读信的时候，我刚好在他身边。多年以来，他一直有脾脏肿大的毛病，收到信之后，病情就开始迅速恶化。四月底的某一天，医生说他的病已经没救了，叫我们去听他最后的遗言。

"我们走进他房间的时候，他靠在枕头上，呼吸十分沉重。他执意要求我们锁上房门，分别站到病床两侧。这之后，他抓着我们的手，对我们说了一番很不寻常的话，说话的声音断断续续，一半是因为情绪激动，一半是因为病痛折磨。我尽量把他的原话复述出来吧。

"'眼下已经是最后的时刻，'他说，'压在我心上的只有一个包袱，那就是我对莫斯坦那个可怜遗孤做下的事情。我活了一辈子，该死的贪婪一直是我无法摆脱的罪孽，就因为这种贪婪，我没把宝藏分给她，尽管她至少也应该得到其中的一半。话又说回来，我自己也没能享受到宝藏带来的好处，人的贪心就有这么盲目，就有这么愚蠢。单单是那种占有的感觉，就已经让我欲罢不能，无法与他人分享宝藏。你们看见奎宁瓶子旁边那个镶珍珠的头冠了吧，我拿出来就是为了寄给她，可到头来还是割舍不下。你们两个，我的孩子，一定要把她应得的一份阿格拉宝藏还给她。不过，现在不要给她任何东西，包括那个头冠在内，要等我死了之后再给。不管怎么说，有些人也病到了我这种程度，后来却还是恢复了健康。

"'我这就告诉你们，莫斯坦是怎么死的。'他继续跟我们讲，'多年来他一直心脏不好，可他没跟任何人说，知道的只有我一个人。在印度的时候，我和他有过一连串很不寻常的经历，结果呢，我俩得到了一宗价值巨大的宝藏。我把宝藏带回了英格兰，莫斯坦到伦敦之后，当天晚上就来找我，要求拿走他的那一份。当时他从车站步行过来，引他进来的是我忠实的老仆拉尔·乔达，乔达如今已经死了。莫斯坦和我在份额的问题上谈不拢，最后就动了口角。暴怒之下，莫斯坦从椅子上跳了起来，突然用手捂住肋部，一张脸变成死灰一样的颜色，跟着就仰面跌倒，脑袋也被宝物箱子的尖角戳破了。我俯下身去看他，结果万分惊骇地发现，他竟然已经死了。

"'我惊慌失措地在原地坐了很久，不知道该怎么办。当然，我第一个念头是找人来帮忙，可我没法不担心一个问题，那就是人家很可能指控我谋杀了他。他死的时候我俩正在吵架，他头上那道深深的伤口更让我无从辩白。再者说，官方调查难免牵出宝藏的事情，可我特别不希望宝藏的事情泄露出去。莫斯坦跟我说过，任何人都不知道他来了我这里。于是我开始觉得，他来我这里的事情，以后也没必要让任何人知道。

"'我还没拿定主意，抬眼却看见我仆人拉尔·乔达站在门口。接着他蹑手蹑脚走了进来，一进房就把门给闩上了。"不用怕，老爷，"他说，"谁也不会知道您杀了他。我们把他藏起来好了，谁能找得到呢？"我说"我没有杀他"，拉尔·乔达却摇起了头，笑着对我说，"我全听见了，老爷。我听见你们吵架，后来又听见动手的声音。不过，我会把嘴封得死死的。屋里的其他人都睡了，我们一块儿把他弄走就行了。"听了他这番话，我也就不再犹豫，连我自己的仆人都不相信我的清白，我凭什么认为自己能说服陪审席上的十二个蠢货商贩呢①？这么着，我和拉尔·乔达连夜动手，把尸体处理掉了，没过两天，伦敦的报纸就开始铺天盖地地报道莫斯坦上尉神秘失踪的事情。听了我的话，你们就应该明白，上尉的事情我也没什么责任。要说我有什么过失的话，那就是我们不光藏起了尸体，还把宝藏也藏了起来，我不光拿着自己这一份，还把莫斯坦那一份攥在手里。因此，我要求你们替我归还。你们俩把耳朵凑到我嘴边来，宝藏就藏在——'

"就在这时，父亲的表情发生了可怕的变化，只见他双眼圆睁，嘴巴大张，厉声叫了起来，那声音我永远都忘不了，'赶他出去！看在基督分上，快赶他出去！'他的眼睛紧盯着我和哥哥背后的那扇窗子，我和哥哥就转头去看，发现窗外有一张脸，正在黑暗之中窥视我们，顶在窗玻璃上的鼻头白乎乎的。那是张毛茸茸的脸，长着络腮胡子，眼睛又狂野又冷酷，一副穷凶极恶的表情。我和哥哥冲到窗子跟前，那人却已经无影无踪。等我们回到父亲身

---

① 英美法系国家审理牵涉重罪的刑事案件时，陪审团通常包括十二名成员。

边的时候，他的脑袋已经耷拉下来，脉搏也没有了。

"当天晚上，我们把花园搜了一遍，但却找不到闯入者留下的任何痕迹，只看见孤零零一个脚印，印在他消失的那扇窗子下方的花床上。要不是因为那个脚印，我们没准儿还以为那张狂野狰狞的脸是我们想象出来的哩。只不过没过多久，我们就看到了一个更为确凿的证据，说明我们身边的确有人在搞什么秘密活动。第二天早上，我们发现父亲那个房间的窗子被人撬开了，他那些橱柜和箱子也被人翻得乱七八糟，遗体的胸口还放着一张破纸，上面潦草地写着'四签名'。我们始终不知道这几个字是什么意思，也不知道那个诡秘访客的身份。照我们的判断，父亲的东西一件都没少，只是被翻了个底朝天而已。看到这样的古怪事情，我和哥哥自然联想到了父亲生前的那种恐惧，可是，即便是到了现在，我们依然对其中缘由一无所知。"

小个子男人打住话头，把水烟壶重新点燃，若有所思地抽了几口。这之前，我们三个都全神贯注坐在那里，听他讲这个非同一般的故事。莫斯坦小姐听到关于她父亲去世经过的那一小段叙述，脸色一下子变得像死人一样惨白。有那么一瞬间，我都担心她要晕过去了，赶紧轻手轻脚地端起茶几上的威尼斯玻璃水瓶，给她倒了杯水。还好，喝过水之后，她很快就恢复了精神。歇洛克·福尔摩斯靠在椅背上，眼皮低低地盖住炯炯有神的眼睛，一副心不在焉的表情。我瞥了他一眼，不由得心下暗想，就在今天，他还在咬牙切齿地抱怨生活平淡哩，再怎么说，眼前这个问题总可以让他的才智发挥到极致了吧。萨德乌斯·舒尔托先生挨个儿看了我们一遍，显然是为他这个故事收到的效果感到相当自豪。接下来，他一边就着那根过分长大的烟管吞云吐雾，一边继续讲他的故事。

"你们多半也想得到，"他说道，"听了父亲所说的宝藏，我和哥哥都感到兴奋异常。我俩花费了好几个星期，跟着又是好几个月，又是挖又是刨，找遍了花园里每一个角落，宝藏却还是不见踪影。宝藏所在的地点，明明已经到了父亲嘴边，可他偏偏就在那一刻死了，这事情想起来就让人发狂。看看他先前取出来的珍珠头冠，我们不难想见，那笔找不着的财富该有多么巨大。为了这个头冠，我和巴索洛缪还起了一点儿小小的争执。头冠上的珍珠显然非常值钱，他不愿意把它们送出去，原因嘛，咱们朋友之间私下里说，就是我哥哥身上也有点儿我父亲那种毛病。而且他觉得，要是把头冠送出去的话，没准儿会有人说是道非，最终给我俩惹来麻烦。这一来，我能做到的仅仅是说服他同意我去找莫斯坦小姐的住址，然后按照一个固定的时间间隔，把头冠上撬下来的珍珠寄给她，好歹可以让她免于困窘。"

"您这么替别人着想，"莫斯坦小姐恳切地说道，"真是太好心了。"

小个子摆了摆手，意思是区区小事，何足挂齿。

"我俩只是帮您保管财产的人，"他说道，"我反正是这么看的，尽管巴索洛缪不能完全同意我的看法。我俩的钱够多的了，我并不想要更多。除此而外，如果用这么下流的手段来对付一位年轻女士，那可真是太没品位了。'庸俗导致犯罪'①，法国人确实善于总结这类事情。我和哥哥在这件事情上的分歧越来越大，致使我产生了另寻住处的念头，于是我搬出本地治里别墅，还带上了威廉斯和那个年老的吉特默迦。可是，昨天我听说家里出了件了不得的大事，宝藏已经找到了，所以就立刻跟莫斯坦小姐取得了联系。眼下我们要做的事情只有一件，那就是坐车去诺伍德，要回我们应得的份额。昨天晚上，我已经把我的打算告诉了巴索洛缪，所以呢，我们即便算不上他翘首以待的嘉宾，至少也不是意外上门的怪客。"

萨德乌斯·舒尔托先生停止讲述，顾自在他那张豪华的靠椅上扭来扭去。我们三个一言不发，脑子里想的都是这宗谜案的最新发展。这之后，福尔摩斯第一个站了起来。

"您做得很好，先生，从头到尾都很好，"他说道，"我们应该可以给您一点儿小小的回报，让您心里的疑云照到几缕曙光。不过，就像莫斯坦小姐刚才说的那样，时候已经不早，我们最好立刻动身，把问题弄个水落石出。"

我们的新相识慢条斯理地盘好水烟壶的吸管，又从一道帘子后面拿出一件非常长的轻便大衣，大衣上装饰着盘花纽扣，领子和袖口用的都是俄国羔皮。这天夜里非常闷热，他却把大衣扣得紧紧的，末了还戴上一顶带护耳的兔皮帽子。这么着，他把自个儿从头到脚包了起来，露在外面的只有那张表情多变的尖削面孔。

---

① 这句引文原文为法语，是法国作家司汤达（Stendhal, 1783—1842）的密友、法国贵族马埃斯特男爵（Baron de Mareste, 1784—1867）的话。

"我身子骨不太结实，"领我们顺着过道往外走的时候，他说道，"不得不格外留意自个儿的健康。"

我们来时乘坐的马车还在门外候着，我们的行程也显然早有安排，因为车夫不等吩咐，立刻赶着车飞奔起来。萨德乌斯·舒尔托滔滔不绝地说个没完，声音盖过了辚辚作响的车轮。

"巴索洛缪这家伙挺聪明的，"他说道，"你们知道他怎么发现宝藏的吗？之前他已经断定宝藏藏在室内，于是就把屋子里所有空间的容积算了出来，又对每个地方进行了精确的测量，一寸①的遗漏都不许有。别的发现就不说了，总之他发现，屋子的高度是七十四尺。可是，他把上下层所有房间的高度加到一起，再加上通过钻孔测得的楼板厚度，最后的总数还是超不过七十尺。既然有四尺的高度没有着落，那就只能到屋顶去找。最顶上那个房间的天花板是板条加灰泥砌的，他就在天花板上砸了个洞。不出所料，天花板上边还有个小小的阁楼，之前被人封了起来，谁也不知道它的存在。阁楼中央便是宝物箱子，架在两根椽子上。他把箱子从洞口搬了下来，宝藏果真在箱子里面。根据他的估算，这批珠宝总值不下五十万镑。"

听到他说出这么个天文数字，我们不由得面面相觑，三个人的眼睛都瞪得大大的。要是我们能帮莫斯坦小姐争取到她应得的份额，她就会从一个生活拮据的家庭教师，摇身变成英格兰最富有的女继承人。毫无疑问，忠实的朋

① 一英寸等于二点五四厘米，一英尺等于十二英寸。

友听见这样的消息，只应该为她额手称庆，可我不得不满怀羞愧地承认，当时我的灵魂被自私的算盘牢牢攫住，以致我的心突地一沉，重得跟灌了铅一样。我结结巴巴、吞吞吐吐地说了几句祝贺的话语，跟着就灰心丧气地坐在那里，耷拉着脑袋，我们的新相识还在喋喋不休，可我已经充耳不闻。这位新相识显然是一个无药可救的疑病症[①]患者，我恍惚听见他没完没了地数出一大堆症状，又列出一大堆偏方秘药的名字，恳求我说一说那些方子的成分和疗效，其中一些方子还是他随身携带的宝贝，用一个皮夹子装着，揣在他的兜里。我敢肯定，当晚我告诉他的那些答案，他多半是一个也没往心里去。福尔摩斯至今一口咬定，说是在无意之中听到了我当时说的一些话，听到我警告他服用蓖麻油不能超过两滴，否则就会大祸临头，同时又建议他大量服用番木鳖碱，以此舒缓神经。[②]且不论当时情形究竟如何，毫无疑问的是，当马车猛然停住、车夫跳下车来打开车厢门的时候，我确实产生了一种如释重负的感觉。

"莫斯坦小姐，这里就是本地治里别墅。"萨德乌斯·舒尔托先生说道，伸手把小姐搀下了马车。

---

① 疑病症（hypochondria）是一种心理偏执，患者总是认为自己已经或者即将得病，在没病的情况下也可能感受到真实的痛苦。

② 蓖麻油可以润肠通便，除孕妇忌服（可能导致流产）之外无其他毒副作用；番木鳖碱是从热带乔木马钱的种子当中提取的植物碱，剧毒，五至一百二十毫克即可致命，而且有一定的兴奋作用，并不能舒缓神经。

第五章　别墅惨案

　　本地治里别墅是我们这次夜间冒险的最后一站，我们到这里的时间是将近十一点。伦敦的浓重雾气已经被我们抛在身后，夜晚晴朗宜人。和煦的风从西面吹来，厚厚的云团缓缓流过天空，月亮半圆，不时从云隙探头窥视。夜色澄明，近处的景物可以看清，但萨德乌斯·舒尔托还是把马车的一只侧灯摘了下来，为的是给我们照路。

　　本地治里别墅是一座带庭院的独栋房屋，石垒的围墙高高耸立，墙头还砌了玻璃碴子。唯一的入口是一道镶有铁板的狭窄大门，我们的向导走到近前，像邮差那样敲了两下门[①]。

　　"谁？"里面传来一声粗鲁的吆喝。

　　"是我，麦克默多。到了现在，你不会还听不出我敲门的声音吧。"

[①]　一次敲两下门是当时英国邮差的习惯做法，狄更斯的《匹克威克外传》(*The Posthumous Papers of the Pickwick Club*, 1837) 第三十六章有这样的描述："高个子……没完没了地猛敲房门，每次两下，活像一名发了疯的邮差。"

只听得一声嘟囔和一阵丁零咣啷的钥匙声响，大门重重地向里面开了。一个胸肌发达的矮个男人出现在门口，手里拿着一盏提灯，灯光昏黄，映出他棱角分明的脸庞和闪烁猜疑的眼睛。

"是您吗，萨德乌斯先生？这些人又是谁呢？主人可没让我放他们进去。"

"不让进，麦克默多？你好大的胆子！昨晚我就跟哥哥说了，要带几个朋友一起来。"

"他今天一直待在自个儿的房间里，萨德乌斯先生，我没有接到这样的命令。您也很清楚，我得按规矩办事。我可以让您进去，可您的朋友只能留在这里。"

面对这个出乎意料的障碍，萨德乌斯·舒尔托开始东张西望，神情又困惑又无奈。

"你真是太不像话了，麦克默多！"他说道，"我可以替他们担保，你还有什么不放心的。再说了，这儿还有位年轻的女士，眼下深更半夜的，你总不能让她在大马路上等着吧。"

"非常抱歉，萨德乌斯先生，"门房的口气十分坚决，"这些人兴许是您的朋友，但却不是主人的朋友。主人待我不薄，我必须完成他交代的任务。您这些朋友，我一个也不认识。"

"噢，你认识的，麦克默多，"歇洛克·福尔摩斯高声说道，口气十分热络，"要我说，你应该还记得我。四年前的那个晚上，埃里森的拳场为你办过一次拳赛，有个业余拳手跟你打了三轮，你不记得了吗？"

"您是说歇洛克·福尔摩斯先生！"这位职业拳手嚷嚷起来，"天哪，真是您！刚才我怎么没把您给认出来呢？您不应该那么安安静静地站着，倒不如干脆上前一步，拿您那种勾拳冲我下巴招呼一下，那样的话，我准保能认出您来。唉，您可真是浪费了自个儿的天赋，真是浪费！您要是多上点儿心的话，前途未可限量啊。"

"看见了吧，华生，别的都干不成的话，至少还有一个专业领域为我留着门儿呢，"福尔摩斯笑道，"要我说，到了这会儿，咱们这位朋友不会再让咱们在外面喝西北风了吧。"

"进来吧，先生，进来——还有您的朋友，"门房答道，"非常抱歉，萨德乌斯先生，可是，主人的命令确实非常严格。我必须先确定您这些朋友的来路，然后才能让他们进来。"

门里面是一条碎石小径，蜿蜒穿过光景凄凉的庭院，小径尽头是一座式样普通、方方正正的巨型房屋。房子笼罩在黑暗之中，唯一的光亮只有映在屋角顶楼一扇窗子的一道月光。这房子如此庞大，又如此漆黑阴沉，鸦雀无声，让人禁不住心生寒意。就连萨德乌斯·舒尔托也显得忐忑不安，手里的提灯摇来摆去，发出吱吱呀呀的响声。

"我真是搞不明白，"他说道，"这儿一定是出了什么问题。我明明白白地跟巴索洛缪说了我们要来，他的窗子里却没有灯光。我实在想不出来，这到底是怎么回事。"

"他一直都把这房子看得这么严实吗？"福尔摩斯问道。

"是的，他继承了我父亲的习惯。要知道，父亲最疼的就是他了，有时我心里嘀咕，他从父亲那里知道的事情没准儿比我多呢。上边那扇有月光的窗子就是巴索洛缪的，看着还挺亮，不过照我看，里面并没有灯光。"

"确实没有，"福尔摩斯说道，"可我看见了一点儿微弱的光亮，在屋门旁边的那扇小窗子里。"

"哦，那是管家的房间，老管家伯恩斯通太太的住处。她会把这儿所有的事情告诉我们。不过，你们最好等一两分钟再进去，万一我哥哥没跟她交代我们要来的话，我们这么一拥而入会吓着她的。什么，嘘！那是什么声音？"

他高高举起提灯，手抖得非常厉害，提灯投下的光圈，在我们四周跳来跳去。莫斯坦小姐抓住了我的手腕，我们站在那里侧耳倾听，心怦怦地跳个不停。寂静深夜之中，眼前这黑灯瞎火的大屋里传出一些悲伤至极、凄惨至极的声音——那是一种断断续续的尖声呜咽，来自一个受了惊吓的女人。

"是伯恩斯通太太，"舒尔托说道，"这房子里只有她一个女人。你们在这儿等着，我马上就回来。"

他急匆匆走到屋门跟前，又用他那种特殊的方式敲了敲门。我们随即看见，一个身材高挑的老妇人把他让了进去，一见他就欢喜得身子直晃。

"噢，萨德乌斯先生，先生，您来了我真是高兴！您来了我真是高兴，萨德乌斯先生，先生！"

我们听见她一迭声诉说心里的喜悦，房门关上之后都还在不停念叨，只不过声音越来越小，最后就变成了一阵低沉的嗡嗡声。

舒尔托把提灯留给了我们，福尔摩斯便用提灯慢慢地扫射四周，仔细端详这座房子，还有遍布地面的一个个大垃圾堆。莫斯坦小姐站在我的身边，手放在我的手心。爱情真是件奇妙的东西，我俩在这天之前素昧平生，此刻之前也从未交换示爱的言辞，连个眼神都没有，但在这样一个惊惶慌乱的时刻，我俩的手却开始不由自主地相互探寻。我至今还在为这件事情惊叹不已，当时却觉得这是件再自然不过的事情，觉得我就是应该把手伸给她，她呢，后来也常常对我说，当时她同样是本能地觉得，应该从我这里寻找保护和安慰。这么着，我俩像两个孩子一样，手牵手站在那里，周遭虽然暗影幢幢，我俩心里却一片平静。

"这地方可真古怪！"她一边说，一边东张西望。

"看情形，有人把全英格兰的鼹鼠都运到这里来了呢。以前我也见过类似的景象，那是在巴拉瑞特附近的一座山岗，因为那些淘金客在山上找过矿。①"

"这里的景象也是同样的原因造成的，"福尔摩斯说道，"全都是寻宝客留下的痕迹。你们一定还记得吧，他们可是找了整整六年的时间哩，难怪这地方跟个采石场似的。"

就在这时，房门猛然打开，萨德乌斯·舒尔托跑了出来，双手伸在身前，眼里充满恐惧。

"巴索洛缪一定是出事了！"他叫道，"我害怕极了！我的神经可受不了这个。"

_____

① 这里说的巴拉瑞特（Ballarat）是澳大利亚的一座城市，在墨尔本的西北边。十九世纪五六十年代，该地曾经兴起淘金热。

他的确吓得够呛，这会儿几乎已经是在痛哭流涕了。他那张惨淡抖颤的脸从宽大的羔皮衣领里探了出来，脸上是一副哀恳求告的无助表情，如同一个吓坏了的孩子。

"咱们进屋去。"福尔摩斯干脆利落地说道。

"对，进去吧！"萨德乌斯·舒尔托发出了恳求，"我真的拿不出什么主意了。"

我们跟着他走进过道左手边的管家卧房，老妇人正在房间里来回踱步。只见她神色惊恐，不停地拉扯自个儿的手指，不过，莫斯坦小姐的出现似乎让她得到了些许安慰。

"能看到您这张温柔平静的脸，真是谢天谢地！"老妇人一边叫喊，一边歇斯底里地抽泣一声，"看到您我觉得好受多了。噢，今天我真是遭够了罪！"

莫斯坦小姐拍了拍她那只瘦骨嶙峋、满是老茧的手，轻声说了几句女人之间的体己话语。听了她的话，老妇人惨白的双颊重新有了血色。

"主人把自个儿锁在房里，叫他也不应声，"老妇人解释道，"我知道他常常喜欢一个人独处，所以耐心地等着他的吩咐，等了整整一天。可是，一个钟头之前，我担心他出了什么事情，于是就上了楼，从他房门的锁眼往里面看了看。您一定得上去，萨德乌斯先生，您一定得自己上去看看。我在这里待了整整十个年头，见过巴索洛缪·舒尔托先生喜笑颜开，也见过他哭丧着脸，可我从来都没看见他什么时候有过现在这种表情。"

歇洛克·福尔摩斯拎起提灯，领头往楼上走，因为萨德乌斯·舒尔托的牙齿已经打起架来。看到他吓得膝盖发颤，我只好把手伸到他胳膊下面，搀着他一块儿上楼。楼梯上没铺地毯，铺的是棕毛垫子。上楼的过程当中，福尔摩斯两次掏出自个儿的放大镜，仔细检查垫子上的一些痕迹，虽然说在我看来，那些痕迹不过是毫无特征的普通尘垢而已。他一级一级地慢慢往上走，提灯拿得很低，不时向左右两边投出锐利的目光。莫斯坦小姐和受了惊的老管家待在一起，没有跟我们一起上楼。

上了三段楼梯之后，我们走进一条又长又直的过道，过道右边的墙上挂着一张巨大的印度毯画，左边则有三道门。福尔摩斯还是依照之前那种有条不紊的方式，一寸寸往前挪，我们则紧跟在他的身后，三个人的黢黑影子投在过道里，向后方远远延伸。我们的目标是最里面的那道门，到了之后，福尔摩斯先是敲了敲门，没听见反应便伸手去转门把手，打算不请自进。然而，门是从里面反锁着的，等我们把灯凑到门边，还发现门锁的锁簧又粗又结实。好在锁门的人拔去了钥匙，锁眼并没有被完全挡住。歇洛克·福尔摩斯伏到锁眼看了看，马上就站起身来，倒吸一口凉气。

"里面的情形还真是有点儿邪乎，华生，"他如是说道，脸上的惊愕达到了我前所未见的程度，"你觉得会是怎么回事呢？"

我伏到锁眼看了看，吓得直往后缩。弥漫的月光照耀之下，门里的房间很是亮堂，同时又笼着一层朦胧摇曳的光晕。一张面孔悬在空中——的确是悬着，因为面孔下方的躯体全部湮没在阴影之中——直视着我的眼睛。这张面孔跟我们的同伴萨德乌斯一模一样，同样的一颗又尖又亮的脑袋，同样的一圈儿红色短发，同样的一副惨白面容。不一样的是它的五官凝成了一个可怕的笑容，一个僵死不变、生硬勉强、龇牙咧嘴的笑容。在这个洒满月光的寂静房间里，这样的一张笑脸，比任何一种怒容或苦脸都更加让人汗毛直竖。这张脸跟我们的小个子朋友如此相像，以致我禁不住回头看了看他，为的是确定他真的还在我们身边。跟着我回想起来，之前他跟我们提过，他和他哥哥是一对孪生兄弟。

"真是太可怕了！"我对福尔摩斯说道，"咱们该怎么办呢？"

"必须得把门弄开。"他回答道，跟着就跳向房门，用全身的重量去冲击门锁。

门嘎吱响了一声，却没有给他让路。于是我俩同时发动，飞身撞将上去，只听得"咔嚓"一声，房门豁然开启，我俩一头栽进了巴索洛缪·舒尔托的房间。

房间里的陈设跟化学实验室差不多，对着门的墙边摆着两排带玻璃塞子的瓶子，桌上乱七八糟地堆着一些本生灯、试管和曲颈甑。墙角搁着几只柳条筐，里面立着一些盛放酸液的大玻璃瓶，其中一个瓶子不知道是漏了还是破了，一股暗色的液体从里面滴滴答答流淌出来，空气中弥漫着极其刺鼻的焦油气味。房间一侧的地板上有一堆板条和灰泥，灰堆中央竖着一架梯子，梯顶的天花板开了个可容一人通过的大洞，梯脚则是一根胡乱盘成一卷的长绳。

别墅的主人窝成一团，瘫坐在桌边的木制扶手椅里，脑袋耷拉在左肩上，脸上挂着那个恐怖至极的诡异笑容。他的身体僵硬冰冷，显然已经死去多时。一眼看去，他不光是五官扭成了一种最为不可思议的模样，连四肢也是如此。他一只手搁在桌上，手边有一件古怪的器具，那是一根木纹细密的褐色棒子，末端用粗糙的麻绳胡乱绑着一块形如钉锤的石头。木棒近旁有一张从记事本上扯下来的纸片，上面写着几个潦潦草草的字。福尔摩斯拿起纸片扫了一眼，把纸片递给了我。

"明白了吧。"说这话的时候，他高高地挑起了眉毛。

借着提灯的光线，我看到纸上写的是"四签名"，心里顿时腾起一股寒意。

"天哪，这究竟是什么意思呢？"我问道。

"意思就是谋杀。"他一边说，一边俯身查看死者，"哈！果然不出我所料。瞧瞧这个！"

他指着死者身上紧靠耳朵上缘的部位，那儿有个扎进皮肤的尖细物件，看着像一根特别长的黑色棘刺。

"看着像根棘刺。"我说道。

"确实是根棘刺。你把它拔出来吧，不过得小心点儿，这棘刺是浸过毒的。"

我用食指和拇指把棘刺拔了出来。这棘刺一拔就掉，几乎没在死者身上留下任何痕迹，只有一个微小的血点，让人知道它当初刺入的位置。

"对我来说，这一切全都是不解之谜，"我说道，"局面丝毫不见明朗，反倒是更显阴沉。"

"恰恰相反，"他答道，"局面每分每秒都在明朗。只需要把剩下的几个环节搞清楚，我就可以把整个案情贯串起来了。"

踏进房间之后，我俩几乎忘了身后还有一个同伴。到得此时，这同伴仍然站在门口，绞着自个儿的双手，自顾自哀鸣不已，活脱脱是"恐惧"这个字眼儿的真实写照。突然之间，他爆发出一阵愤愤不平的尖叫。

"宝藏不见了！"他说道，"他们抢走了他的宝藏！我们就是从那个洞口把宝藏搬下来的。我帮他一起搬的！最后一个看到他的人就是我！昨天晚上，我就是在这里跟他道的别，下楼时还听见了他锁门的响动。"

"那是几点钟的事情？"

"十点钟。现在倒好，他死了，马上就会有人叫警察来，我马上就会成为涉嫌作案的疑犯。噢，是啊，我肯定脱不了嫌疑。可是先生们，你们不会这么想吧？你们肯定不会认为这事儿是我干的吧？如果是我干的，我还会带你们到这儿来吗？噢，天哪！噢，天哪！我早就知道，我迟早是要发疯的！"

他双臂乱舞，双脚乱跺，仿佛是癫痫发作。

"您用不着害怕，舒尔托先生，"福尔摩斯一边好言相劝，一边把手搭上他的肩膀，"听我说，您赶紧坐车去警局报案，并且告诉他们，您会全力配合他们的调查。我们就在这儿等您回来。"

小个子男人木然听从了福尔摩斯的劝告，紧接着，我们听见了他摸黑下楼的踉跄脚步声。

第六章　福尔摩斯的示范课

"好了，华生，"福尔摩斯摩拳擦掌地说道，"咱们现在有半个钟头的自由时间，不妨把它利用起来。刚才我说过，案情我已经基本理清，话又说回来，咱们也不能犯过分自信的毛病。这案子眼下看来非常简单，背后却可能另有内情。"

"简单！"我忍不住嚷了一声。

"那是当然，"他说话的口气活像一位正在给学生上课的专业教授[①]，"你就在那个角落里好好坐着，免得你的脚印把简单的事情搞复杂。好，现在该干正事了！首先，那些家伙是怎么来的，又是怎么去的呢？房间的门从昨天晚上就没有开过。窗子的情况怎么样呢？"他拎着提灯走到窗边，一边查看，一边大声念出自己的观察结果，只不过更像是念给自己听，不像是为了照顾我，"窗子内侧的插销是插着的。窗框非常结实，边上也没有合页。咱们不妨打开来看看。附近没有水管，房顶差老远才能够着。即

---

① 专业教授（clinical professor）是大学里的一种教席，专业教授主要传授专业技能，而不是理论知识。

便如此，之前还是有个人爬到了窗边。昨天晚上下了点儿雨，窗台上有个泥巴脚印。这儿还有个圆形的泥印子，地板上也有一个，桌子旁边又有一个。瞧瞧这东西，华生！这真可以算是一堂绝妙的示范课哩。"

我看了看那个圆形的泥印，泥印的轮廓非常清晰。

"这可不是脚印。"我说道。

"对咱们来说，这比脚印还要宝贵得多，因为这是木头假腿留下的印迹。你瞧，窗台上有个靴印，靴子又厚又重，靴跟还钉了宽大的铁掌，靴印旁边也有个木腿印迹。"

"是一个装了条木腿的人留下的。"

"你说得对。不过，另外还有一个人，一个非常矫健、非常能干的同伙。你爬得上这堵墙吗，医生？"

我探出窗子四下张望，月亮依然明晃晃地照着房子的这个角落。眼下我们离地面足有六十尺，与此同时，我在这堵墙上看不到任何可以落脚的地方，连条砖缝都看不到。

"绝对爬不上。"我回答道。

"没有帮手的话，确实爬不上。可是，假设你有个朋友在这上面，又把我在角落里找到的这根方便好使的粗绳子系到墙上的这个大钩子上，再把绳子的另一头抛给你，那么我想，只要你身手还算灵活，那就一定能顺着绳子爬上来，哪怕装了条木腿也是一样。当然喽，离开时你也可以用同样的方法，而你的同伙会收回绳子，把它从钩子上解下来，在房间里关上窗子，插好插销，然后从他当初进来的那条路离开。还有啊，有一个细节虽然小，但咱们也不能视而不见，"他拨弄着他找到的绳子，接着说道，"咱们这位木腿朋友爬绳子的技术虽然不错，但毕竟比不了专业的水手。他的手可算不上粗糙耐磨，我用放大镜在绳子上看到了不止一处血迹，靠近绳子末端的地方更可谓血渍斑斑。由此我可以推断，他滑下去的时候速度实在是太快，手上的皮都被揭掉了一层。"

"你这些推断都很不错，"我说道，"只可惜把事情搞得更加费解。这个神秘的同伙究竟是怎么回事？他是怎么进来的呢？"

"没错，同伙！"福尔摩斯若有所思地重复了一遍，"这同伙身上有一些很有趣的地方。多亏有了他，这件案子才脱离了平凡的境地。要我说，这同伙将会为我国的犯罪史添上崭新的一页——当然喽，类似的案例在印度还是有的，除此之外，如果我没记错的话，塞内冈比亚[①]也有过。"

"那么，他到底是怎么进来的呢？"我咬着这个问题不放，"门是锁着的，窗子又没法爬，难道他是从烟囱进来的不成？"

"壁炉里的空间实在太小，"他回答道，"那种可能性我已经排除了。"

"那么，怎么进来的？"我穷追不舍。

"你就是学不会用我的方法来看问题，"他开始大摇其头，"排除掉所有不可能的情形之后，剩下的东西必然是事情的真相，不管它有多么匪夷所思，这样的道理，我跟

---

① 塞内冈比亚（Senegambia）是英法殖民时代对今天的塞内加尔和冈比亚的合称。此外，塞内加尔和冈比亚曾于1982年组建塞内冈比亚邦联，1989年解散。

你说过多少次呢？咱们已经知道他的来路不是门，不是窗，也不是烟囱，还知道他不可能预先藏在房里，因为这房里没有可以藏身的地方。那么，他还能从哪里进来呢？"

"他是从天花板上那个洞钻进来的！"我叫道。

"当然是那里，他一定是这么干的。你愿意帮我举着提灯的话，咱们就可以把调查范围扩展到头顶那个房间，也就是他们发现宝藏的密室。"

他爬到楼梯顶端，然后就一手抓住一根椽子，一下子翻上阁楼。这之后，他趴到阁楼的地板上，伸手接过我手里的提灯，好让我跟上去。

上来之后，我们发现这间密室大概有十尺长、六尺宽。地板的骨架是一根根椽子，椽子之间只有一层薄薄的板条和灰泥，这样一来，在密室里走得踩着椽子才行。密室的房顶是倾斜的，显然是屋顶的内表面。密室里没有任何陈设，多年的积尘在地板上铺了厚厚一层。

"你瞧，就是这个，"歇洛克·福尔摩斯用一只手撑着倾斜的房顶，"这儿有一道通往屋顶的活门。我这就把它推开，喏，外面就是屋顶，坡度也不算陡。如此说来，咱们的一号先生就是从这里进来的。接下来，咱们不妨找一找，看看还有没有别的什么能反映他个性的痕迹。"

他把提灯伸到离地板很近的地方，脸上立刻露出惊愕的表情，这样的表情，今晚我已经是第二次看见了。接下来，我顺着他凝视的方向看了一看，一下子惊出一身冷汗。地板上到处是赤脚踩出的清晰足迹，轮廓分明，形状完整，尺寸却不到常人脚印的一半。

"福尔摩斯，"我轻声说道，"这样的骇人勾当，竟然是一个孩子做的。"

转瞬之间，他已经恢复镇定。

"刚才我还真是吓了一跳，"他说道，"其实呢，这东西没什么可奇怪的。我的记性出了毛病，不然的话，我早就该预见这样的东西。这里没什么可看的了，咱们下去吧。"

"那么，你觉得那些脚印是怎么回事呢？"回到下面的房间之后，我迫不及待地问道。

"亲爱的华生，你自己也试着分析一下吧，"他的语气有点儿不耐烦，"你了解我的方法，只管去用好了。然后呢，咱俩可以把各自的推论拿出来对比一下，会有启发的。"

"能解释所有事实的推论，我一个也想不出来。"我回答道。

"要不了多久你就会明白的，"他随口应付了一句，"我估计这儿不会再有什么重要线索了，可我还是得看一看。"

他掏出自个儿的放大镜和卷尺，跪到地上，飞快地在房间里爬来爬去，一会儿测量，一会儿对比，一会儿勘查，又长又尖的鼻子贴到了离地板只有几寸的地方，珠子一般的眼睛像鸟眼一样闪着深邃的微光。他好比一只正在追踪嗅迹的驯良猎犬，动作如此迅捷、如此轻悄、如此不露痕迹，让我禁不住暗自慨叹，要是他不再捍卫法律，转而把自个儿的精力和才智用到法律的对立面，不知道会是一名多么可怕的罪犯。他一边在地上寻寻觅觅，一边不停地喃喃自语，到最后，他终于爆发出一声喜悦的呐喊。

"咱们的运气真是不错，"他说道，"剩下的问题已经微不足道了。一号先生走了霉运，踩到了这些杂酚油①。你瞧，他那只小脚的边缘印在了这滩臭烘烘的东西外侧。看见了吧，那个大玻璃瓶子有裂缝，所以才把这些东西漏了出来。"

"那又怎么样呢？"我问道。

"什么怎么样，就是说咱们已经逮到他了，如此而已，"他说道，"我知道那么一条狗，它可以追踪这股气味，一直追到天涯海角。哪怕是一群普通的狗，都可以循着鲱鱼的腥味儿追出一个郡的地界，这么刺鼻的一股气味，又能让一条经过特殊训练的猎犬追到多远的地方呢？这个距离应该可以用比例式来计算吧，算出来的结果一定能让咱们——嘿！众望所归的各位法律化身已经到啦。"

楼下传来沉重的脚步声和喧闹的人声，跟着就是大厅的门砰然关上的巨响。

"趁他们还没上来，"福尔摩斯说道，"你不妨伸手摸一摸这个可怜家伙的胳膊，再摸摸这儿，摸摸他的腿。你有什么感觉呢？"

"他的肌肉硬得跟木板一样。"我回答道。

"的确如此。他的肌肉处于极度紧张的状态，僵硬程度远远超过一般的尸体，再加上他这副扭曲的面容，也就

---

① 杂酚油（creosote）是一类油状液体的通称，颜色从无色到暗褐不等。这里说的应该是由煤焦油制得的一种杂酚油，这种油颜色较深，具有浓烈的烟臭味，可用作木材防腐剂和消毒剂。

是'希波克拉底之笑'或古代作家所说的'嘲讽之笑'[①]，综合这两点情况，你会得出什么样的结论呢？"

"他死于某种毒性很大的植物碱，"我回答道，"某种与番木鳖碱相似、会导致肌肉痉挛的东西。"

"第一眼看见这张肌肉僵直的面孔，我就产生了你现在说的这种想法。走进房间之后，我即刻着手寻找毒药进入死者身体的途径。结果你也看到了，我在死者头皮上找到一根棘刺，不管这棘刺是被人戳进去的也好，射进去的也好，总之都没费什么力气。你注意到棘刺所在的部位了吧，如果死者遇袭之前是端坐在椅子上的话，这个部位就刚好对着天花板上的洞口。好了，你把这棘刺检查一下吧。"

我战战兢兢地拿起棘刺，举到提灯的灯光下面。这是根又长又尖的黑色棘刺，尖头附近泛着荧荧的光泽，似乎裹了一层业已风干的黏性物质。钝的一头用刀子修过，截面是规整的圆形。

"是英国本地产的棘刺吗？"福尔摩斯问道。

"不是，绝对不是。"

"有了这么多的资料，你应该可以得出一些合理推论了吧。不过，正规部队已经来了，咱们这些杂牌军还是赶

---

① "希波克拉底之笑"（Hippocratic smile）和"嘲讽之笑"（*risus sardonicus*）都是指因面部肌肉异常抽搐而产生的一种类似嘲讽笑容的表情，番木鳖碱中毒的人有可能出现此种症状。"*risus sardonicus*"是拉丁文，见于西方古代著作，"Hippocratic smile"则可能是柯南·道尔在"Hippocratic face"（希波克拉底之面）基础上的自创。"希波克拉底之面"指病人临终时的一种面容，得名于率先描述这种面容的古希腊名医希波克拉底（Hippocrates，前460?—前370?）。

紧收兵好了。"

　　他话音未落，外面那些越来越近的脚步已经进入门外的过道，声音变得十分喧闹。接下来，一个异常壮健、气派非凡的男人重重地踏进了房间。来人穿一身灰色套装，魁伟丰肥，面色红润，贼亮的双眼小之又小，从肿泡泡的眼袋里投出锐利的目光。紧跟在他后面的是一名身穿制服的警官，以及至今仍然抖如筛糠的萨德乌斯·舒尔托。

　　"有戏唱了！"打头的人嚷道，声音沙哑低沉，"有好戏唱了！我说，你们这些人是干吗的？怎么回事，这屋子挤得跟个兔子窝似的！"

　　"照我看，你应该还记得我吧，埃瑟尼·琼斯先生，"福尔摩斯平静地说道。

　　"咳，当然记得！"来人呼哧呼哧地说，"你不是大理论家歇洛克·福尔摩斯先生嘛，我记得你！办'主教门街珠宝案'的时候，你给我们大伙儿上了好一堂关于原因、推论和结果的课，我永远都忘不了。没错，当时的确是你让我们找到了正确的方向。只不过事到如今，你自己也该承认了吧，破那件案子靠的主要是好的运气，并不是好的理论。"

　　"那件案子只需要一点儿非常简单的演绎。"

　　"这不，承认了吧，终于承认了吧！承认也不是什么丢脸的事情。我说，这一切到底是怎么回事？糟糕！真是糟糕！铁板钉钉的事实摆在这儿——没给咱们留下什么搞理论的空间。我偏偏挑这个时候来诺伍德办另一件案子，运气可真是好！他来报案的时候，我刚好还在这边的警局。

你觉得这人是怎么死的呢？"

"呃，这样的案子可用不上我的理论。"福尔摩斯冷冷地说道。

"确实，确实。不过，无可否认，你有时还是能讲出点儿门道的。天哪！房门是锁着的，这我已经听说了。价值五十万的珠宝不见了。窗子的情况怎么样呢？"

"窗子关着，但窗台上有脚印。"

"很好，很好，既然窗子是关着的，脚印就跟这案子没什么关系了。这是常识。这人没准儿是中风死的，不过呢，珠宝又确实是不见了。哈！我想出来了。我经常都有这种灵光闪现的时候。——你先出去，警长，还有你，舒尔托先生。你这位朋友可以留下。——这事情你怎么看，福尔摩斯？舒尔托自己承认，昨晚他和他哥哥在一起。肯定是舒尔托的哥哥中风死了，然后呢，舒尔托趁机拿走了宝藏！你觉得怎么样？"

"然后呢，死者非常识趣地站起身来，从里面锁好了房门。"

"哼！这里面确实有个破绽。我们还是用常识来解决这个问题好了。当时，这个萨德乌斯·舒尔托确实跟他哥哥在一起，两个人确实吵了一架，这些我们都知道。当哥哥的死了，珠宝也不见了，这些我们也知道。自从萨德乌斯离开之后，再也没有人见过他哥哥，他哥哥的那张床也没有人睡过。还有，萨德乌斯的内心显然是极度不安，而他的外表嘛——呃，也算不上特别地讨人喜欢。你看出来了吧，我正在围着萨德乌斯织一张网，马上就可以收网了。"

"还有很多事实你不知道呢，"福尔摩斯说道，"这儿有根棘刺，我有充分的理由相信它是浸过毒的。棘刺本来在死者的头皮上，这会儿你仍然能看见它留下的印记。还有这张纸片，你可以看到纸片上写了字，当时是摆在桌子上的，纸片的旁边呢，又有这么一件顶端绑着石头的古怪器具。所有这些东西，跟你的假设对得上吗？"

"这些跟我的假设完全吻合，"胖子探员趾高气扬地说道，"这屋子里到处都是印度来的新奇玩意儿。这棒子肯定是萨德乌斯拿上来的，还有，如果这棘刺果真有毒的话，萨德乌斯一样可以拿它当凶器，嫌疑不会比其他任何人小。这纸片多半是他弄出来唬人的玩意儿，不过是一种障眼法而已。现在只剩下一个问题，他到底是怎么离开的呢？噢，当然，天花板上不是有个洞嘛。"

他三蹦两跳爬上梯子，硬生生挤进那个阁楼，考虑到他肥硕的体形，这一番身手堪称十分矫健。紧接着，楼上传来他喜气洋洋的声音，宣称他找到了那道活门。

"他的确能找到一些东西，"福尔摩斯耸了耸肩，"偶尔也能冒一点儿理智的火花。'傻瓜不可怕，半吊子才麻烦！'[1]"

"明白了吧！"埃瑟尼·琼斯又一次出现在梯子下方，"说来说去，事实终究胜于理论。我对案情的推测已经得到确证。上面有一道通往屋顶的活门，而且是半开着的。"

"是我打开的。"

---

[1] 这句话原文为法文，引自法国作家拉罗什福科（François de La Rochefoucauld, 1613—1680）的《道德箴言录》（*Maxims*）。

"哦，真的啊！这么说，之前你也注意到喽？"听了福尔摩斯的话，他似乎有一点点扫兴，"呃，不管是谁注意到了这样东西，总之它说明了我们这位先生逃走的方法。警官！"

"有何吩咐，长官，"警长在过道里应了一声。

"叫舒尔托先生进来。——舒尔托先生，我有责任通知你，你所说的一切都可能被用于对你的指控。我现在以女王陛下的名义逮捕你，罪名是涉嫌谋杀你的兄长。"

"瞧瞧，瞧瞧！我跟你们说过吧！"可怜的小个子大叫起来，伸出双手，来来回回地看着我和福尔摩斯。

"您不用为这件事情着急，舒尔托先生，"福尔摩斯说道，"照我看，我肯定可以帮您洗脱罪名。"

"话不能说得太满，理论家先生，不能说得太满！"探员厉声抢白，"你没准儿会发现，这事情没你想的那么容易。"

"我不光能洗脱他的罪名，琼斯先生，还可以白送你一件礼物，把其中一个嫌犯的名字和特征告诉你。昨天夜里有两个人进过这个房间，我要说的就是其中之一。此人的名字，我有充分的理由相信，叫作乔纳森·斯莫。此人没受过多少教育，小个子，身手灵活，右腿没了，取而代之的是一条木腿，木腿的内侧磨得有点秃了。他左脚穿一只鞋底粗糙的方头靴子，鞋跟上钉了一只铁掌。还有啊，他是个中年人，皮肤晒得很黑，而且有前科。但愿这些有限的提示能对你有所帮助，除此之外，你不妨参考这样一个事实，那就是此人的手掌少了一大块皮肤。另一个人嘛——"

"哈！另一个人？"埃瑟尼·琼斯问话的语气很是不屑，只不过一望而知，福尔摩斯这种严谨精确的口吻，终归让他受到了不小的震撼。

"——则是个相当古怪的家伙，"歇洛克·福尔摩斯一边说，一边转过身来，"但愿在不久之后，我就可以把他们两位介绍给你。借一步说话，华生。"

他领着我走出房门，来到了楼梯口。

"这事情来得实在突然，"他说道，"咱们差点儿就把此行的本来目的给忘了。"

"刚才我正在想这个问题呢，"我回答道，"莫斯坦小姐还在这座遭了殃的房子里待着，这可不太合适。"

"确实不合适。你送她回家去吧。她住在下坎伯韦尔①的塞希尔·福里斯特太太家里，离这里不算太远。送完她之后，如果你还愿意坐车过来的话，我就在这里等你。不过到那时，你该不会累得不想动了吧？"

"绝对不会。关于这件离奇的事情，我还想有进一步的了解，要不然的话，我想休息也休息不了啊。我也算见识过生活的残酷，可你只管相信，今晚这些接二连三的离奇意外，彻底摧垮了我的神经。话又说回来，既然已经待到了现在，那我还是想跟你一起把整件事情弄清楚。"

"你在场的话，对我会有很大的帮助，"他回答道，"咱们可以自个儿把案子弄个水落石出，琼斯这家伙愿

_____

① 下坎伯韦尔（Lower Camberwell）不详所指，想来是坎伯韦尔街区的一部分。

246

意为他那些空中楼阁自我陶醉，咱们就由他去。送完莫斯坦小姐之后，我希望你接着去兰贝思区的河边，找品钦巷①3号这个地址。右手边第三座房子是一家制作鸟类标本的店铺，店名叫作'谢尔曼'。去了你就看见了，店铺窗子上画的是一只鼬鼠抓着一只小兔子的图案。你把谢尔曼老先生叫起来，替我向他问个好，并且告诉他，我现在就要借用托比。然后呢，你就把托比带上车，一块儿过来。"

"你说的是只狗吧。"

"没错，这是只不一般的杂种狗，特别擅长追踪气味。要我说，全伦敦所有的警探加在一起，都不如这只狗管用。"

"我会把它带来的，"我说道，"现在已经一点了。要是拉车的马儿脚力还好的话，我三点之前就可以赶回来。"

"我呢，"福尔摩斯说道，"这就去找伯恩斯通太太，看看她知道些什么事情，然后去找那个印度仆人，萨德乌斯先生说他就睡在隔壁的阁楼里。再往后，我会去找那位了不起的琼斯取取经，洗耳恭听他那些算不上非常含蓄的讽刺。

"'尽人皆知，人类总是鄙视自己无法理解的东西。'②

"歌德的话，总是这么言简意赅。"

---

① 品钦巷（Pinchin Lane）是作者虚构的。
② 引文原文为德文，出自德国作家歌德（Johann Wolfgang Goethe, 1749—1832）的《浮士德》（*Faust*）。

第七章　木桶插曲

　　警察带了辆车过来，于是我借用他们的车，送莫斯坦小姐回家。这之前，她本着女人固有的天使心地，眼看她身边还有比她更需要支持的弱者，便在危难之中保持着平静的面容，所以我下楼去找她的时候，发现她坐在那位惊恐的管家旁边，神情又开朗又安宁。可是，上车之后，她先是晕了过去，醒来就泪下如雨——这一次的夜间冒险，着实让她经受了太多的考验。后来她告诉我，我送她回家的路上，她觉得我的表现冷若冰霜、拒人千里。当时她根本想不到我内心的挣扎，想不到我付出了怎样的努力，这才克制住安慰她的念头。我全部的怜惜和爱意都指着她的方向，好比之前在院子里的时候，我的手也是不由自主地伸向了她。我觉得，按部就班的生活即便过上许多年，也比不上这离奇跌宕的一天，不能像这天一样，让我如此深刻地认识她温柔勇敢的天性。然而，我心里另有两层考虑，迫使我把怜爱的话语硬生生留在嘴边。当时她又软弱又无助，心智和精神都处于摇摇欲坠的状态，要是在这样的时候把我的爱强加给她，无异于乘人之危。更糟糕的是，她是个非常富有的女子。如果福尔摩斯的调查圆满成功的话，她就可以承继大笔的遗产。我不过是一名半薪①医生，绝不能厚颜利用这种偶然降临的亲近机会，否则的话，还谈什么公平？谈什么人品呢？她又会不会心生鄙夷，把我看成一个卑劣下流的攀附者呢？无论如何也不能让她产生那样的印象，因为我承担不起那样的后果。就这样，阿格拉宝藏横亘在我俩之间，变成了一道无法跨越的障碍。

将近两点的时候，我们才赶到塞希尔·福里斯特太太家门口。佣人们几个钟头之前就睡了，福里斯特太太却被莫斯坦小姐收到的怪异信函弄得忧心忡忡，因此还坐在房里，盼望着她的归来。这位风度优雅的中年女士亲自来给我俩开门，看到她无比温柔地搂住莫斯坦小姐的腰，嘘寒问暖的声音又像母亲一般慈爱，我心里觉得十分欣慰。很显然，在这个家庭当中，莫斯坦小姐并不是一名寄人篱下的仆从，而是一位受人尊敬的朋友。听过莫斯坦小姐的介绍之后，福里斯特太太诚挚地邀请我进去坐坐，给她讲讲我们的冒险经历。不过我只能谢绝她的好意，跟她解释我重任在身，并且真心实意地保证，一俟案情有所进展，我一定登门报信。坐车离去之时，我偷偷地回头瞥了一眼，依稀看到那个小小的人群还在门阶上站着，看到两个彼此偎依的曼妙身影、半开的门、透出彩色玻璃的门厅灯光、

---

① "半薪"的意思是军人因伤病等原因不再出勤，只领取一半的薪水。

挂在墙上的晴雨表，还有闪闪发亮的压毯条①。置身于这样一个疯狂诡谲的事件漩涡，能看到这样一个宁静安详的英国家庭，纵然只是匆匆一瞥，也足以让人心生慰藉。

越是去琢磨之前的事情，我越是觉得它疯狂诡谲。马车辚辚穿过煤气灯下的一条条寂静街道，而我利用途中的时间，把这一系列离奇古怪的事件从头到尾捋了一遍。我首先想到了最初的那个问题：好说歹说，那个问题已经是相当清楚了。莫斯坦上尉的死、邮寄的珍珠、征询地址的启事，还有那封要求见面的信函，凡此种种都有了圆满的解释。可是，得到解释的那些东西只是把我们引向了另外一个谜团，这个谜团比原来那个还要难解，而且比原来那个悲惨得多。来自印度的宝藏、莫斯坦上尉行李中的神秘地图、舒尔托少校临终时的诡异情形、宝藏的重新发现、发现者随即遭遇的谋杀、谋杀现场的种种古怪细节、足迹、奇特的武器，以及与莫斯坦上尉地图相符的纸上字迹，所有这些东西合在一起，构成一座如假包换的迷宫，若是有人身陷其中，除非他拥有我室友那样的非凡禀赋，否则就只能望洋兴叹，彻底打消找到出路的念头。

品钦巷坐落在兰贝思区的寒酸地段，由一排破旧的两层砖房组成。我敲了一阵3号的门，里面却没有任何反应。不过，二楼的百叶窗帘后面最终闪出烛火的光亮，一张脸从窗子里探了出来。

"滚开，你这个酒疯子，"那张脸说道，"你要敢再在

---

① 压毯条（stair-rod）是一种杆状家居用品，与楼梯梯级等长，可以水平固定在两级楼梯的接缝处，作用是防止楼梯地毯滑落。

这里闹事，我就把狗房打开，放四十三条狗出来咬你。"

"放一条出来就行了，我来就是为了这个。"我说道。

"滚！"那个声音咆哮起来，"老天帮忙，我这个袋子里刚好有条蜷蛇①，你再不滚的话，我就把蜷蛇扔你脑袋上！"

"可我想要的是条狗。"我叫道。

"我没工夫跟你废话！"谢尔曼先生吼道，"你赶紧给我走开，我数到'三'，蜷蛇就要下来了。"

"歇洛克·福尔摩斯先生——"我刚刚开始解释，却发现已经用不着了。这个词的力量真是无比神奇，因为窗子立刻重重地落进窗框，不到一分钟，闩着的房门就开了。谢尔曼先生是个瘦骨嶙峋的高个儿老人，背有点儿驼，细伶伶的脖子青筋暴露，戴着一副镜片发蓝的眼镜。

"歇洛克先生的朋友我都欢迎，"他说道，"请进，先生。离那只獾远点儿，它会咬人的。噢，淘气鬼，淘气鬼，你想尝尝这位先生的味道吗？"后面这句是冲一只白鼬说的，它正在笼子里面探头探脑，红红的眼睛闪着凶光。"别怕，先生，那只是一条蛇蜥。它没有毒牙，所以我才由着它在房间里乱跑，为的是镇住那些甲虫。刚开始我有点儿暴躁，您一定得多多包涵，我这是让那些孩子给惹烦了，他们总

---

① "蜷蛇"原文为"wiper"（抹布），在这里等同于"viper"（蜷蛇），因为十九世纪的伦敦人常常"v""w"不分。苏格兰语言学家约翰·吉尔克里斯特（John Gilchrist, 1759—1841）在《外乡人权威东印度指南》第三版（*The Stranger's Infallible East-Indian Guide*, 1820）当中说："……就像我们伦敦人，因为无知或者做作，老是分不清'wine'和'vine'，'weal'和'veal'，'wiper'和'viper'。"

喜欢跑到巷子里来敲我的门，吵得我没法睡觉。歇洛克·福尔摩斯先生想要什么呢，先生？”

“他想要您的一只狗。”

“噢！他要的一定是托比。”

“没错，就是托比。”

“托比住的是左手边的7号房。”

他端着蜡烛缓缓前行，穿过各式各样的飞禽走兽，穿过他亲手组建的这个古怪家庭。借着摇曳朦胧的烛光，我依稀看到，房间里每个角落都有荧光闪烁的眼睛在窥视我们，连我们头顶的椽子上也站满了神色凝然的鸟儿。到这会儿，这些鸟儿懒洋洋地换了换爪子，因为我们的声音搅了它们的清梦。

看到托比之后，我发现它是只棕白相间、形象丑陋、长毛垂耳的狗，一半像斯班尼犬，一半像勒车犬①，步态十分地笨拙蹒跚。爱好自然的老先生塞给我一块糖，让我喂给它吃。片刻犹豫之后，托比接受了我的馈赠，由是与我结下交情，跟着我上了车，老老实实陪了我一路。我回到本地治里别墅的时候，宫里的钟②刚刚打了三点。到了我才发现，前职业拳手麦克默多已经被当作从犯逮了起来，并已和舒尔托先生一起，被警方押往警局。两名警员把守

①　斯班尼犬（spaniel）是一类中小型的短腿垂耳狗；勒车犬（lurcher）是一类杂种猎狗，外形因杂交所用的种类而不同，通常比较大。

②　这里的“宫”（Palace）应指泰晤士河边的英国议会所在地西敏宫（Palace of Westminster），钟则是西敏宫钟楼上的大本钟（Big Ben）。

着狭窄的别墅大门，还好，等我报上那位侦探的名字之后，他们就让我带着狗儿进去了。

福尔摩斯站在屋子门口的台阶上，双手插在兜里，嘴里叼着烟斗。

"噢，你把它带来了！"他说道，"好狗儿，好样的！埃瑟尼·琼斯已经走了。你走了之后，我们看到了一场热火朝天的精彩表演。他不光逮捕了咱们的朋友萨德乌斯，连门房、管家和那个印度仆人也没放过。除了楼上的那个警长之外，这房子里就剩咱们两个了。把狗留在这儿，咱们上去吧。"

我们把托比拴在大厅里的桌子腿上，又一次上了楼。出事那个房间的情况跟我们离开时一模一样，唯一的变化是主角身上盖了块布。那名警长斜倚在角落里，神色疲惫不堪。

"警长，借你的牛眼灯①一用，"我同伴说道，"麻烦你把这点儿纸板②绕到我脖子上，把灯吊在我的胸前。谢谢你。好了，我得把靴子和长袜脱掉。等下你帮我把鞋袜带到楼下去吧，华生。我打算稍微试一试攀爬的本事。还有，拿我的手帕去蘸点儿杂酚油。行了，就蘸那么多。好了，你先跟我一起去阁楼上待会儿吧。"

我俩从天花板的洞口爬了上去，福尔摩斯又用灯照了

---

① 牛眼灯（bull's-eye）是提灯的一种，前面装有一块可以聚光的"牛眼透镜"（一面平一面凸的透镜），故名。

② "纸板"原文如此，据上下文当为"绳子"。这里的英文是"card"（纸板），谅为"cord"（绳子）之误。

照尘土里的那些脚印。

"你好好看看这些脚印，"他说道，"有没有发现什么值得注意的特点呢？"

"这些脚印的主人，"我说道，"应该是个小孩，要不就是个矮小的女人。"

"呃，尺码方面的特点不算。别的就没有了吗？"

"照我看，它们跟别的脚印没什么区别。"

"绝对有区别。瞧！这儿的尘土里有一个右脚的脚印，现在呢，我自个儿也是光着脚的，这就在它的旁边印上一个脚印。两个脚印最大的区别是什么？"

"你那个脚印的趾头挤作一团，这个脚印每根趾头都分得清清楚楚。"

"你说得对，区别就在这里。记着这一点吧。好了，麻烦你走到活门旁边，闻一闻木头门框的边缘，行吗？我就不过去了，因为我拿着手帕呢。"

我依言走到活门旁边，立刻闻到一股强烈的焦油气味。

"那家伙出去的时候，脚踩到了那个地方。既然你都能追踪他留下的那股气味，要我说，托比更不会有什么问题。好了，你赶紧去楼下，带上狗儿来看布隆丹①的表演吧。"

我走到院子里的时候，歇洛克·福尔摩斯已经上了房顶。只见他沿着屋脊爬向前方，活像一只巨大的萤火虫，速度十分缓慢。他爬到一丛烟囱后面，从我眼前消失了片

---

① 布隆丹（Charles Blondin, 1824—1897）为法国著名杂技演员，尤擅走钢丝。福尔摩斯自比布隆丹，是在跟华生开玩笑。

刻，再次现身之后又去了背面的房顶，身影再次隐没。我赶紧绕到屋子背面，发现他坐在屋檐的一个角上。

"是你吗，华生？"他叫道。

"是我。"

"这儿就是他上房的地方。下面那个黑乎乎的东西是什么？"

"水桶。"

"有盖子吗？"

"有的。"

"旁边有梯子吗？"

"没有。"

"这家伙真不要命！这么危险的地方也敢爬。不过，他既然有本事从这儿爬上来，我也应该有本事爬下去。这根水管摸着还是挺牢靠的。管他呢，我来了。"

接下来是一阵窸窸窣窣的攀爬响动，他胸前的提灯动了起来，顺着墙面稳步下降。过了一会儿，他轻轻一跃站上木桶，跟着就从木桶上跳了下来。

"他的行动路线很好辨认，"他一边穿靴子和长袜，一边说道，"他不光是踩松了所到之处的所有屋瓦，还在匆忙之中落下了这么一样东西。用你们医生的行话来说，这东西确证了我的诊断。"

他举到我眼前的是一只小小的口袋，袋子是用染过色的草编的，上面点缀着几颗花里胡哨的珠子。袋子的形状和尺寸都与烟匣子相仿，里面装着六根黑色的木刺，木刺一头尖一头圆，跟扎在巴索洛缪·舒尔托脑袋上那根一模一样。

"这些东西凶险极了，"他说道，"你小心点儿，可别把自己给扎了。我觉得非常高兴，因为这多半是他全部的家当。拿到这些东西之后，咱俩就可以踏实一点儿，不用担心在不远的将来，这种玩意儿会扎到你我身上。我宁愿吃上一颗马蒂尼①枪子儿，也不乐意沾上这种玩意儿。你还有力气跑六里路吗，华生？"

"没问题。"我回答道。

"你的腿受得了吗？"

"可以，受得了。"

"给你这个，小狗！好伙计托比！闻闻这个，托比，闻闻这个！"他把蘸了杂酚油的手帕伸到狗儿的鼻子下面，狗儿站在那里，叉开四条毛茸茸的腿，十分滑稽地侧着脑袋，架势就像一位正在鉴赏名酿的品酒行家。接下来，福尔摩斯远远地扔开手帕，把一根结实的绳子系上狗儿的项圈，牵着它走到墙根那只水桶跟前。狗儿立刻发出一连串高亢抖颤的吠叫，跟着就鼻子贴地、尾巴高举，顺着嗅迹啪嗒啪嗒跑了起来，速度非常之快，不光把牵它的绳子拽得紧紧的，还逼得我俩拿出了最快的速度。

东方渐白，借着阴冷灰暗的晨光，我们可以看清不远处的景物。我们的身后矗着那座方方正正的巨大房屋，黑

---

① 马蒂尼（Martini）即马蒂尼-亨利步枪（Martini-Henry），是当时英国陆军配备的一种新式步枪（1870年问世），因设计师马蒂尼（Friedrich von Martini, 1833—1897）和亨利（Alexander Henry, 1818—1894）而得名。

暗的窗户空空如也，高耸的墙面赤裸光秃，整座房子都显得悲哀绝望、惨淡凄凉。我们跟着狗儿穿过庭院，在遍布地面的沟槽和土坑之中穿进穿出。眼前到处是土堆和病快快的灌木，一片灾难深重的不祥景象，倒是跟笼罩此地的恐怖惨剧相得益彰。

跑到围墙边上之后，托比一边狺狺嗥叫，一边贴着墙根继续奔跑，最后才停在了一株小榉树背后的一个角落。这里是两堵墙交会的地方，墙上有几块砖已经松脱，留下的灰泥墙缝磨得很厉害，下缘也很光滑，似乎是经常被人用作梯级。福尔摩斯率先爬上墙顶，然后从我手里接过狗儿，又把狗儿放到了墙外。

"这儿有那个木腿家伙留下的手印，"等我爬到他身边的时候，他说道，"你瞧，白色的灰泥上有一块小小的血迹。昨天以来没下过特别大的雨，咱们的运气真是不错！尽管他们已经离开了二十八个小时，大路上仍然会有他们的气味。"

说实话，当时我心里多少有点儿打鼓，因为我想到之前的这段时间里，伦敦的大路上有过多么繁忙的交通。不过，我很快就打消了这样的疑虑。托比不曾有过哪怕一瞬间的迟疑犹豫，一直踩着它那种摇摇晃晃的古怪步点，啪嗒啪嗒地往前跑。显而易见，杂酚油的气味着实刺鼻，远远压过了其他那些可能造成混淆的气味。

"你可不要以为，"福尔摩斯说道，"我破这个案子只能依靠运气，只能指望那帮人当中有谁踩到了这种化学品。到现在，我已经掌握了许多资料，足可为我指明许多种追踪他们的途径。话又说回来，最简便的还是眼下的这个办法。再者说，既然幸运之神把这样的机会放在了咱们手里，不利用也是不应该的。可是，这案子本来很有希望成为一道相当考验智力的难题，这条线索却降低了它的难度。要没有这条过于明显的线索的话，这案子真可以算一个拿分的大好机会哩。"

"你拿的分已经够多了，多得可以浪费了，"我说道，"说实在的，福尔摩斯，你用来破这件案子的演绎方法真让我叹为观止，比你在杰弗逊·霍普那件案子里的表现还要让我佩服。在我看来，你这次的演绎过程比那次还要复杂，还要高深莫测。比方说，你为什么能如此笃定地列举那个木腿人的种种特征呢？"

"咳，我亲爱的伙计！这事情再简单不过啊。不是我在这儿装模作样，所有情况确实是明明白白摆在桌面上的。两位看管犯人的军官获悉了一个关于宝藏的重大秘密，一个名叫乔纳森·斯莫的英格兰人为他俩画了张地图。你应该记得吧，咱们在莫斯坦上尉那张地图上看见过这个名字。斯莫代表自己和同伙签上了那些名字，还发明了一种多少有点儿卖弄的说法，叫什么'四签名'。凭借地图的帮助，两位军官——或者是其中一位——找到了宝藏，把宝藏带回了英格兰，并且，咱们不妨假设，没有履行自己用来换取宝藏的某些承诺。好了，我们再来问，乔纳森·斯莫干吗不自个儿去找宝藏呢？答案也显而易见。地图问世的那个时候，莫斯坦干的刚好是一份成天跟犯人打交道的差使。乔纳森·斯莫之所以没有自个儿去找，是因为他和他那些同伙都在服刑，根本脱不了身。"

"这只是你的一种推测而已。"我说道。

"这可不只是一种推测，更是唯一的一个能够涵盖所有事实的假设。咱们不妨来看一看，这假设跟后来的事情是多么吻合。舒尔托少校过了几年太平日子，乐颠颠地守着他的宝藏。后来呢，他收到一封印度来信，立刻吓得魂不附体。那是一封怎样的信呢？"

"一封通报情况的信，说的是他那些冤家债主已经获释。"

"应该说是已经越狱。这种情形的可能性更大，因为他肯定知道那些人的刑期，如果是刑满释放的话，他是不会觉得意外的。接下来他又是怎么做的呢？他小心地提防着一个装了木腿的人——注意，他提防的对象是个白人，因为他曾经把一个白人商贩当成那个人，而且实实在在冲对方开了枪。好了，那张地图上只有一个白种人的名字，别的都是印度教徒或者回教徒的名字。所以说，那帮人里面只有一个白人。这样一来，我们就可以十拿九稳地断定，装了木腿的人就是乔纳森·斯莫[1]。你说说，我这段演绎有破绽吗？"

"没有。我只能说它非常清晰，非常简洁。"

"那好，咱们不妨把自己摆到乔纳森·斯莫的位置，

---

[1] "Jonathan Small"（乔纳森·斯莫）是典型的英美人名字。前文提及的地图上的另外三个名字，亦即"Mahomet Singh"（马哈默特·辛格）、"Abdullah Khan"（阿卜杜拉·汗）和"Dost Akbar"（多斯特·阿克巴），都不是英美人名字。

从他的角度想想这件事情。他来到英格兰，心里怀着两个目的，一是要拿回他认为自己应得的东西，二是要报复那个亏负自己的对头。他找到了舒尔托的住处，很可能还跟别墅里的某个人搭上了线。舒尔托家里有个名叫拉尔·劳的男仆，咱们虽然没有见到，伯恩斯通太太对他的评价可跟'好'这个字沾不上边儿。尽管如此，斯莫还是没搞清藏宝的地点，因为知道地方的只有少校本人，再就是少校那个已经死去的忠实仆人。到后来，他突然获悉少校已经奄奄一息，担心宝藏的秘密会跟少校一同入土，情急之下就不顾少校家里的森严戒备，设法爬到了少校窗前，仅仅是因为少校的两个儿子也在场，才没敢硬往里闯。不过，出于对死者的刻骨仇恨，当天夜里他就摸进死者的房间，想从死者的私人文件里找出与宝藏有关的记录，最后还为自己的夜访留了个纪念，也就是写在纸上的那行简短字迹。毫无疑问，他之前就有过类似的计划，要是能亲手杀死少校的话，他肯定会在少校的尸体上留下同样的凭证，让人知道这不是一桩普通的谋杀，而是——从他们四个的角度来看——一件讨还公道的义举。这一类异想天开的狂妄做法在犯罪史上屡见不鲜，往往会成为追查罪犯的宝贵线索。这些你都听明白了吗？"

"完全明白。"

"接下来，乔纳森·斯莫又该怎么办呢？他只能继续暗中监视，看屋主的寻宝行动进展如何。当时他很有可能离开了英格兰，仅仅是隔三岔五回来看看。再往后，屋主在阁楼里寻获宝藏，斯莫立刻就得到了通知。这个事实再一次提醒我们，这家人当中有他的奸细。乔纳森装了木腿，根本不可能爬进巴索洛缪·舒尔托那个远离地面的房间。只不过，他身边有个相当古怪的同伙。那个同伙帮他排除了这些困难，但却让自个儿的赤脚沾上了杂酚油，所以才有托比登场亮相，所以才让一位半薪军医拖着他受伤的'阿喀琉斯之腱'[①]，一瘸一拐地跑了足足六里。"

"如此说来，杀人的是那个同伙，并不是乔纳森。"

"确实如此。还有啊，这事情让乔纳森非常反感，看他进屋之后跺脚的方式就知道了。他跟巴索洛缪·舒尔托没什么怨仇，多半是把对方绑起来再堵住嘴就可以算数，因为他不想把自个儿的脑袋往绞索里伸。可是他来不及阻止这件事情，因为他那个同伙蛮性大发，已经用毒刺致人死命。于是乎，乔纳森·斯莫留下字条，把宝物箱子放到地面，自己也跟了下去。就目前而言，这便是我能整理出来的事件链条。至于他的外表嘛，当然喽，他在安达曼那个烤炉里服过刑，因此就只能是个中年人，只能是晒得黝黑的模样。他的身高很容易通过步幅推算出来，而我们还知道他长着络腮胡子。萨德乌斯·舒尔托在自家的窗前看见过他，印象最深的一点就是他毛发很多。据我看，已知的情况大致就是这些。"

---

① 阿喀琉斯（Achilles）是古希腊神话当中的英雄，脚踵是他身上唯一的弱点，他的死即是因为被太阳神阿波罗射中脚踵。"阿喀琉斯之踵"（Achilles' heel）是西方习语，指人的致命弱点。这里的"阿喀琉斯之腱"（tendo Achillis）虽然是跟腱的别称，但应该是比照"阿喀琉斯之踵"的戏谑说法，并不是实指。

"那个同伙呢？"

"哦，这个啊，这也不是什么特别神秘的事情。不过，你很快就可以知道所有的一切，等不了多久的。清晨的空气何其甜美！瞧那朵小小云彩飘动的模样，真像是某只巨型火烈鸟身上的一片粉色羽毛。彤红日轮冲破伦敦的云雾堤岸，光华普照芸芸众生，可我敢打赌，日光之下再没有谁的差使，能够比你我的差使更加奇异。面对大自然的伟力，我们这些微不足道的抱负与追求显得何等渺小！那本让·保罗的著作，你应该读得差不多了吧？"

"差不多了。我先读了点儿卡莱尔的东西，然后才回过头去读他的作品。[①]"

"这样也好，道理就跟从溪流回溯源头的湖泊一样。他有一个古怪却深刻的观点，认为人类之所以称得上伟大，首要的证据就是人类能认识自身的渺小。你看，按照他这个观点，对比和鉴别的能力本身就是高贵的证明。里希特的作品，确实包含不少滋养头脑的食粮。你没带枪，对吧？"

"我带着手杖呢。"

"咱们要是找到了他们的老巢，搞不好就得动用这一类的家什。乔纳森可以交给你来对付，另外那个要是不老

---

① 让·保罗（Jean Paul Friedrich Richter, 1763—1825）为德国浪漫派作家，即下文中的里希特，对自然的热爱以及宗教情感在他的作品中多有体现；卡莱尔即苏格兰作家托马斯·卡莱尔，写过一些评论让·保罗的文章，参见《暗红习作》注释。值得注意的是，按照作者在《暗红习作》当中的叙述，福尔摩斯连卡莱尔是谁都不知道。同样有趣的是，本篇中福尔摩斯多次引用歌德等人的话，表明《暗红习作》当中华生那句"文学和哲学知识为零"的评价有欠公允。

实的话，那我只好开枪打死他。"说话间，他把左轮手枪从外套的右边口袋里掏了出来，装上两颗子弹，又把枪放了回去。

这之前，我们一直跟着托比在通往市区的各条郊区道路上穿行，路两边都是别墅。眼下呢，我们已经走进绵延不断的市区街道，街上有许多早早起床的码头工人和其他劳工，还有一些邋邋遢遢的妇人，正在取下窗子的挡板，清扫门前的台阶。街角那些方形屋顶的酒吧刚刚开始一天的生意，一个个长相粗野的男人从里面走了出来，用袖子揩拭沾上胡须的残酒。不相识的狗儿晃晃悠悠走到近前，好奇地打量过路的我们，可我们这只无可比拟的托比从不左顾右盼，只管小跑着奔向前方，鼻子贴着地面，偶尔才会兴奋地哼哼一声，表示它碰上了一个嗅迹特别明显的地点。

我们已经把斯垂特厄姆街区、布莱克斯顿街区和坎伯韦尔街区抛在身后，又穿过了椭圆球场①东边那些小街，眼下则走到了肯宁顿巷。看样子，我们追踪的这两个人刻意选择了一条不合常理的"之"字形路线，多半是为了避人耳目。只要有方向相同的小街可走，他们绝不在主路逗留。所以呢，刚走到繁华的肯宁顿巷跟前，他们就转进了左手边的邦德街和迈尔斯街。我们从迈尔斯街追踪到骑士广场之后，托比停住了前行的脚步，开始来回逡巡，一只耳朵支了起来，另一只耳朵继续趴着，把犬类的踌躇演绎得淋漓尽致。这之后，它啪嗒啪嗒地转起圈来，其间还时

---

① 椭圆球场（the Oval）为伦敦著名球场，建于 1845 年，位于肯宁顿街区。

264

不时地抬起头看看我俩，仿佛在为自个儿的难堪处境索取同情。

"这只狗究竟是怎么啦？"福尔摩斯抱怨道。"他们总不会坐上了出租马车，或者坐热气球上天了吧。"

"他们兴许是在这儿站了一会儿吧。"我如是猜测。

"哈！好了，它又走起来了。"我同伴无比欣慰地说道。

这回它可真的是走起来了，因为它四下闻了一阵，然后就突然拿定主意，带着前所未有的劲头和决心冲向前方。看样子，此时的嗅迹比以往任何时候都要明显，因为它压根儿不去闻嗅地面，只顾着一个劲儿拖拽绳子，想要狂奔起来。福尔摩斯的眼睛闪闪发亮，显然是认为这一次的旅程已近尾声。

我们沿着九榆巷一直往前走，最终走到了布罗德里克和纳尔逊家的大木场，木场就在白鹰酒馆前边一点点的地方。到了这里之后，兴奋得快要发狂的狗儿从侧门钻进了木场的围栏，已经有锯木工人在围栏里面开工。狗儿继续狂奔，踩过地上的锯末和刨花，穿过一条巷道，转进两垛木材之间的一条过道，最后就发出一声胜利的噪叫，跳上一只还没从送货手推车上卸下来的大桶。它站在大桶上面，吐着舌头，眨巴着眼睛，一会儿看看我，一会儿又看看福尔摩斯，期待着我俩的赞许表示。大桶的侧板，还有手推车的轮子，都沾着一种暗色的液体，空气中充满杂酚油的气味。

歇洛克·福尔摩斯和我面面相觑，不约而同地发出一阵止不住的狂笑。

第八章　贝克街特遣队

"现在怎么办？"我问道，"托比那种百发百中的禀赋已经没了啊。"

"它有它自个儿的工作方法，"福尔摩斯一边说，一边把狗儿抱下大桶，牵着它走出木场，"想想一天里有多少杂酚油在伦敦街上流转，你就很容易理解，咱们追踪的嗅迹很容易发生偏差。这东西现在用得很普遍，主要是用来处理木材。这可不能怪可怜的托比。"

"照我看，咱们只能回头去找原先的嗅迹了吧。"

"是啊。幸运的是，回头路不算太远。很显然，骑士广场那个角落有两条方向相反的嗅迹，所以才让狗儿摸不着头脑。这一条既然是错的，咱们回头追踪另一条就行了。"

这件事做起来轻而易举。我们把托比牵回它刚才犯错的地点，它马上在四周兜了一个大圈，然后就朝一个新的方向跑了起来。

"咱们可得小心，不能让它把咱们领到那只杂酚油桶的始发地点去。"我说道。

"这我已经考虑到了。不过你瞧，运油桶的车只能走马路中间，可它一直都在人行道上走。错不了，眼下这条嗅迹是正确的。"

嗅迹渐渐转向河滨，穿过贝尔蒙特广场和王子街，又在布罗德街的尽头径直折向水边一座小小的木头船坞。托比一直把我们领到船坞与河水相接的地方，然后就站在那里哼哼唧唧，眼巴巴望着阴暗的河水。

"咱们的好运到此为止，"福尔摩斯说道，"跑到这里，他们就上船去了。"

船坞边缘的水面上泊着几只或方头或尖头的小艇，我们让托比挨个儿闻了一遍。它闻得很是用心，只可惜没有任何表示。

简陋栈桥旁边有一座小小的砖房，一块木头招牌从房子的第二扇窗户里支棱出来，牌子上用大大的字体写着"莫迪凯·史密斯"，这行字的下方则是"船只租赁，计时计日均可"。房门上方也有一块牌子，上面说房主还拥有一艘汽艇。码头上堆着许多焦炭，说明汽艇的事情绝非虚言。歇洛克·福尔摩斯慢慢地观察了一下周围的情况，脸上浮现一抹不祥的阴影。

"情况不妙啊，"他说道，"那些家伙比我预想的还要狡猾，似乎已经把自个儿的踪迹盖了起来。按我看，他们预先就在这里做好了安排。"

他一边说，一边走向房门。房门突然开了，跑出一个六岁左右的卷发男孩，后面跟着一个胖墩墩的红脸妇人，手里拿着一块硕大的海绵。

"你给我回来把澡洗了，杰克，"妇人吼道，"快回来，你这个小淘气。你爸爸回来看见你这副样子，少不了一顿数落。"

"亲爱的小家伙！"福尔摩斯喊道，一副老奸巨猾的模样，"好一个红脸蛋儿的小滑头！好啦，杰克，你想要什么东西吗？"

小男孩想了想。

"我想要一个先令。"他说道。

"不想要什么更好的东西吗？"

"那就要两个先令。"小神童思忖片刻，如是作答。

"好吧，给你！接住喽！——小家伙真聪明，史密斯太太！"

"愿上帝保佑您，先生，他就是这样，也不知道害臊。我真拿他没办法，我男人要是一连几天不在家，他就更没法治了。"

"不在家，是吗？"福尔摩斯的口气十分失望，"那可真是太遗憾了，我本来还想跟史密斯先生谈谈哩。"

"他昨天早上就走了，先生，还有啊，实话告诉您，我都有点儿担心他了呢。不过，您要是想租船的话，先生，我也可以效劳的。"

"我想租他那艘汽艇。"

"哎呀，真不巧，先生，他刚好就是开那艘汽艇走的。就是这点让我想不明白，因为我知道船上没多少炭了，顶多只能去郊区的伍利奇那边打个来回。如果他开的是驳船的话，我倒不会多想什么，因为经常有客人租船去格里夫森德①那么老远的地方，赶上那边有什么事的时候，他没准儿也会在那边过夜。可是，没有炭的汽艇能去哪儿呢？"

"兴许他在下游的某个码头买了炭吧。"

"兴许吧，先生，可他平常是不会这么干的。我听他嚷嚷过好多次，说那些人为那么几小袋子炭就收他好多钱。还有啊，我可不喜欢那个木腿男人，脸长得丑，说话也怪里怪气。他老上这儿来转悠什么呢？"

"木腿男人？"福尔摩斯显得有点儿惊奇。

"没错，先生，那是个褐皮肤的猢狲脸，找过我男人不止一次。前天夜里，就是他把我男人叫起来的，还有啊，我男人应该是知道他要来，提前就给汽艇生上了火。跟您说实话吧，先生，我心里真是挺不踏实的。"

"可是，亲爱的史密斯太太，"福尔摩斯耸了耸肩膀，"您没有什么好担心的啊。您怎么知道夜里来的是那个木腿男人呢？我不太明白，您为什么这么肯定。"

"因为他的嗓门儿，先生，我听得出他那种又粗又含糊的嗓门儿。当时他敲了敲窗子，大概敲了三下吧。'出来一趟，伙计，'他说，'该出来送我们了。'我男人就喊醒吉姆，就是我们的大儿子，话都没撂半句就走了。我还听见了木腿敲在石头上的声音。"

"那个木腿男人是自己一个人来的吗？"

"说不好，真的，先生。我没听见有别人。"

"太遗憾了，史密斯太太，因为我想租艘汽艇，又听

---

① 格里夫森德（Gravesend）为英格兰肯特郡城镇，位于泰晤士河口南岸，是海船进入伦敦港的门户。

人家推荐您家的——我想想啊，它叫什么名字来着？"

"'曙光号'，先生。"

"对啊！您说的是那艘漆了道黄线的绿色汽艇，船身特别宽大，对吧？"

"不是，真的不是。它是个苗条的小东西，并不比河里边儿别的汽艇宽大。我们刚给它刷过漆，用的是黑色，还加了两道红条。"

"谢谢。但愿您很快收到史密斯先生的消息。我这就准备到下游去，要是看到'曙光号'的话，我会跟您丈夫说，说您很惦记他。您刚才说它的烟囱是黑色的，对吧？"

"不是，先生。黑底上还有道白条。"

"噢，当然，船帮才是黑色的。再见，史密斯太太。那边有个摆渡的船夫，华生，咱们坐那条船到河对面去吧。"

"跟他们这样的人打交道，"我俩坐进渡船之后，福尔摩斯说道，"最重要的是不能让他们察觉，他们的情报对你来说有哪怕一丁点儿的价值。一旦察觉到这一点，他们就会把嘴巴关得紧紧的，像只牡蛎一样。这么说吧，如果你像我刚才那样，仅仅是半推半就地听他们说，那你就很有希望拿到自己想要的情报。"

"现在看来，咱们的目标已经很清楚了。"我说道。

"那么，接下来你会怎么办呢？"

"我会租一艘汽艇，到下游去找'曙光号'。"

"亲爱的伙计，那样可就太费劲了。从这儿到格林尼治，河两岸有许多船坞，它可以停在其中任何一个船坞里。除此之外，桥下游的河道好比一座几十里长的迷宫，可以泊船的地方多的是。自个儿去找的话，不知道要多少天才能找遍。"

"那就通知警方去找。"

"不行。案子办到最后的时候，我多半会通知埃瑟尼·琼斯。他这个人也还不错，我并不想做什么损害他职业声誉的事情。不过，既然咱们已经追查到了这一步，那我还是想自个儿把这件案子办完。"

"那咱们干脆登一则启事，向那些船坞老板征集情报，这样子行不行呢？"

"这办法糟得不能再糟了！那样的话，咱们的目标就会知道风声很紧，甚至会逃往国外。这么说吧，他们本来也多半是要跑的，但是呢，只要他们还感觉自己高枕无忧，动作就不会那么快。从这个方面来说，琼斯的冲天干劲倒是可以帮到咱们，因为他对这案子的看法肯定会天天见报，而逃犯们就会觉得，所有人都在往错误的方向追查。"

"那你说，咱们究竟该怎么办呢？"渡船在米尔班克监狱①附近靠岸的时候，我问道。

"坐上这辆汉森车，回家吃点儿早餐，然后再睡上一个小时。很有可能，今晚上咱们还得出来走走。看见电报局就停一下，车夫！咱们先留着托比，接下来没准儿还得用它呢。"

我们在大彼得街邮局停了一停，福尔摩斯下去发了封

————————

① 米尔班克监狱（Millbank Penitentiary）是当时伦敦的一座监狱，1890 年关闭。渡船在米尔班克监狱靠岸，说明史密斯家的船坞在沃萨桥附近，在后文中西敏台阶、伦敦塔等地的上游。

电报。

"你猜猜，我这封电报是发给谁的呢？"马车再次上路的时候，他问道。

"这我可猜不出来。"

"办杰弗逊·霍普那件案子的时候，我雇了贝克街侦缉特遣队来帮忙，你还记得吗？"

"当然记得。"我笑着说。

"眼下这件案子，恰好是他们大显身手的机会。即便他们没有成功，我也有别的路子，只不过，我还是想先试试他们的能耐。电报是发给威金斯的，就是我那个脏兮兮的小副官。据我看，等不到吃完早餐，咱们就可以见到他和他那帮手下了。"

时间过了早上八点，所以我渐渐觉得，持续整夜的兴奋劲头已经退去，一股强烈的反作用正在袭来。我无精打采，困顿不堪，身体十分疲惫，心中一片茫然。我没有我同伴那种孜孜不倦的专业热情，也没法简单地把这件案子看成一个抽象的智力问题。单说巴索洛缪·舒尔托的死嘛，我没听谁说过他什么好话，对那两个凶手也就没有太大的反感。宝藏的事情呢，那可就不一样了。宝藏，或者说宝藏的一部分，是莫斯坦小姐应得的财产。只要能有机会帮她找回宝藏，我乐意把全部的生命献给这个目标。诚然，如果我找到宝藏，多半就等于把她送上一个我永远无法企及的高处。可是，一份爱情若是会受这种盘算的影响，那就只能说是又渺小又自私。为了缉拿罪犯，福尔摩斯不知疲倦，而我拥有十倍于他的动力，无论如何也要把宝藏找回来。

我在家里洗了个澡，换掉了全身的衣服，一下子感觉自己焕然一新。下楼走进客厅的时候，我发现早餐已经上桌，福尔摩斯正在斟咖啡。

"看看这个，"他一边笑，一边把一份摊开的报纸指给我看，"干劲十足的琼斯和无所不在的记者已经把整件事情编了出来。不过，这案子已经让你遭够了罪，你还是先吃点儿火腿和鸡蛋吧。"

我从他手里接过报纸，看了看这篇题为"诺伍德高地谜案"的《旗帜报》简讯：

> 昨夜十二时许，有人发现诺伍德高地本地治里别墅主人巴索洛缪·舒尔托先生死于私室，死状可疑。本报悉，舒尔托先生遗体并无暴力伤害痕迹，唯该已故绅士曾承继亡父遗赠，拥有价值高昂之印度宝石一批，死时业已遭人劫走。率先发现此事者为歇洛克·福尔摩斯先生及华生医生，二人昨晚与死者之弟萨德乌斯·舒尔托先生同访别墅，由是有此发现。万万之幸，著名警探埃瑟尼·琼斯先生彼时正在诺伍德警局，接获警讯不足半小时即已抵达现场。琼斯先生训练有素、久历风霜，立时察觉罪犯踪迹，由是取得可喜成果。死者之弟萨德乌斯·舒尔托业已被捕，同时落网者尚有管家伯恩斯通太太、印度男仆拉尔·劳以及门房麦克默多。现已确知，窃贼或贼众对事发

房屋十分熟悉，此因琼斯先生素以专精业务闻名，并有洞烛秋毫之观察能力，借此一锤定音，罪犯非由门窗出入，乃自屋顶活门进入某房间，该房间并与尸体所在房间相连。此一事实凿凿有据，足以论定此案绝非偶然窃盗。执法警探之现场表现可谓雷厉风行，足证此类局面若有能力超绝、手法纯熟之干员主持，利莫大焉。本报不得不以为，此案实可佐证相关人士之观点，即当局应将探员再行分遣，使之切实贴近各地罪案，以便切实履行罪案调查之责任。

"简直是妙不可言哪！"福尔摩斯端着咖啡杯，咧开嘴大笑起来，"你觉得这篇报道怎么样？"

"我觉得，我们两个没有被当成凶手抓起来，已经可以算是万幸了。"

"我也这么觉得。要是琼斯心血来潮，又抽那么一次风的话，你可别让我为咱俩的安全负责。"

就在这时，我突然听见铃声大作，跟着就听见房东哈德森太太提高嗓门，发出一连串的抗议和哀叹。

"天哪，福尔摩斯，"我说道，身子起了一半，"照我看，他们真的来抓咱俩了。"

"没有，事情还没有糟糕到那种地步。来的只是杂牌军——贝克街特遣队。"

话音未落，门外就传来许多赤脚在楼梯上飞快奔跑的声音，然后是一阵高声的喧哗，紧接着就有十二个肮脏褴楼的街头流浪儿一窝蜂冲进房来。他们的举动虽然说毫无秩序，倒也并不是毫无纪律，因为他们一进来就面朝我俩站成一排，脸上写满了期待。其中一个孩子个子比较高，年纪也比较大，这时就站了出来，端出一副懒洋洋的长官架势。这样一种派头，配上这样一个有碍观瞻的小稻草人，着实让人忍俊不禁。

"我收到了您的指示，先生，"他说道，"所以就准时准点带他们来了。车费是三先令六便士。"

"喏，给你，"福尔摩斯拿出几枚银币，"以后呢，他们可以向你报告，威金斯，然后你再来向我报告。我可不能由着你们蹂躏这座房子。话又说回来，这样子也好，你们所有人都可以听到我的指示。我要你们去找一艘名叫'曙光号'的汽艇，船主的名字是莫迪凯·史密斯，船身黑色，带两道红条，烟囱也是黑色，带一道白条。这艘船眼下在河的下游，不知道什么地方。我要你们派个人去莫迪凯·史密斯的栈桥守着，看这艘船什么时候回来，栈桥在米尔班克监狱的对面。你们得自个儿决定任务怎么分配，总之要把河的两岸彻彻底底搜一遍。一有消息就马上通知我，明白了吗？"

"明白，长官。"威金斯说道。

"你们的薪水还照老规矩，找到船的孩子可以多得一个畿尼。这里先预付你们一天的薪水。好了，你们去吧！"

他给了孩子们一人一个先令，孩子们便闹哄哄地下楼去了。一眨眼的工夫，我看见他们的身影涌上了街头。

"只要这汽艇还没沉，他们就能把它给找出来，"福尔摩斯离开餐桌,点起了自个儿的烟斗,"他们什么地方都能去,什么事情都能看见,什么人的话都能偷听。我估计不等天黑,他们就会跑来报告,说他们发现了汽艇。在此期间,咱们只能等他们的消息,干不了什么别的。咱们要么得找到'曙光号',要么得找到莫迪凯·史密斯先生,否则就没法把断了的线索接起来。"

"要我说,托比吃咱们剩下的东西就行了。你打算去睡了吗,福尔摩斯?"

"不睡,我不累。我这人体质与众不同。我不记得自己有过工作劳累的时候,没事干的日子倒让我筋疲力尽。我打算抽会儿烟,好好想想我这位女主顾介绍给咱们的这桩古怪生意。要说世上有过简单任务这样东西的话,咱们手头这件就得算是其中之一,原因是装了木腿的人并不算多,另外那个呢,照我看,只能说是真真正正独一无二了。"

"又是另外那个!"

"无论如何,我并不打算把他变成你心里的一个谜团。再者说,你多半也已经形成了自己的看法。好了,你好好掂量一下已知的事实吧。特别小的脚印、没受过鞋子约束的脚趾、赤脚、绑了石头的木棒、十分敏捷的身手,还有小小的毒箭,把这些事实拢在一起,你会想到什么呢?"

"生番!"我大叫一声,"乔纳森·斯莫以前有几个印度同伙,那人兴许就是其中之一。"

"应该不是,"他说道,"第一眼看到那些怪异武器的时候,我也是往那方面想的,可那些脚印非同一般,让我不得不调整自己的看法。印度半岛的确有一些小个子的土著，但他们的脚印都不会是那个样子。印度教徒的脚一般说来又长又瘦，回教徒则总是穿凉鞋，鞋面的皮条通常隔在大脚趾和其他脚趾之间，这样一来，大脚趾就跟别的脚趾分得很开。除此而外，那些小小的毒箭只能用吹管来发射，并没有其他的发射方法。既然如此，咱们这个生番应该是何方人氏呢？"

"南美洲。"我大着胆子猜了一猜。

他伸出一只手，把书架上的一本大部头拿了下来。

"这是刚出版的一部地名词典的第一卷，算得上最新的权威指南了。里面是怎么写的呢？

> 安达曼群岛，位于孟加拉湾海域，南距苏门答腊岛三百四十里。

"哼！哼！这都是些什么东西？潮湿气候、珊瑚礁、鲨鱼、布莱尔港、囚犯营、拉特兰岛、黄槿①——哈，找到了！

> 安达曼群岛土著可望赢得世界上最矮小种族的殊荣，尽管某些人类学家倾向于选择非洲的布

---

① 布莱尔港（Port Blair）为安达曼地区首府，得名于东印度公司军官布莱尔（Archibald Blair, 1752—1815）；拉特兰岛（Rutland Island）是安达曼群岛当中的一个岛屿；"黄槿"原文为"cottonwood"，可以指多种植物，从生长地点来看，这里说的"cottonwood"应该是锦葵科木槿属灌木或乔木黄槿（*Hibiscus tiliaceus*）。

须曼人、美洲的'挖掘者'印第安人或者火地人。①安达曼土著平均身高不足四尺，许多土著虽已完全成年，身高亦远远低于此数。他们性情凶暴乖戾，桀骜难驯，同时也可以成为最为忠实的朋友，前提是你赢得了他们的信任。

"记着这一点，华生。好了，再听听这段。

他们天生一副凶相，长着畸形的大脑袋、凶狠的小眼睛和扭曲的五官。不过，他们的双手双脚都小得异乎寻常。此种族可谓凶性不悛，英国官方虽已想尽一切办法，仍不能令他们改悔丝毫。长期以来，他们一直是失事水手的梦魇，因为他们会用顶端绑有石头的棍棒敲碎海难幸存者的脑袋，或者用毒箭射死对方。诸如此类的屠杀，总是以一场人肉盛宴作为结束。

"真是个文雅可亲的种族啊，华生！要是我们追踪的那个家伙没有人管着、可以自行其是的话，这事情多半还会朝更加恐怖的方向发展呢。照我的估计，现在的状况就

① 布须曼人（Bushmen）为南部非洲土著；"挖掘者"印第安人（Digger Indians）是欧美殖民者对美国西部派尤特印第安人（Paiute）的称呼，可能是因为他们掘食植物块根；火地人（Fuegians）为南美洲南端火地岛的土著。此外，这本"地名词典"对安达曼土著的描述与事实颇有出入。

已经让乔纳森·斯莫非常懊恼，后悔不该让他帮忙了。"

"可是，他是怎么找来这样一个古怪同伙的呢？"

"哦，这我可就不知道了。不过，既然我们早已断定，斯莫在安达曼待过，那他身边有这样一个岛民，也不能算是特别离奇的事情。毫无疑问，时候一到，一切都会水落石出的。听着，华生，我看你已经是累垮了，去沙发上躺一会儿，让我来帮你催眠吧。"

他拿起搁在角落的小提琴，等我四仰八叉躺下之后，便开始演奏一段低沉优美、轻柔如梦的曲调。毫无疑问，这曲子是他自个儿的手笔，因为他特别擅长即兴作曲。至今我还依稀记得当时的情景，记得他瘦长的双手和诚挚的面容，还有起起落落的琴弓。接下来，恍惚之间，我悠然漂进一片宁谧的音乐海洋，渐渐地漂到梦乡，梦乡里有玛丽·莫斯坦温柔的脸庞，正在从高处向我凝望。

第九章　线索中断

我一觉睡到将近黄昏，醒来就觉得体力充盈，精神焕发。歇洛克·福尔摩斯依然坐在原来的位置，只不过已经放下小提琴，正在聚精会神地读一本书。听见我有了动静，他转过脸来看我，而我立刻发现，他脸上笼着不安的阴云。

"你睡得很香啊，"他说道，"我本来还担心我们说话会吵醒你呢。"

"我什么也没听见，"我回答道，"有什么新消息吗？"

"糟糕得很，没有。老实说，我觉得又惊讶又失望。我本来以为，到这会儿肯定能有什么确实的消息。可是，威金斯刚刚上来报告，说他们找不到那艘汽艇的踪迹。这个挫折挺让人恼火的，到了现在，每个小时都很宝贵啊。"

"我能帮上什么忙吗？我已经完全恢复过来了，再出去跑一个晚上也没问题。"

"帮不上，眼下咱们什么也干不了，只能继续等着。自个儿出去找的话，咱们就可能错过他们送来的消息，耽误办案的时机。你有事儿尽管去办，可我必须在这儿守着。"

"那样的话，我就去一趟坎伯韦尔，看一看塞希尔·福里斯特太太。昨天她请我去来着。"

"真是去看塞希尔·福里斯特太太吗？"福尔摩斯问道，眼睛里闪出一抹笑意。

"呃，当然还有莫斯坦小姐。她俩都很想知道案子的进展。"

"换作是我的话，就不会跟她们说得太多，"福尔摩斯说道，"你永远也不能完全地信任女人，再好的女人也不例外。"

我没有驻足反驳他这个骇人听闻的观点。

"我一两个钟头就回来。"我说道。

"好的！祝你好运！对了，等一等，既然你要去河对面，那就顺便把托比还回去吧。现在我觉得，咱们肯定不会再用到它了。"

我依言带上托比，把它还给了品钦巷那位爱好自然的老先生，同时送上一枚半镑的金币。到了坎伯韦尔，我发现莫斯坦小姐虽然被昨夜的冒险之旅弄得有点儿疲惫，但还是非常想听听新的消息，福里斯特太太也跟她一样，对这件事情充满了好奇。于是我把我和福尔摩斯的探案过程和盘托出，只不过略去了惨剧之中较为可怕的情节，换句话说，我虽然讲到了舒尔托先生的死，却没讲具体的死状和致死的因由。不过，饶是我如此这般删删减减，案情还是让她们惊骇不已。

"简直跟小说一样！"福里斯特太太叫道，"一位蒙冤受屈的女士、一宗价值五十万的宝藏、一个黑皮肤的食人生番，再加一名木腿的恶棍。这可比那些老一套的恶龙啦、邪恶伯爵什么的惊险多了。"

"还有两位拔刀相助的游侠骑士。"莫斯坦小姐补了一句,喜滋滋地瞥了我一眼。

"可不是嘛,玛丽,你的财富就得看他俩查案的结果呢。不过,我觉得你好像并不怎么兴奋啊。想想吧,你会变得那么富有,让整个世界拜倒在你脚下,那该有多好!"

我心里掠过一丝喜悦的颤抖,因为我看到,面对这样的前景,莫斯坦小姐并没有流露丝毫得意。恰恰相反,她骄傲地扬了扬头,似乎对这件事情完全不感兴趣。

"我只是替萨德乌斯·舒尔托先生担心,"她说道,"其他的事情都不重要。我觉得,他从头到尾都表现得非常善良、非常公道。他背上了这么个子虚乌有的可怕罪名,我们有责任帮他洗清。"

傍晚我才离开坎伯韦尔,到家时天已黑透。我室友的书和烟斗依然摆在他那把椅子旁边,人却不知道去了哪里。我四处打量一番,想看看他有没有留个字条什么的,但却一无所获。

"歇洛克·福尔摩斯先生出去了,对吧。"哈德森太太正好上楼来放百叶帘,于是我问了她一句。

"没有,先生。他在他自个儿的房间里,先生。您知道吗,先生,"她嗓门儿压得很低,变成一种大惊小怪的耳语,"我担心他的健康哩。"

"为什么呢,哈德森太太?"

"呃,他的举动特别古怪,先生。您走了以后,他就开始不停踱步,走来走去,走来走去,我都让他的脚步声给弄烦了。然后呢，我又听见他自言自语、嘀嘀咕咕，门铃只要一响，他马上冲到楼梯口来问，'谁来了，哈德森太太？'再后来，他进了自个儿的房间，'砰'一声关上了门，可我听见他还是跟先前一样走个不停。我担心他是不是病了，先生，还大着胆子跑去问他，要不要退火的药，可他转过身来，先生，用那样的一副表情对着我，搞得我连自己是怎么离开的都不记得了。"

"要我看，你没有什么好担心的，哈德森太太，"我回答道，"他这种样子我也见过。他心里有点儿小疙瘩，所以才这么坐立不安。"

我在我们好心肠的房东太太面前说得轻巧，可我自己心里也有点儿不安，因为在这个漫长的夜晚，我三番五次听见福尔摩斯的沉重脚步，由此知道这种无可奈何的停滞局面，对他亢奋的神经造成了极大的折磨。

吃早餐的时候，他神色又疲惫又憔悴，两颊都带着一小块红色，跟发了烧一样。

"你可别把自己给累垮了，老伙计，"我说道，"夜里我听见你踱步来着。"

"不会，我只是睡不着而已，"他回答道，"这该死的问题害得我好苦。那么多困难我都克服了，眼下却栽在这么个小坎儿跟前，真叫人不甘心。我知道凶手是谁，还知道汽艇的名字，什么我都知道，可就是得不到任何消息。我已经找了别的一些人来帮忙，用上了我能用的一切手段。整条河的两边搜了个遍，但还是没有发现，与此同时，史密斯太太那边也没有丈夫的音讯。要不是因为有些地方说不通的话，我都要认为他们把船给凿沉了呢。"

"也没准儿，史密斯太太故意给了我们一些假情报。"

"不会，我觉得这种可能性可以排除。我找人查过，的确有那样一艘汽艇。"

"它会不会到上游去了呢？"

"这一层我也想到了，而且派了人去搜索，搜索范围一直延伸到了上游的里奇蒙镇①。今天还是没有消息的话，明天我就要自个儿出去找，只不过不找那条船，直接去找那些凶手。当然我敢肯定，百分之百肯定，咱们应该能收到一点儿消息。"

可是，我们并没有收到消息。威金斯也好，其他任何人也好，都不曾捎来只言片语。各家报纸大多刊有关于诺伍德惨案的报道，所有的报道都对倒霉的萨德乌斯·舒尔托十分敌视。另一方面，哪篇报道也不包含前所未知的案情细节，仅有的新闻是死因调查②的时间定在了明天。这天傍晚，我又去了一趟坎伯韦尔，向两位女士通报了我们遭遇的挫折。回来的时候，我发现福尔摩斯闷闷不乐，性子也变得乖戾起来。他不回答我提出的任何问题，整晚都自顾自地做着一项高深莫测的化学实验，实验内容是把一

① 里奇蒙（Richmond）当时属萨里郡城镇，位于伦敦西南，1965年归入新设的大伦敦郡。

② 死因调查是由验尸官主持的一个法律程序。在英格兰和威尔士，验尸官是由地方政府聘任的独立司法官员，职责之一是对非自然死亡进行验尸及死因调查，调查时可自行决定是否召集陪审团，情况特殊时则必须召集陪审团（比如死者死于狱中，或者死于警方监管之下）。

些曲颈甑烧得滚烫，然后对由此产生的蒸汽进行萃取，最终的结果则是一股浓烈的气味，致使我不得不离开那个房间。直到凌晨，我依然能听见他那些试管丁零咣啷的声音，显而易见，他还在做那个臭气熏天的实验。

天刚亮的时候，我猛然惊醒，诧异地发现福尔摩斯站在我的床边，穿着一件双排扣的粗呢外套，系着一条质地粗糙的红围巾，一身粗犷的水手打扮。

"我这就到下游去，华生，"他说道，"我一直在盘算这件事情，想来想去也只有这一个办法。不管怎样，这办法还是值得一试的。"

"我跟你一起去，不妨事吧？"我说道。

"不用。你留在这儿做我的代表，这样对我的帮助会大得多。其实我压根儿不想出去，因为今天很可能会有消息，尽管威金斯昨晚说他非常绝望。你得帮我拆阅所有的便条和电报，收到消息就自个儿掂量着办。这事情交给你没问题吧？"

"没问题。"

"恐怕你没法通过电报跟我联系，因为我自个儿也不知道我会走到哪里。但要是运气好的话，我去不了多久就会回来。回来之前，我肯定能有所发现。"

早餐之前，我一直没收到他的消息。不过我翻开《旗帜报》，倒看见上面有一篇新鲜出炉的相关报道。报道是这么说的：

关于诺伍德高地惨案，本报有理由相信，案

情之复杂神秘将超此前预期。新获证据业已表明，萨德乌斯·舒尔托先生涉案实属绝无可能之事。该先生及管家伯恩斯通太太均已于昨暮获释。所幸警方据信已掌握真凶线索，目下正由苏格兰场警官埃瑟尼·琼斯先生全力追查，该警官素以干练精明著称，人犯落网指日可待。

"这还差不多，"我心里想，"好说歹说，我们的朋友舒尔托总算是脱离了险境。我倒想知道所谓的新线索到底是什么，话又说回来，这似乎只是警方办了蠢事之后的习惯性说法而已。"

我刚把报纸扔到桌上，突然却瞥见私人启事栏里的一则启事，其中写道：

寻人——船夫莫迪凯·史密斯及其子吉姆于周二凌晨三时许离开史密斯船坞，至今未归，所乘船只为"曙光号"汽艇，船身黑色，有红条二道，烟囱亦为黑色，有白条一道。若有人知晓莫迪凯·史密斯及"曙光号"汽艇下落，请速告史密斯太太，接洽地址为史密斯船坞或贝克街221B，酬金五镑。

这显然是福尔摩斯的杰作，贝克街的地址便是充分的证明。我觉得启事的措辞相当巧妙，即便那些逃犯读到了它，也只会认为这是一位妻子对失踪丈夫的自然关切，不会起什么疑心。

这一天显得十分漫长。每当门上响起叩击的声音，或是街上传来格外清晰的脚步声，我都以为要么是福尔摩斯回来了，要么就是有人来回应他的启事。我找了本书来看，思绪却总是飘向我们面临的这个古怪问题，飘向我们正在追查的这对极不协调的歹徒搭档。我暗自寻思，有没有可能，我室友的演绎当中包含着某种根本性的破绽？有没有可能，他是被某种十分严重的自欺心理蒙住了眼睛？又有没有可能，这一套匪夷所思的推论虽然出自他那个敏于推测的头脑，依据的却是一些虚假的前提？我从来没见过他犯错，可是，再精明的智者也难免有上当的时候。照我看，这次他很有可能犯了错，就因为他过分注重逻辑上的美感——纵然有一个简单明了、普通寻常的解释摆在手边，他还是要去找更加深奥、更加离奇的答案。然而，话说回来，我不光亲眼看到了相关的证据，而且亲耳听到了他推出结论的理由。回头再看这根奇诡迭出的长长链条，其中许多环节虽然单个看来无足重轻，但却无一例外地指着同一个方向，因此我不得不承认，即便福尔摩斯的解释并不正确，真正的答案也一定会跟他的解释一样怪异、一样惊人。

下午三点，我先是听见门铃大作，继而听见门厅里传来一个颐指气使的声音，跟着就惊讶地发现，埃瑟尼·琼斯先生已经大驾光临。只不过，跟在诺伍德高地接管案件的时候相比，眼前的琼斯先生已经面目全非，不再是那位无比自信的探员，不再是那位粗鲁傲慢的常识专家。这时只见他表情沮丧、神色谦恭，甚至还带着一点儿自贬的意思。

"下午好，先生，下午好，"他说道，"我听说，歇洛克·福尔摩斯先生出门了。"

　　"是的，可我不知道他什么时候回来。愿意等的话，您可以坐那把椅子，还可以尝尝那些雪茄。"

　　"谢谢，那我就不客气了。"他一边说，一边用一块大号的红手帕抹了抹脸。

　　"来点儿威士忌加苏打水吗？"

　　"呃，半杯就好。今年的天气真是热得奇怪，需要我操心受罪的事情又多得不得了。您知道我对诺伍德这件案子的看法吧？"

　　"我听您讲过。"

　　"哦，现在我不得不重新考虑了。之前我已经把舒尔托先生牢牢网住，先生，可是他'啵'的一声，居然从网子中央的一个破洞钻了出去。他拿出了一份坚不可摧的不在场证明。从走出他哥哥房间的那一刻开始，他始终都在这个人或那个人的视线范围之内，所以呢，他不可能爬上屋顶去钻那道活门。这是件非常棘手的案子，搞不好会断送我的职业声誉。要是能得到一点儿帮助的话，我一定感激不尽。"

　　"谁都有需要帮助的时候。"我说道。

　　"您的朋友，我是说歇洛克·福尔摩斯先生，是一个很了不起的人，先生，"他哑着嗓子，推心置腹地说道，"什么事情也难不倒他。我知道这小伙子参与过许许多多的案子，可我至今不曾看见有哪件案子能让他一筹莫展。他用的方法不是那么正规，下结论的速度兴许也快了那么一点点，不过呢，总体说来，我认为他可以成为一名最有前途的警官，当着谁的面我都敢这么说。今天上午我收到他一封电报，电报里说他掌握了舒尔托这件案子的一些线索。喏，这就是他的电报。"

他从兜里掏出电报，跟着就递给了我。电报是十二点钟的时候从波普勒①发出的，电文如下：

> 即刻前往贝克街。如我尚未返回，稍待。我已追近舒尔托一案嫌犯。你若愿参与结案，今晚可与我们一同前往。

"从电报看来，情况不错啊。显而易见，他已经把中断的线索接了起来。"我说道。

"噢，这么说的话，他也遇到过麻烦喽，"琼斯嚷了起来，显然是相当满意，"我们当中最出色的人，免不了也有马失前蹄的时候呢。当然喽，他这次说的线索，到头来也可能只是一场空欢喜，不过我身为一名执法警员，职责就是不放过任何一个机会。听，有人到门口了，没准儿就是他吧。"

楼梯上传来沉重的脚步声，其间还夹杂着呼哧呼哧的声音，一听就知道，正在上楼的是一个呼吸极度困难的人。此人在楼梯上停了一两次，似乎已经无力攀爬，最终还是挣扎到门前，踏进了我们的房间。来人的外貌与我们适才

---

① 波普勒（Poplar）是伦敦东部的一片区域，当时是一个市辖行政区，区内有很多码头。

听到的声音非常吻合，只见他年纪老迈，一身海员打扮，破旧的双排扣外套一直扣到喉咙。他腰弯背驼，双膝颤抖，呼吸如哮喘病人一般痛苦，手里拄着一根粗大的橡木手杖，肩膀耸得老高，为的是把空气拽进自个儿的肺叶。他下巴上绕着一条彩色的围巾，所以我几乎看不见他的脸，能看见的只是一双幽深锐利的眼睛，眼睛上方两道浓密的白眉，以及两绺长长的花白鬓须。按我的整体印象，来人应该是一位体体面面的老练水手，只可惜遭受了岁月和贫穷的荼毒。

"有事吗，老伙计？"我问道。

他四下打量一番，用的是老年人那种慢条斯理的方式。

"歇洛克·福尔摩斯先生在吗？"他说道。

"不在，不过我可以代表他。您要告诉他的事情，都可以说给我听。"

"我只想跟他本人说。"他说道。

"我不是跟您说了嘛，我可以代表他。您要说的是莫迪凯·史密斯那艘船的事情吗？"

"是的。我非常清楚那艘船在哪里，也知道他要找的那些人在哪里，还知道宝藏在哪里。我什么都知道。"

"那您就告诉我吧，我会转告他的。"

"我只想跟他本人说。"他重复了一遍，完全是高龄老人那种不讲道理的执拗口吻。

"好吧，那您只能等他回来了。"

"不，不成。我可不想为了个没影儿的人白等一整天。福尔摩斯先生这会儿要是不在的话，那他就只能自个儿去把所有这些情报找出来。你们俩爱是什么脸色就是什么脸色，我一个字儿也不会说的。"

他拖着步子走向门口，埃瑟尼·琼斯却挡在了他的前面。

"等一等，朋友，"琼斯说道，"你手里有重要的情报，可不能就这么走了。不管你愿不愿意，我们都要把你留在这儿，直到我们的朋友回来为止。"

老人往门口跑了几步，却看见埃瑟尼·琼斯用宽阔的脊背顶住了门，于是他认识到，反抗已经无济于事。

"这算是什么待遇！"他一边嚷嚷，一边用手杖猛戳地板，"我上这儿来找一位绅士，你们两个我从来也没见过，居然敢抓着我不放，用这种方法来对付我！"

"您不会有什么事儿的，"我说道，"我们会赔偿您的时间损失。到这边儿的沙发来坐吧，等不了多久的。"

他满脸愠怒地走了过来，坐了下去，双手托着腮帮子。琼斯和我立刻回复先前的状态，一边抽雪茄，一边聊天。没承想，突然之间，福尔摩斯的声音打断了我俩的谈话。

"要我说，你们俩可不能光顾着自己抽，也应该给我一支才是。"他说道。

我和琼斯不约而同地从椅子上跳了起来。福尔摩斯就在我俩身边坐着，看样子正在暗自好笑。

"福尔摩斯！"我大叫一声，"你在这儿啊！那个老人去哪儿了呢？"

"老人在这儿，"他举起一堆白色的毛发，"喏，他就在这儿——假发、胡须、眉毛，一样不少。我自个儿觉得我这个装化得还凑合，倒没想到它这么经得起考验。"

"啊，好你个无赖！"琼斯兴高采烈地叫道，"你完全可以去当演员，还是个了不起的演员。你那种贫民窟里的咳嗽学得真像，那双颤巍巍的腿也值得上十镑的周薪。不过，要我说，你眼睛里的那种精光可没瞒过我。你看，你不也没能轻轻松松从我俩身边逃走嘛。"

"今天我顶着这身装扮干了一整天，"他一边说，一边点上他那支雪茄，"你得明白，犯罪行当里有那么一大帮子人，已经开始认得我了——尤其是在咱们这位朋友由着性子，把我经手的一些案子发表出去之后。所以我不得不套上诸如此类的简单伪装，然后才好出去冲锋陷阵。你收到我的电报了吗？"

"收到了，收到我才来的。"

"你的案子办得怎么样了？"

"全都是白忙活。我已经被迫释放了两个犯人，要指控另外两个也没证据。"

"不要紧。我们可以给你两个别的，让你把那两个换掉。不过，你必须接受我的指挥。官面上的功劳都归你，这你用不着客气，可你必须按我的指示办事。同意吗？"

"完全同意，只要你帮我抓到犯人就行。"

"很好，那么，我要你做的第一件事情是安排一艘警用快船，我说的是汽艇，七点钟在西敏台阶①待命。"

---

① 西敏台阶（Westminster Stairs）即西敏栈桥（Westminster Pier），是泰晤士河边的一段台阶，也是船只停靠的一个站点，位于西敏桥和西敏宫之间。

"这事情好办，那附近一直都有一艘警用汽艇，等下我可以去路对面打个电话，确认一下。"

"然后，我需要两个身强力壮的警员，以防对方负隅顽抗。"

"我会在船上安排两三个人。还有别的吗？"

"抓到罪犯之后，咱们肯定可以拿到宝藏。照我看，我这位朋友应该很乐意把宝物箱子送到一位年轻女士手上，那位女士是一半宝藏的合法主人。这样一来，她就可以成为第一个打开箱子的人。你乐意吗，华生？"

"乐意之至。"

"这可有点儿不合规矩，"琼斯摇起头来，"算了，反正整件事情都不合规矩，我看我们也只好睁一只眼闭一只眼了。不过，接下来你们必须上交宝藏，等官方调查结束之后才能领取。"

"当然可以。这事情好办。还有一点，我很想听乔纳森·斯莫亲口讲讲案子里的几个细节。你也知道，我办案子喜欢把所有的细节都搞清楚。我打算在我这儿，或者是别的什么地方，给他安排一次非官方的讯问，并且保证把他看管好，这你应该不反对吧？"

"呃，眼下的局面是你说了算。直到现在，我还确定不了这个乔纳森·斯莫是不是真的存在呢。话又说回来，如果你能逮到他的话，我看我没理由不让你讯问。"

"这事儿就算是说定了，对吗？"

"一点儿不错。还有别的事情吗？"

"只有一件，我强烈要求你留下来跟我们一起吃个饭。

饭半个钟头就好。我准备了一些牡蛎、一对松鸡，外加一点儿勉强不算大路货的白葡萄酒。——华生，你还没见识过我打理家务的手段吧。"

第十章　岛民的末日

我们这顿饭吃得非常高兴。兴致好的时候，福尔摩斯可以是一个异常健谈的人，这天傍晚呢，他兴致的确很好，似乎进入了一种亢奋的狂喜状态。我以前真不知道，他居然这么伶牙俐齿。他接连不断地聊起一大堆话题，从中世纪神迹剧谈到中世纪陶器，从斯特拉底瓦里琴谈到锡兰的佛教[1]，跟着又谈到未来的战舰，说起来都是头头是道，就跟对每个话题都做过专门的研究似的。他眼下的晴朗心绪是一种报复性的反弹，恰恰源自之前那段消沉抑郁的阴霾日子。埃瑟尼·琼斯呢，他不光证明了自己并不是生性乖张，闲暇时也懂得如何交际，还拿出一副美食家的派头，吃了个不亦乐乎。我自己也是欢欣不已，一方面是因为案子即将办结，一方面又受了福尔摩斯那股快活劲头的感染。一顿饭从头吃到尾，三个人都对这次欢聚的由头只字未提。

桌子收拾干净之后，福尔摩斯看了看表，给大伙儿斟

---

[1] 神迹剧（miracle play）亦称圣徒剧，是盛行于中世纪欧洲的一种民间戏剧，以圣徒生平及所行神迹为题材；斯特拉底瓦里琴见《暗红习作》注释；锡兰（Ceylon）是斯里兰卡的旧称。

上满满三杯波尔图酒①。

"干一杯，"他说道，"祝咱们这次小小探险圆满成功。咱们该出发了。你有手枪吗，华生？"

"我当兵时用的左轮手枪就在我书桌里。"

"那你最好把它拿上，有备无患嘛。车应该已经等在门口了。我跟车夫定的时间是六点半。"

七点刚过，我们赶到西敏台阶，汽艇已经等在那里了。福尔摩斯打量了一下这艘船，目光格外挑剔。

"船上有什么警方的标志吗？"

"有的，船舷上那盏绿灯就是。"

"那就把它摘掉。"

完成这个小小的调整之后，我们登上汽艇，解开缆绳。琼斯、福尔摩斯和我坐在船尾，船上一人掌舵，一人司炉，船头还有两名身材魁梧的督察。

"去哪儿？"琼斯问道。

"去伦敦塔②。叫他们停在雅各布森船厂对面。"

这艘汽艇显然是速度惊人，载着我们飞快地掠过一艘又一艘满载的驳船，就跟那些船停着没动似的。我们把一艘小火轮甩到身后的时候，福尔摩斯露出了满意的笑容。

"这么看，咱们应该能追上这条河里的任何东西。"他

---

① 波尔图酒（port）得名于葡萄牙海港波尔图（Porto），是该国出产的一种味道浓郁、度数较高的葡萄酒，往往被用作餐后甜酒。

② 伦敦塔（the Tower，亦即 Tower of London）在泰晤士河边，始建于十一世纪，是伦敦现存最古老的建筑，历史上曾有要塞、监狱、铸币厂等用途，现在是博物馆。

说道。

"呃，话也不能这么说。不过，比咱们这艘还快的汽艇确实不多。"

"咱们必须追上'曙光号'，那艘船可是以快著名的。我给你讲讲眼下的形势好了，华生。之前我让那么小的一个问题挡了道，心里有多窝火，你应该还记得吧？"

"记得。"

"所以呢，我一头扎进化学实验，让自个儿的脑子彻彻底底休息一下。咱们的一位大政治家说过，最好的休息就是换换工作。[①]这话说得一点儿也不错。这么着，成功做完分解碳氢化合物的实验之后，我回头来看舒尔托这个案子，把整件事情重新理了一遍。我那些小家伙已经把这条河上上下下搜了个遍，结果是一无所获。那艘汽艇没有出现在任何一个船坞或码头，也没有回到它原先所在的地方。与此同时，这些罪犯要掩盖自己的行踪，多半也不会采用凿沉汽艇的方法。当然，如果其他可能性都已排除的话，这也不失为一种可能的假设。我知道斯莫这家伙有一些市井之徒的小伎俩，却不相信他真能使出什么妙不可言的大手笔，因为大手笔通常是高等教育的产物。接着我又想，咱们既然知道他一直在监视本地治里别墅，那他必然是在伦敦待了一段日子了，由此就不可能说走就走，多少得花点儿时间来料理自己的事情，哪怕只是一天呢。再怎么说，这也是一种理当属实的推测。"

———————

① 这句话通常被归在曾四度担任英国首相的格莱斯顿（William Gladstone, 1809—1898）名下，但没有确切的出处。

"我倒觉得这种推测有点儿牵强，"我说道，"更符合常理的推测是，他先料理好了自己的事情，然后才以身犯险。"

"不对，我可不这么想。对他来说，伦敦的这个窝巢应该是一个十分宝贵的藏身之所，除非他已经确信自己不会再需要它，否则就不会轻易放弃。做出这个推测之后，我又想到了另外一件事情。乔纳森·斯莫一定会觉得，不管他用什么方法来遮掩，旁人总难免对他那个奇形怪状的同伙指指点点，没准儿还会把后者跟诺伍德的惨案联系起来。他这个人满精明的，应该想得到这一点。作案的时候，他俩借着黑夜的掩护从老窝里钻出来，而他肯定是打算赶在天光大亮之前逃回去。好了，按照史密斯太太的说法，他俩三点多钟才坐上船，再过一个钟头左右，天就该亮得差不多了，周围的人也会多起来。由此我可以断定，当时他俩肯定没跑多远。他俩多半是给了史密斯不少封口费，还包下他的汽艇以作最后逃亡之用，然后就带着宝物箱子，急匆匆跑回了老窝。他俩会等上两个晚上，看看报纸上有些什么说法、自己有没有成为怀疑的目标，然后就会借着黑夜的掩护，坐汽艇去格里夫森或者当斯锚地①，毫无疑问，他俩已经预先做好安排，打算在那些地方换海船前往美洲，或者是我国的海外殖民地。"

"可是，汽艇是怎么处理的呢？他俩总不可能把汽艇带回老窝去藏着吧。"

---

① 当斯锚地（the Downs）是北海南部英吉利海峡附近的一片海域，在多佛海峡和泰晤士河口之间，历来是各种船只的避风港。

"确实不可能。当时我断定，那艘汽艇虽然无踪无影，但一定不会离他俩的老窝太远。接下来，我把自己摆到斯莫的位置，用他的头脑来考虑这个问题。他多半会觉得，绝不能把汽艇打发回去，也不能把它泊在某个码头，那样的话，万一警方盯上了他，要追踪他就会比较容易。那么，要想把汽艇隐藏起来，同时又方便自己随时取用，他应该怎么做呢？我反复揣摸，换作我是他的话，我会怎么做。想来想去也只有一个办法，那就是把汽艇交给某家造船厂或是修理厂，让厂家做点儿无关紧要的修修补补。这样的话，汽艇就会顺理成章地进入厂家的仓库或者修理场，从众人的视线当中消失，与此同时，如果我想用它的话，提前几个小时打声招呼就行了。"

"这办法倒是挺简单的。"

"大家最容易忽视的，恰恰是这种非常简单的东西。不管怎么样，我决定按这个推测采取行动。这么着，我立刻换上我那身无伤大雅的水手行头，去河边的各家船厂打探消息。先去的十五家都是白跑，第十六家，也就是雅各布森船厂，却告诉我，两天之前，一个木腿男人把'曙光号'送到了他们那里，让他们稍微修一修船上的舵。'它的舵压根儿就一点儿毛病也没有，'船厂的工头是这么说的，'瞧，它就在那儿，船帮上有红条的那艘。'就在这个时候，巧得很，失踪船主莫迪凯·史密斯先生走了过来，一看就喝得相当不少。当然喽，我本来并不认得他，可他大呼小叫，把自个儿的名字和汽艇的名字一股脑吼了出来。'我今晚八点钟来取船，'他还说——'记好喽，是八点整，我那两位先生可不喜欢等人。'那两个家伙显然给了他不少钱，因为他一副钱多了烧得慌的模样，一个劲儿朝那些工人扔先令。我跟着他走了一阵，可他又钻进了一家酒馆，所以我只好返回船厂，碰巧看到我的一个小家伙从路上过，于是叫他留在那里，监视那艘汽艇的动静。那两个家伙一出发，他就会站到岸边冲咱们挥手帕。咱们就在河里埋伏着，要是不能人赃并获，那才是件怪事哩。"

"那些家伙是不是正主儿我不知道，你这些安排还是挺周详的，"琼斯说道，"不过，这事儿要是由我来办的话，我就会派一帮警察去雅各布森船厂候着，他们一来就冲上去抓。"

"那他们就永远也不会来。斯莫这家伙十分狡猾，肯定会派个探子打头阵，要是发现有什么不对劲的话，他就会再躲一个星期。"

"可你还有一个办法，那就是死死盯住莫迪凯·史密斯，等着他把你领进他们的老窝。"我说道。

"那样的话，我只会白白地浪费时间。依我看，史密斯知道他们住处的可能性只有百分之一。他反正是又有酒喝又有钱花，还问那么多问题干什么呢？他们肯定是通过捎信的方法给他下指示的。不行的，方方面面我都考虑过了，眼下这个办法才是最好的。"

说话间，我们一直在飞速驶过泰晤士河上的一座座桥梁。经过故城的时候，夕阳的最后一抹余晖刚好落在圣保罗大教堂①的穹顶，给穹顶的十字架镀上一层金色。直到暮色深沉，我们才赶到伦敦塔下。

"那就是雅各布森船厂，"福尔摩斯说道，指了指耸立在萨里郡一侧河岸的一些桅杆吊索，"咱们就拿这排驳船作为掩护，在这儿来来回回地慢慢晃荡。"他从兜里掏出一副夜用望远镜，向对岸望了一会儿。"我看见了，我的哨兵正在坚守岗位，"他告诉我们，"但他还没有发出手帕信号。"

"咱们不妨往下游开一点点，到那儿去等他们。"琼斯迫不及待地说道。

到这会儿，大伙儿都已经迫不及待，连那几个对此次任务不甚了了的警员和船工也不例外。

"咱们可没有想当然的权利，"福尔摩斯答道，"当然，他们下行的几率是上溯的十倍，但咱们终归没有百分之百的把握。眼下这个位置可以看到船厂的出口，同时又不会被他们看到。今天晚上天气晴朗，光线应该十分充足。咱们必须守在这儿。瞧，那边的煤气灯下面还真是人头攒动哩。"

"他们都是刚下班的船厂工人。"

"好一群肮脏邋遢的家伙，可是我相信，他们每个人的身上都藏着一点点不朽的火花。光看他们的外表，你绝对想不到火花的存在。这方面的概率，靠理性可没法推演。

① 圣保罗大教堂（St Paul's）为伦敦名胜，现存建筑建于十七世纪晚期，坐落在伦敦故城内的最高点，迄二十世纪中期为止一直是伦敦最高的建筑。

人这种东西，真是个解不开的谜啊！"

"有人说，人和动物的区别只是躯壳中有个灵魂。"我插了一句。

"温伍德·瑞德在这个问题上很有见地，"福尔摩斯说道，"他认为，个体的人虽然是无法破解的谜题，集合起来却拥有数字一般的确定性。比如说，你永远无法预测某一个人的行为，但可以准确预测一般的人会怎么样。个体千差万别，百分率却始终有效。统计学家反正是这么说的。呃，那是块手帕吗？毫无疑问，那边确实有一个晃动的白影。"

"没错，就是你那个小家伙，"我叫了起来，"我可以清清楚楚地看到他。"

"'曙光号'也在那里，"福尔摩斯叫道，"速度快得跟鬼魅一样！全速前进，司炉。去追那艘亮着黄光的汽艇。老天在上，要是他们的船跑赢了我们的话，我一辈子都没法原谅自己！"

在此之前，"曙光号"神不知鬼不觉地溜出船厂的闸口，从两三艘小船之间穿了过去。等我们看见的时候，它的速度已经提得很高了。眼下它贴着河岸，正在飞一般驶向下游。琼斯神色严峻地看着它，禁不住摇起头来。

"它太快了，"他说道，"我怀疑咱们追不上它。"

"咱们必须追上它！"福尔摩斯咬牙切齿地叫道，"快添火，司炉！能开多快就开多快！咱们一定得逮到他们，烧光这艘船也在所不惜！"

我们紧紧地跟了上去。锅炉呼呼怒号，强劲的引擎尖啸声声，咣当作响，如同一颗钢铁的心脏。尖削的船头劈开平静的河水，将两道滚滚浪涛抛向左右两旁。伴随着引擎的每一次悸动，船身一次又一次跳跃颤抖，仿佛是有了生命。船头的黄色大灯投出长长的光束，在我们前方摇曳不停。正前方水面的模糊黑影就是"曙光号"，翻涌的白色尾迹道出它惊人的速度。我们从一艘艘来来往往的驳船、汽轮和商船旁边一掠而过，刚刚还在这一艘后面，转眼就到了那一艘前头。黑暗中传来冲我们叫好的声音，但"曙光号"依然风驰电掣跑在前头，我们也依然如影随形跟在后面。

"添火，伙计们，添火！"福尔摩斯高声叫喊，眼睛瞥向下方的锅炉室，熊熊火光烙上他鹰隼一般的焦灼脸庞，"把烧得出的蒸汽通通烧出来。"

"我觉得咱们追近了一点儿。"琼斯说道，眼睛紧盯着"曙光号"。

"绝对是追近了，"我说道，"用不了几分钟，咱们就能赶上它了。"

没想到恰在此时，厄运从天而降，一艘拖船牵引着三艘驳船，闯到了我们和"曙光号"的中间。我们死死地扳住舵轮，这才逃过撞船的惨剧，可没等我们绕过拖船摆正航向，"曙光号"已经把我们甩下足足两百码的距离。还好，它仍然清晰显现在我们视线范围之内，与此同时，晦暗模糊的游移暮霭渐渐退去，取而代之的是星光灿烂的澄明夜色。我们的锅炉烧到了极限，澎湃的动力让脆弱的船壳震颤不停、嘎吱作响。一路之上，我们穿过了伦敦池[①]，掠过了西印度码头，驶过了长长的德特福德河段，绕过了狗儿岛，这会儿正在向北行进。前方那个模糊的暗影已经现出本来面目，变成了秀美迷人的"曙光号"。琼斯把船上的探照灯转向前船，甲板上的人影立刻清清楚楚呈现在我们眼前。一个男的坐在船尾，正在低头查看摆在自己双膝之间的一件黑色物品，他旁边躺着一团黑乎乎的东西，看样子像一头纽芬兰犬[②]。船主的儿子把着舵，船主的身影则映现在红红炉火之中，只见他光着膀子，正在拼命往炉膛里加炭。刚开始的时候，他们兴许还不能肯定我们真的是在追他们，眼下看到我们跟着他们弯来拐去，心里自然不会再有任何疑问。经过格林尼治的时候，我们离他们还有大概三百步[③]，到了布莱克沃，我们跟他们的距离就不超过二百五十步了。奔波转徙的过往生涯之中，我曾在许多国家追猎许多野兽，但没有哪次的经历，能像泰晤士河上这次极速若飞的缉凶行动一般，带给我如此狂野的刺激。我们一码一码地步步逼近，寂静夜晚之中，他们那部轮机的喘息轰鸣已经清晰可闻。船尾那个男的仍然蜷在甲板上，双臂不停挥动，似乎是正在忙活什么事情，其间还时不时地抬起头来瞥那么一眼，估量两艘船之间的距离。我们离

---

① 原文为"Pool"，应是伦敦池（Pool of London）的省写，指伦敦桥（London Bridge）和罗泽海斯半岛（Rotherhithe Peninsula）东北端之间的泰晤士河段。

② 纽芬兰犬（Newfoundland）是一种大型犬类，因最初培育于加拿大的纽芬兰而得名。

③ 用作长度单位时，一步（pace）等于零点七六米。

他们越来越近，琼斯便开始大声叫喊，喝令他们立刻停船。到这会儿，我们还落后不超过四个船身的距离，两艘船都在疾速飞驶。眼前是一段开阔的河面，一边是柏京平原，另一边是阴郁的普拉姆斯蒂德沼地。听到我们的叫喊，船尾的男人从甲板上一跃而起，开始冲我们挥舞紧握的双拳，用粗犷的嗓音高声叫骂。此人身材高大[①]，体格健壮，因为他叉开两腿站在那里，所以我立刻看见，他身体右侧大腿以下的部位不过是一截木桩。听到他刺耳的怒吼，甲板上那堆蜷成一团的东西有了动静。那东西立了起来，原来是一个黑人，个子小得我见所未见，肩上却扛着一颗畸形的大脑袋，脑袋上顶着一蓬凌乱纠结的头发。到得此时，福尔摩斯早已拔出他的左轮手枪，看到这个奇形怪状的生番之后，我也忙不迭把自个儿的枪拔了出来。他身上裹着一件类似乌尔斯特大衣的东西，也可能是一条暗色的毯子，只有一张脸露在外头。可是，单是他那张脸就足以把人吓得竟夜无眠。我从来都没见过，有谁的五官能像他的那样，把所有的兽性与残忍体现得如此淋漓尽致。他那双小小的眼睛燃着森然的凶光，厚厚的嘴唇上下翻开，龇在外面的牙齿冲我们咬得格格直响，宣泄着一股迹近野兽的狂怒。

"他一抬手咱们就开枪。"福尔摩斯平静地说道。

这时我们离那艘船已经不到一个船身，猎物几乎伸手可及。我看到他俩站在那里，白皮肤的那个叉着两腿，正在尖声叫骂，那个亵渎神灵的侏儒则满脸狰狞，粗大的黄

---

① 原文如此。但前文中福尔摩斯曾对琼斯说，斯莫是个小个子。

牙齿映着灯光，似乎想从我们身上咬下一块肉来。

我们能把那个侏儒看得这么清楚，着实是一种幸运。看着看着，他就从蔽体之物下面掏出一根形如尺子的短木棍，用双手把它举到了嘴边。我们的手枪同时鸣响，他转了个圈儿，高高地举起双臂，跟着就发出一声呛水似的咳嗽，侧着身子栽到了河里。我瞥见他那双恶毒凶狠的眼睛，在白沫翻涌的水流中一闪而逝。与此同时，木腿男人纵身一跃，猛扳一下舵轮，他们的汽艇立刻直挺挺折向南岸，而我们收不住飞速前行的势头，从离他们的船尾只有几尺的地方一掠而过。我们赶紧掉转船头追了上去，可他们已经冲到了离岸很近的地方。岸边是一个荒凉惨淡的所在，月光照耀着一片广袤的沼地，沼地中只有一汪一汪的死水，以及一片一片的腐烂植物。随着一声沉闷的轰响，他们的汽艇冲上满是淤泥的河岸，船头翘到空中，船尾灌满了水。逃犯跳下船去，但他的木腿戳到湿答答的淤泥，转眼便齐根没入。他徒劳无益地又是挣扎又是翻腾，向前向后却都是寸步难移。他发出无可奈何的怒吼，还用另一条腿疯狂踢打脚下的烂泥，结果只是让木腿在黏糊糊的河滩里越陷越深。我们把汽艇开过去的时候，他已经被死死地铆在了沼地里，我们只好在他肩膀上绕了根绳子，这才把这个形同鱼怪的家伙拽出淤泥，拖到了我们的船上。史密斯父子闷闷不乐地坐在自家的汽艇上，听到命令之后也乖乖地上了我们的船。至于"曙光号"，我们把它拖回水里，又把它牢牢地绑在了船尾。它的甲板上撂着一只沉甸甸的印度铁箱，毫无疑问，舒尔托家那宗不祥的宝藏就在这箱子里。

箱子没有钥匙，分量又着实不轻，我们便小心翼翼地把它搬上我们的汽艇，搁进艇上的小小舱室。接下来，我们慢慢地溯流返回，用探照灯往各个方向照了一遍，始终没找见那个岛民的影子。远来此土的那位奇异客人，已经葬身于泰晤士河底的黑色淤泥。

"瞧，"福尔摩斯指给我看木制的舱门，"咱们开枪的动作还是不够快。"千真万确，舱门上扎着一根我俩十分熟悉的凶险毒箭，位置只比我俩刚才所在的地方靠后一点点。我们开火的那个瞬间，它想必是从我俩之间"嗖"的一声飞了过去。福尔摩斯还是那么若无其事，冲着它笑了一笑，接着又耸了耸肩膀，可我必须承认，想到可怕的死亡曾经跟我俩擦肩而过，我禁不住产生了一种恶心欲呕的感觉。

第十一章　阿格拉重宝

　　我们的俘虏坐在舱室里，正对着装宝藏的铁箱子，这是他耗费无数光阴和力气才终于换来的东西。他眼神凶悍，皮肤晒得黝黑，红褐的脸膛沟壑纵横，记录着艰苦的户外劳作。他盖满胡须的下巴异常突出，显然是一个不会轻言放弃的人。他年纪应该在五十上下，因为他黑色的卷发挂满霜花。眼下他面容沉静，倒也不惹人讨厌，当然，正如我适才所见，一旦发作起来，他浓重的眉毛，还有他气势汹汹的下巴，就会让他的表情显得格外可怕。这时他坐在那里，铐着的双手搁在膝头，脑袋耷拉在胸前，眼睛里精光闪烁，紧盯着致使他作下种种罪孽的宝物箱子。在我看来，他这副僵硬漠然的表情，悲伤的意味多于愤怒。中间有那么一次，他抬头看了看我，眼里闪过一缕略带调侃的光芒。

　　"好了，乔纳森·斯莫，"福尔摩斯点起一支雪茄，"事情发展到这步田地，我觉得非常遗憾。"

　　"我也有同感，先生，"他爽快地答道。"真不敢相信，我会为了这件事情上绞架。我可以把手按在《圣经》上起誓，我绝没有动过舒尔托先生半根指头。这都得怪童加那个小恶鬼，是他把他那该死的毒箭射到了舒尔托先生身上。我跟舒尔托的死没有关系，先生。他死的时候，我就跟自个儿的至亲死了一样痛心，还用绳子抽了那个小恶魔一顿，只不过人已经死了，我也没办法让他活过来。"

"抽支雪茄吧，"福尔摩斯说道，"最好再就着我的酒壶来上一口，因为你全身都湿透了。那个黑家伙这么矮小、这么虚弱，你怎么会指望他来帮你制住舒尔托先生，好让你有时间顺着绳子往上爬呢？"

"您说得就跟亲眼看见了似的，先生。事情是这样的，我本来以为房间里没人，因为我非常了解舒尔托先生家的生活习惯，我们上他家去，赶的是他平常下楼吃晚饭的钟点。这事情我没什么好隐瞒的，因为真相就是对我最有利的辩词。这么说吧，要是那个老少校还在世的话，我肯定会干掉他，上绞架也高兴。对我来说，拿刀子朝他身上招呼，就跟抽这支雪茄一样用不着考虑。可是，眼看我得为舒尔托家这个小辈去蹲监狱，我心里真的很不好受，因为我跟他无冤无仇。"

"你现在处于苏格兰场警官埃瑟尼·琼斯监管之下，他会把你带到我那里去，而我要求你原原本本地讲清事情的始末。你必须把所有一切和盘托出，这样我才能帮得上你。照我看，我应该能够证明，毒药发作得非常快，没等你爬进房间，受害人已经死了。"

"事实确实如此，先生。刚爬进窗子的时候，我受到的惊吓是我一辈子都不曾有的，因为我看到他脑袋耷拉在肩头，咧着嘴冲我笑。我真是惊呆了，先生。要不是童加溜得快，我当时就能把他给宰了。后来他告诉我，就是因为我揍他，他才落下了自己的棒子和几根毒箭，而且我敢肯定，这些东西给你们提供了追查的线索，只不过我怎么也想不明白，您到底是怎么一路追查过来的。我并没有怀恨您的意思，可这事情确实让人琢磨不透，"他补了一句，脸上露出苦涩的笑容，"您瞧，我是五十万财产的合法主人，结果呢，我上半辈子一直在安达曼群岛修防波堤，下半辈子又多半得去达特穆尔①挖排水沟了。现在回想起来，那一天真是个倒霉的日子，就是在那一天，我第一次见到了那个名叫阿赫默特的商人，跟阿格拉宝藏扯上了关系。直到如今，这宝藏带给主人的只有诅咒，再没有什么别的东西。它带给那个商人谋杀，带给舒尔托少校愧疚和恐惧，带给我的呢，则是一辈子的奴工苦役。"

就在这时，埃瑟尼·琼斯把他宽阔的脸膛和厚实的肩膀塞进了狭小的舱室。

"好一场温馨的家庭聚会啊，"他如是评论，"我觉得我应该就着你的酒壶来上一口，福尔摩斯。是这样，我觉得咱们应该相互庆贺一下。可惜的是另外一个没抓到活的，但咱们也没有别的选择。要我说，福尔摩斯，你也得承认吧，这次的事情真是非常侥幸。咱们使出了吃奶的劲儿才追上它呢。"

"好结局就是好事情，"福尔摩斯说道，"当然喽，之

---

① 达特穆尔（Dartmoor）是英格兰一座监狱的名称，坐落在德文郡的一片同名高地荒原之中。

前我确实没有想到，'曙光号'居然能跑这么快。"

"史密斯说，它是这条河上数一数二的快艇。要是再有一个人帮他司炉的话，咱们永远也别想追上它。他跟我赌咒发誓，说他一点儿也不知道诺伍德的事情。"

"他确实不知道，"我们的俘虏叫了起来——"一丁点儿也不知道。我选他的汽艇只是因为听说它开得飞快，并没有告诉他任何事情。当然，我们出的价钱可不少，他要是能把我们送到格里夫森，搭上去巴西的'埃斯梅拉达号'，还能从我们这儿再赚一大笔。"

"很好，既然他没办什么错事儿，我们也不会拿错事儿来办他。我们抓人的动作确实挺快，整人的动作可不会那么快。"刚刚逮到犯人，琼斯就端起了自命不凡的架子，这样的转变真让人暗自好笑。看到福尔摩斯脸上那一抹一掠而过的淡淡笑意，我知道他也把琼斯这番高论听在了耳朵里。

"马上到沃萨桥了，"琼斯说道，"华生医生，你就带着宝物箱子在这儿下吧。用不着我说，你也应该知道，我这么干是要担很大的责任的。这么干完全不合常规，当然，之前说好的事情也不能不算。不过，我有责任派一名督察跟你一起去，因为你携带着这么贵重的物品。你肯定是坐车去，对吧？"

"对，我打算坐车去。"

"没钥匙真是太可惜了，要不然，我们还可以先开列一张清单呢。看来你只能把箱子砸开了。我说伙计，钥匙在哪儿呢？"

"河底。"斯莫的回答十分简洁。

"哼！抓你就已经够费劲的了，你何必给我们添这道多余的麻烦呢。好了，医生，我就不提醒你多加小心了。完了之后，你就把箱子带回贝克街吧。我们会先到那里，然后再去警局。"

他们在沃萨桥放下我和我拿的沉重铁箱，派了个爽朗可亲的督察随我前往。一刻钟的马车旅程之后，我们到了塞希尔·福里斯特太太家。看到我们深夜造访，女仆似乎颇为吃惊。她解释说，塞希尔·福里斯特太太傍晚就出去了，可能要很晚才会回来，不过呢，莫斯坦小姐这会儿就在客厅里。于是乎，我捧着箱子走进客厅，把那个知情识趣的督察留在了车里。

她坐在敞开的窗边，斜倚在一把柳条椅上，身穿一件半透明的白裙子，颈间和腰际各有一抹深红的点缀。纱灯的柔和光线摇荡在她温柔端庄的脸庞上，给她浓密的卷发敷上一层暗淡的金光。她把一只白皙的胳膊搭在椅子边上，全身上下流露着一种若有所思的忧伤。不过，听到我的脚步声，她一下子站了起来，苍白的双颊泛起乍惊乍喜的红晕。

"我听见了车来的声音，"她说道，"还以为是福里斯特太太提前回来了呢，做梦也没想到是您来了。您给我带来了什么消息呢？"

"我带来的可不只是消息，"我一边说，一边把箱子放到桌上，心情虽然十分沉重，口气却十分快活轻松，"我带给您的东西，抵得上全世界所有的消息。我带给您的是

315

万贯的家赀。"

她瞥了一眼桌上的铁箱。

"这么说，宝藏就在里面喽？"她问话的语气十分平静。

"没错，里面就是价值巨大的阿格拉宝藏，一半属于您，一半属于萨德乌斯·舒尔托，你们俩每人都可以分到二十万镑。想想吧！它可以带来一万镑的年金啊。全英格兰也找不出几个比您更富有的年轻女士了。很不错吧？"

现在想来，我这番假装欢喜的表演一定是相当过火，以致她从我的贺词里听出了一丝虚情假意，因为我看见她眉毛微微扬起，跟着就不以为然地白了我一眼。

"就算我得到了它，"她说道，"那也是多亏了您。"

"不，不是这样，"我回答道，"不是多亏了我，是多亏了我朋友歇洛克·福尔摩斯。我身上虽然装着全世界所有的决心，可这条线索甚至对他的分析天才形成了考验，我是永远也没有本事追踪的。这么说吧，我们差一点儿就摊上了功败垂成的结局。"

"请您坐下，把全部的经过讲给我听听吧，华生医生。"她说道。

我把上次见她之后的事情简短说了一遍，讲到了福尔摩斯另辟蹊径的搜索方法，讲到了他寻获"曙光号"的过程，讲到了埃瑟尼·琼斯的到访，讲到了我们的夜间旅程，还讲到了泰晤士河上的疯狂追逐。她凝神细听我回述此前的种种冒险经历，双唇微启，两眼放光。等我讲到那根险些射中我俩的毒箭，她一下子面无人色，我还以为她马上就要晕倒哩。

"不要紧，"看见我忙不迭跑去给她倒水，她赶紧说道，"我已经没事儿了。刚才我只是非常惊骇，因为听您说我才知道，我竟然把朋友们送进了如此可怕的危险境地。"

"那些事情都过去了，"我回答道，"不要紧的。我不想再跟您说那些凄惨的细节了。咱们说点儿高兴的事情吧。宝藏已经找回来了，还有什么能比这事情更值得高兴呢？我请求他们允许我把它带来，就是因为我觉得，您没准儿乐意先睹为快。"

"我确实乐意之至，"她应道，声音里却没有什么兴奋之情。毫无疑问，她这么说只是因为她觉得，要是对我们费尽心血夺来的奖品表现得无动于衷，礼数上未免不太周全。

"这盒子真漂亮！"她俯身察看箱子，赞了一声，"依我看，这应该是印度人的手艺吧？"

"没错，这样的金属工艺出自贝拿勒斯①。"

"而且好沉！"她伸手去拿箱子，一下子叫了起来，"这箱子本身就挺有价值的吧。钥匙在哪儿呢？"

"斯莫把钥匙扔进了泰晤士河，"我回答道，"我得借用一下福里斯特太太的拨火棍了。"

箱子正面有一个又粗又宽的搭扣，铸成了一尊坐佛的样子。我把拨火棍伸进搭扣，使劲儿地往外撬，搭扣"啪"的一声弹了开来。等我用颤抖的双手翻开箱盖，我俩一下子目瞪口呆地站在了原地。箱子是空的！

① 贝拿勒斯（Benares）是印度中部偏东北历史文化名城瓦腊纳西（Varanasi）的别称，该城有"智慧之城"和"印度宗教之都"的美誉。

空箱子也这么沉，并不是没有理由的，因为它四壁的铸铁足足有三分之二寸厚。它体量庞大、精工细作、沉重坚实，正是一个如假包换的宝箱。然而，箱子里见不到一片金属，见不到一粒宝石，完完全全、彻彻底底、一无所有。

"宝藏已经丢了哦。"莫斯坦小姐平静地说了一句。

我听出她的言外之意，笼罩在心里的巨大阴影瞬间消散。阿格拉宝藏的包袱终于离我而去，我这才真正意识到，之前它给我造成的压力究竟有多么沉重。毫无疑问，我这种如释重负的感觉自私自利、不忠不义，可我想不到什么别的，心里只有一个念头：曾经横亘在我俩之间的这一堵金色高墙，如今已彻底消失。

"谢天谢地！"我脱口说出了肺腑之言。

她看着我，脸上掠过一抹探询的笑容。

"您干吗要这么说呢？"她问道。

"因为你不再遥不可及了，"我一边说，一边握住她的手，她没有把手抽回去，"因为我爱你，玛丽，古往今来的男人对女人有过多么真诚的爱，我的爱就有多么真诚。就因为这宗宝藏，因为这份巨大的财富，我不敢向你启齿。现在它已经不见了，所以我不怕让你知道，我有多么爱你，所以我会说，'谢天谢地'。"

"那我也要说一声'谢天谢地'。"我把她揽入怀中的时候，她轻声说道。

世上不知有多少人，曾经失去他们的宝藏，我只知这天晚上，我得到了一件无价之宝。

第十二章 乔纳森·斯莫的离奇故事

　　等在车里的督察实在是很有耐性，因为他等待的时间实在是长得让人心烦。我把空空如也的箱子拿给他看，他脸上立刻阴云密布。

　　"这倒好，奖金没了！"他闷闷不乐地说道，"宝物没找到，奖金也就没了着落。宝藏没丢的话，这个夜班还可以让我和山姆·布朗每人挣上十镑呢。"

　　"萨德乌斯·舒尔托先生有的是钱，"我说道，"他会给你奖赏的，找没找到宝藏都是一样。"

　　但督察并不这么想，还是沮丧不已地摇了摇头。"这事情办砸了，"他重申了一遍，"埃瑟尼·琼斯先生也会这么想的。"

　　果然不出他所料，看到我带回去的空箱子，探员的表情确实非常失落。他、福尔摩斯和犯人也是刚刚才到贝克街，因为他们临时改变计划，路上先去一个警局通报了破案的消息。我回去的时候，我室友正窝在扶手椅上，跟平常一样无精打采，斯莫则神色漠然地坐在他的对面，木腿跷在好腿的上方。我展示空箱子的时候，斯莫往椅子背上一仰，大声地笑了起来。

"原来是你干的好事，斯莫。"埃瑟尼·琼斯气冲冲地说道。

"没错，我把它收在了一个你们永远也够不着的地方，"他兴高采烈地叫道，"宝藏是属于我的，我要是得不到，那就得想方设法不让别人得到。实话告诉你们，除了我本人和安达曼囚犯营里那三个人之外，再没有哪个活着的人有权得到里面的任何东西。如今我知道，宝藏我已经用不上了，他们三个也是一样。从头到尾，我的行动都不光是代表我自己，还代表他们三个。不管是什么时候，我们永远不会背叛'四签名'的誓言。呃，我知道他们保准儿会完全赞成我的做法，宁愿把宝藏扔进泰晤士河，也不能让它落到舒尔托或者莫斯坦的亲戚手里。我们当初对阿赫默特下手，可不是为了让那些人发财。箱子钥匙和童加去了哪里，宝藏也就去了哪里。那时候，我看到你们的船肯定能追上我们，于是就把宝藏放到了一个稳妥的地方。这一趟跑下来，你们是一个子儿也捞不着的。"

"你别想骗我们，斯莫，"埃瑟尼·琼斯厉声说道，"你要是真想把宝藏扔进泰晤士河的话，早就连箱子一块儿扔了，那样多省事。"

"我扔起来省事，你们找起来也省事，"他一边回答，一边狡狯地往旁边瞥了一眼，"某人既然有本事追踪到我，自然有本事从河底捞一只铁箱子上来。可是呢，那些东西眼下分散在五里左右的河道里，要捞的话恐怕得费点劲儿了。当然，这只是我突然之间的一个想法。当时你们越追越近，急得我都快发疯了。话说回来，现在后悔也没有什么用处。这辈子我走过运，也倒过霉，可我至少明白了一个道理，后悔药没有什么吃头。"

"这可是一件非常严重的事情，斯莫，"探员说道，"如果你选择帮助我们维护正义，不是像现在这样妨碍执法，你在法庭上的前途可能还会光明一些。"

"正义！"前科罪犯发出一声怒吼，"正义了不起！宝藏如果不属于我们，那又该属于谁呢？那些人从来没有为宝藏付出任何代价，我凭什么要把宝藏交给他们，那样才叫作正义吗？瞧瞧我这份权利是怎么挣来的吧。我在那片热病蔓延的沼泽待了整整二十年，整天都在红树林里干活，整夜都被铐在臭气熏天的犯人棚子里，挨蚊子的叮咬，受疟疾的折磨，还得任由那些该死的黑鬼看守欺凌侮辱，他们就喜欢拿白人出气。我这份阿格拉宝藏就是这么挣来的，你倒好，就因为我接受不了我出代价别人得便宜的安排，你就拿正义来教训我！我宁愿上二十次绞架，或者让童加的毒箭扎进我这身厚皮，也不愿意一边蹲班房，一边想象，外边儿有个人正拿着本该属于我的钱，在某座宫殿里逍遥快活。"

此时的斯莫已经卸下冷静漠然的面具，上面这番话像连珠炮一般从他嘴里涌了出来，只见他眼睛喷火，手上的镣铐也随着他激动的手势哐当作响。眼看这满肚子冤仇的犯人如此狂怒、如此冲动，我立刻明白，听说他即将找上门来之后，舒尔托少校的恐惧只能说是有凭有据、合情合理。

"可你不要忘了，我们对这些事情一无所知，"福尔摩斯平静地说道，"我们还没有听到你的故事，自然也没法判断，本来你究竟有多么占理。"

"呃，先生，您这话说得非常公道，虽然我看得出来，我手腕上这双镯子就是受您的恩赐。我不会对您有什么怨恨。因为这是一场明面儿上的公平较量。您要是愿意听我的故事，我也不会有什么保留。我告诉您的事情都有老天爷作证，一个字也不假。谢谢，您把杯子放我旁边好了，嘴巴干的时候我会喝的。

"我本是伍斯特郡人氏，出生在珀肖尔①附近。我敢说，即便到了现在，您还是能在那边找见一大堆姓斯莫的人。我经常都想回去看看，只不过说实在话，家里人从来不觉得我给他们挣了多大面子，所以我觉得，我回去他们也不一定特别欢迎。他们都是些喜欢上教堂的老实人，都是些小农场主，在乡里又出名又受人尊敬，我呢，从小就不是那么安分守己。还好，到了大概十八岁的时候，我就再没有给他们添过麻烦了。当时我因为一个姑娘惹上了一身的麻烦，为了脱身就只好去吃女王陛下的皇粮，参加了正要向印度开拔的黄衬第三团②。

"不过，命中注定我当不了太久的兵。刚刚结束踢正

---

① 伍斯特郡（Worcestershire）是英格兰中西部的一个郡，珀肖尔（Pershore）为该郡南部城镇。

② 黄衬第三团（the 3rd Buffs）即皇家东肯特步兵团（Royal East Kent Regiment），"黄衬"之名来自军服衬里的颜色。但故事情节发生之时，该团并未开往印度。

步的阶段，学会了怎么用步枪，我就脑子发昏，居然跑到恒河里去游泳。我还算幸运，因为连里的士官约翰·霍尔德当时也在水里，他正好又是军中数一数二的游泳好手。我刚刚游到河中间，一条鳄鱼就扑了上来，齐着膝盖往上一点点的地方一口咬掉我的右腿，跟外科手术一样干净利落。我惊慌失措，又流了很多的血，所以就当场晕了过去，要不是霍尔德抓住我，把我送上了岸，我肯定就淹死在了河里。我在医院里待了五个月，最后才终于把这条木腿绑上残肢，一瘸一拐地走了出来。这时我发现自己已经成了废人，不但不能当兵，其他的重体力活也干不了了。

　　"你们可以想象，我还没到二十岁就成了个没有用的废人，真的是悖运到了极点。不过，事实很快证明，我这次倒霉的经历，其实是一种改头换面的运气。有个名叫阿贝尔·怀特的人来印度办了个靛蓝种植园，想找个人帮他监督园子里的苦力，免得他们不好好干活。说来也巧，我那个团的上校跟他是朋友，我出了事以后呢，上校一直都很关心我。长话短说吧，上校强烈要求他把那个职位给我，再者说，那份工作大部分都可以在马背上完成，我那条残腿也算不上特别大的障碍，因为剩下的部分还够我紧紧地夹住马鞍。我的工作就是骑着马在园子里转来转去，监督工人，举报懒汉。他给的薪水相当公道，我也有了个舒适的住处，总的说来，我已经心满意足，准备在靛蓝园子里打发我剩余的生命。阿贝尔·怀特先生是个不错的人，经常都会跑进我的破烂窝棚，来跟我一块儿抽烟斗，这也是因为那个地方的白人彼此之间比较贴心，跟在国内的时候大不相同。

"可是，我这人的运气从来也没有长久的时候。突然之间，事先没有任何征兆，那场大规模的兵变①就降临到了我们头上。前一个月，印度还太平无事，从各方面看都跟萨里郡和肯特郡一样平静；后一个月，二十万黑鬼就跑了出来，把这个国家变成了一座不折不扣的地狱。当然喽，先生们，这些事情你们都知道，多半还比我清楚得多，因为我没有看报的习惯，知道的只是我亲眼看见的事情。我们的种植园是在一个名叫马图拉②的地方，离西北那几个邦不远。一晚接着一晚，满天都是烧房子的火光。一天接着一天，不断有三五成群的欧洲人带着妻儿从我们的园子里经过，他们都是去阿格拉逃难的，因为这一带最近的军营就在那里。阿贝尔·怀特先生非常固执，一根筋地认为这次的事件并没有那么严重，还认为它很快就会突然平息，跟爆发的时候一样。周围的土地已经是一片火海，他却自顾自坐在阳台上，接着喝他的威士忌加苏打水，抽他的方头雪茄。当然，我们都留在了他的身边，我说的是我和道森两口子，他俩负责园子的账目和日常管理。这么着，一个天气晴好的日子，祸事就来了。那天我去了远处的一片种植园，傍晚时分才慢悠悠地骑马回家，突然发现一条深

①　指 1857 年至 1859 年（也有 1858 年之说）间发生在印度中部和北部的反英民族大起义，即英国人所说的"印度兵变"，亦称"印度第一次独立战争"。
②　马图拉（Muttra）是今日印度中北部的一座城市，在后文所说的阿格拉（Agra）东北约五十公里处。

沟的底部有一个蜷成一团的东西。我骑马下去看了看，一下子满心冰凉，原来那是道森的老婆，身上的衣服被撕成了碎片，尸体也被豺狼和土狗吃了一半。我沿路往上走了一点点，又发现道森趴在地上，早已经死了，手里拿着一把放空了的左轮手枪，前方躺着四具彼此交错的印度兵[①]尸体。我勒住马儿，不知道该往哪里去。就在这个时候，我看到滚滚的浓烟从阿贝尔·怀特先生的房子上冒了出来，火焰也开始吞噬房顶。于是我知道，自己已经帮不上东家的忙，跑过去干涉也只能白白送死。从我站立的地方看过去，几百个黑鬼正围着燃烧的房子又跳又叫，身上仍然穿着红色的印度兵制服。他们中的一些人开始冲我指指点点，两颗子弹擦着我的脑袋嗖嗖飞过。我赶紧穿过稻田夺路而逃，好歹在当天深夜平安逃进了阿格拉的城墙。

"然而，事实证明阿格拉也不是那么安全的地方。整个国家都已经像蜂群一样躁动起来，英国人如果能聚成小股的队伍，还可以勉强守住枪支射程之内的地方，一旦分散开来，立刻就成了毫无反抗能力的逃犯。这是一场几百万人对几百人的战争，至于说最残酷的一个事实，那就是跟我们打仗的那些人，不管是步兵、骑兵还是炮手，都是我们自个儿的精锐部队，都受过我们自个儿的教导和训练，手里拿的都是我们自个儿的武器，作战时吹的也都是我们自个儿的军号。当时驻扎在阿格拉的部队包括孟加拉

---

① 这里的印度兵（sepoy）指的是英国驻印军队当中的印度士兵，此时已经纷纷倒戈。

第三燧发枪团、一些锡克士兵^①、两个骑兵排和一个炮兵连。城里的职员和商人还组建了一支志愿部队，我也参加了进去，木腿不木腿的都无所谓。七月初，我们去城外的沙冈吉迎击叛军^②，暂时打退了他们，但后来我们打光了弹药，只好又撤回了城里。

"四面八方传来的都是最糟糕的消息，这事情也很正常，你们只要瞅一眼地图，就知道我们当时正好困在骚乱的中心。勒克瑙在我们东边一百多里的地方，坎普尔在我们南边，差不多也是这个距离。^③随便你往哪个方向看，都只能看见酷刑和谋杀，还有其他的暴行。

"阿格拉是座大城，城里挤满了狂热的异教分子和顽固不化的魔教教众，各种各样的都有。在那些又窄又弯的街道当中，我们这一小群人根本起不到任何作用。这么着，我们的头领决定把营盘搬到河的对面，以阿格拉古堡作为阵地。各位，我不知道你们当中有没有谁读到过或是听说过那座古堡。那地方非常古怪，反正我是没见过比它更古怪的地方，虽然我去过的古怪地方也不算少。第一条，它简直大得不得了。照我看，古堡的面积不知道得有多少

---

① 孟加拉第三燧发枪团（3rd Bengal Fusiliers）是东印度公司的军队，当时驻守阿格拉；锡克士兵即信奉锡克教（Sikhism）的士兵。锡克教是印度的主要宗教之一，印度民族起义爆发之后，旁遮普邦的锡克教徒采取了支持英国政府的立场。

② 1857 年 7 月初，阿格拉附近的沙冈吉（Shahgunge）确曾发生小规模战役。

③ 勒克瑙（Lucknow）和坎普尔（Cawnpore）均为印度城市，两个城市都曾在印度民族起义期间遭受重创，坎普尔还发生过全部英军包括妇孺均遭屠杀的惨剧。

亩①。里面有一片比较新的地方，我们把士兵、妇女、孩子、给养和其余一切通通装了进去，就这样还剩了许多房间。可是，新区的面积根本不能跟那片古老的区域相提并论。谁也不愿意去那个老区，全都让给了蝎子和蜈蚣。里面到处是空空荡荡的大厅，曲里拐弯的过道，还有许多长长的走廊在那里绕进绕出，这样一来，走进去就很容易迷路。就是由于这个原因，很少有人到里面去，只不过，时不时也有人拉帮结伙，拿着火把去探索一番。

"河水从古堡前方流过，形成一道天然的防线。可是，古堡的侧面和背后也开着很多门，那些门当然也需要有人把守，不管它们是开在老区，还是开在我们实际占据的这片新区。我们人手不够，根本没办法设置一道覆盖古堡各个角度的封锁线，同时又保证各个炮位都有人值守。这样一来，对于那些数都数不清的门，我们自然不可能道道都加上严密的警戒。我们的办法是在古堡的中心设一个中央警卫室，外面的每道门只留一名白人卫兵，再加两三个印度士兵。他们安排我在夜里一段固定的时间上岗，负责看守古堡西南面一道孤立的小门。我手下有两名锡克士兵，上头给我的命令是发现情况就鸣枪示警，听到枪声，中央警卫室会立刻派人支援。只不过，中央警卫室远在两百步之外，两百步空间之内又有一大堆迷宫一般的过道和走廊，因此我非常怀疑，真要是有人袭击的话，他们能不能及时赶到，能不能帮上忙。

_____

① 一英亩约合四千平方米。

"好了，这份小小的指挥权使得我相当自豪，因为我不过是一个新兵，还是个装了假腿的新兵。头两个晚上，我都跟那两个旁遮普①手下一起站岗。他俩一个叫马哈默特·辛格，一个叫阿卜杜拉·汗，两个都是长相凶悍的高个子，也都是扛惯了枪的老兵，在奇连瓦拉跟我们打过仗②。他俩的英语讲得相当不错，可我还是没法从他俩嘴里听到什么东西。他俩喜欢站在一起，叽里咕噜说他们那种古怪的锡克话，一整夜都不停。我呢，通常是站在门外，俯看那条宽阔曲折的河流，以及那座大城的闪烁灯火。大鼓咚咚，小鼓咣咣，过足了鸦片和大麻瘾的叛军鬼哭狼嚎，桩桩件件都在提醒我们，必须得整夜提防河对面的危险邻居。每隔两个钟头，值夜的军官就会到各个哨位巡查一遍，为的是确定一切正常。

　　"我站岗的第三个夜晚又黑又泥泞，因为天上下起了雨，虽然不大，势头却很猛。赶上这样的天气，连着几个小时站门口实在是非常烦人。我三番五次跟那两个锡克士兵搭话，他俩却始终不怎么开口。凌晨两点，军官来查了一遍岗，暂时打破了这一夜的单调。再后来，我发现自己撬不开两个同伴的嘴巴，只好拿出烟斗，放下火枪来划火柴。两个锡克士兵立刻扑了上来，一个抓起火枪来指着我的脑袋，另一个则拿一把巨大的刀子顶住我的喉咙，并且

---

①　这里的旁遮普（Punjab）指当时英属印度的一个大邦，范围涵盖今天印巴两国各自的旁遮普邦和其他一些区域，是锡克教的大本营。
②　奇连瓦拉（Chilian Wallah）是旁遮普邦的一个地区。奇连瓦拉战役是1848年至1849年间英军对锡克军队第二次战争期间的一场战役。

328

低声地警告我，只要我胆敢挪动半步，他就要把刀子往里面捅。

"一开始，我以为这两个家伙跟叛军是一伙，制服我是他们发动进攻的第一步。要是我们这道门落到叛军手里的话，城堡就保不住了，城堡里的妇女儿童就会落得跟坎普尔那些人一样的下场。你们几位兴许会觉得我是在往自个儿脸上贴金，不过我可以保证，一想到坎普尔的事情，我顾不得自己的喉咙上架着刀子，张开嘴就准备大喊大叫，哪怕这是我最后的一声叫喊，没准儿也可以提醒中央警卫室的人。拿刀子顶着我的人似乎看穿了我的心思，所以呢，就在我鼓足勇气准备行动的时候，他悄声说了一句：'不要叫。古堡不会有危险。河这边没有叛军的奸细。'他这话听着不像说谎，何况我也知道，一提高嗓门我就会一命呜呼，他那双褐色的眼睛就是这么说的。这么着，我默不作声地等了一等，想看看他俩到底想把我怎么着。

"'听我说，老爷，'说话的是个子更高、长相也更凶悍的那一个，他们管他叫阿卜杜拉·汗。'您要么现在就加入我们，要么就得永远把嘴闭上。这事情实在太大，容不得我们磨磨唧唧。要么您凭基督徒的十字架发誓，说您真心实意地入伙，要么我们今夜就把您的尸体扔下河，然后去河对面找我们在叛军里的兄弟。没有第三条路可走。您要选哪一样——死还是活？我们只能给您三分钟的时间做决定，因为时间不等人，下一次查岗之前，所有的事情必须办完。'

"'你们叫我怎么决定呢？'我说，'你们都没告诉我，等下要让我做什么。不过我可以告诉你们，只要你们的事情对古堡的安全不利，那我就绝对不会参与，那样的话，你只管一刀子捅到底，用不着客气。'

"'绝不会对古堡不利，'他说，'我们只是请您去干一件事情，您那些同胞到我们的土地上来，为的全都是这件事情。我们请您去发财。只要您今天夜里加入我们，我们就可以指着这把明晃晃的刀子发誓，发那种从来没有哪个锡克人违反的三重毒誓，保证您可以从弄来的财宝当中分到公平的一份。四分之一的宝藏归您，这事情再公道不过了。'

"'这么说的话，宝藏究竟是什么呢？'我问他们，'我想发财的心思跟你们一样，你们只需要告诉我这财该怎么发就行了。'

"'那您先得把誓发了，'他说，'拿您父亲的性命、您母亲的名誉和您信仰的十字架发誓，说您绝不会害我们，不管是动手还是动嘴，不管是现在还是将来，您愿意吗？'

"'我可以发誓，'我这么回答，'只要古堡不会面临危险就行。'

"'这样的话，我和我的伙伴发誓将宝藏四人均分，让您得到四分之一。'

"'这里只有三个人啊。'我说。

"'您不知道，多斯特·阿克巴①也得拿一份。我们可

---

① 作者至此说明了"Mahomet Singh"（马哈默特·辛格）、"Abdullah Khan"（阿卜杜拉·汗）和"Dost Akbar"（多斯特·阿克巴）都是锡克人，但他们的姓名显得不合常理，因为"Mahomet""Abdullah"和"Dost"都是伊斯兰教名字，只有"Singh"是典型的锡克教姓氏。

以一边等他们来，一边把事情的来由讲给您听。你站到门口去吧，马哈默特·辛格，看到他们来就通知我们。事情是这样的，老爷，对了，我肯把事情告诉您，是因为我知道欧洲佬发誓是算数的，我们可以相信您。如果您是个成天撒谎的印度教徒的话，哪怕您凭着你们那些假庙里所有的神灵发誓，您的血还是会溅在这把刀子上，您的尸体也还是会到水里去。不过，锡克人了解英国人，英国人也了解锡克人。行了，您好好听我讲吧。

"'北边那一带有个土王，名下没多少领地，钱却非常多。他爹留给他很多遗产，他自个儿弄来的则比他爹给的还要多，因为他这个人贱命一条，光知道攒金子，却不舍得花。骚乱爆发以后，他就想狮子老虎两面讨好，这边拍着印度兵，那边又捧着东印度公司的老爷①。可是，没多久他就觉得，白人的日子要到头了，因为他到处打探，听到的消息全都是白人被屠杀，白人被推翻什么的。不过他这人生性小心，所以就定下一个计划，计划的目标是不管谁赢，他都能保住至少一半的财宝。这么着，他就把手头的金子银子留在身边，锁进他王宫里的一个保险库，又把那些最珍贵的宝石和最稀有的珍珠装进一个铁箱子，叫一个靠得住的仆人假扮商人，把箱子送到阿格拉古堡来存着，直到这片土地恢复平静为止。这样一来，假如叛军得胜，他就可以保住自个儿的金银，要是公司打赢了呢，他又可

---

① 印度民族起义之前，英国政府在印度的统治是通过东印度公司（East India Company）实施的。起义后果之一是英国政府于1858年8月宣布解散东印度公司，将印度的统治权收归政府。

以取回自个儿的珠宝。把家当一分为二之后，他一头扎进了叛军的阵营，因为叛军在他那片地方占着上风。您想想看，老爷，他既然做出了这等勾当，那他的财产，也就该归到那些忠于天职的人名下了吧。

"'土王派的这个冒牌商人化名阿赫默特，眼下已经进了阿格拉城，正打算想办法进入古堡。他带了个名叫多斯特·阿克巴的旅伴，这人知道他的秘密，刚好又曾经被我们家收养，算是我的异姓兄弟。多斯特·阿克巴答应了他，今夜就带他来钻古堡的边门，同时又按照自己的算盘，选好了我们把守的这道门。阿赫默特马上就会来，来了就会发现，马哈默特·辛格和我本人正在这儿等他呢。这地方很是偏僻，没人会知道他来过这里。世上不会再有阿赫默特这个商人，土王的偌大宝藏则由我们平分。您觉得怎么样，老爷？'

"在我老家伍斯特郡，人的生命似乎是一件又伟大又神圣的东西；只不过，一旦你走进火海血池，习惯了随时随地看到死亡，感觉也就大不一样了。对我来说，阿赫默特这个商人是死是活，不过是一件跟空气一样没有分量的事情，与此同时，听说了宝藏的事情之后，我不由得心动不已，想着我有了那些钱，回老家之后可以干些什么，乡亲们看到这个不成材的子弟兜里装满了金币，又该惊讶成什么样子。这么一想，我马上下定了决心。可是，阿卜杜拉·汗以为我还在犹豫，说出来的话就更加直白了。

"'想想吧，老爷，'他说，'如果这个人叫司令官给抓住了，下场不是吊死就是枪决，他身上的珠宝也会充公，谁也别想得到一个子儿的好处。好了，横竖我们都要抓他，干吗不捎带着把别的事情一块儿办了呢？珠宝归了我们，比进了公司的钱柜还好一些。这批珠宝足够把我们几个变成巨富，变成了不起的人上之人。谁也不会知道这件事情，因为我们这里不会有任何别人。还有比这里更适合下手的地方吗？好了，我再问一次，老爷，您是要跟我们一起干，还是要逼我们把您当成敌人。'

"'我全心全意跟你们一起干。'我这么回答他。

"'很好，'他一边说，一边把我的火枪还给我，'瞧，我们信任您，因为您跟我们一样，不会违背自个儿的誓言。眼下咱们不用干什么别的，等我兄弟和那个商人来就行了。'

"'那么，你兄弟知道你的计划吗？'我问。

"'计划是他定的，本来就是他的主意。咱们到门口去吧，跟马哈默特·辛格一起守着。'

"雨还在下个不停，因为那会儿正是雨季刚刚起头的时节。褐色的浓云在天上飘，眼睛能看见的不过是扔块石头所能到达的范围。我们那道门的前面有一道深深的城壕，只不过有些地方差不多已经干透了，走过来非常容易。我和两个旁遮普蛮子就这么站在那里，等那个人前来送死，这样的情景，让我觉得十分诡异。

"突然间，我瞥见城壕之外有一点亮光，看样子是一盏蒙了罩子的提灯。亮光在一个个土堆之间忽隐忽现，慢慢朝我们这边挪了过来。

"'他们来了！'我叫了一声。

"'您得盘问他，老爷，跟平常一样，'阿卜杜拉悄声说。'千万别让他起疑心。等下您打发我们跟他一块儿进去，然后您就留在这里站岗，剩下的事情我们来干。您准备好揭开您那盏提灯的罩子，免得我们认错人。'

"亮光停停走走，一闪一闪地靠了过来，最后我终于看见，两个黑黢黢的人影出现在了城壕对面。他们爬下倾斜的沟壁，蹚过沟底的泥浆，跟着又顺着门这边的沟壁往上爬。我等他们爬到一半，然后才开口盘问。

"我压低嗓门喝了声，'什么人来了？'

"'朋友。'有人应了一声。我揭开提灯的罩子，明晃晃的灯光照到了他们身上。打头的是一个块头很大的锡克人，黑色的长胡子几乎垂到了腰带上，除了戏台子之外，我还没在别的地方看见过个子这么高的人呢。另一个则矮矮胖胖，圆不溜秋，顶着一块硕大的黄色缠头布，手拿一个用布裹着的包袱。他似乎是吓得全身都在哆嗦，双手跟疟疾病人一样不停抽搐，脑袋不停地左转右转，两只眼睛又小又亮，活像一只出了洞的老鼠。想到我们就要把他杀死，我全身都觉得冷飕飕的。可是，一想到那宗宝藏，我的心就硬得跟打火石一样了。看到我是个白人，他高兴地咂了咂嘴，朝我这边跑了过来。

"'求您保护，老爷，'他上气不接下气地说，'求您保护不幸的商人阿赫默特。我从拉伊卜塔纳①那边来，想在阿格拉古堡找个安身之处。我遭过抢，挨过打，还受过其

---

① 拉伊卜塔纳（Rajpootana）是今天印度西北部拉贾斯坦邦（Rajasthan）的旧称，在英国统治时期，这个地区有许多土邦。

他种种虐待，就因为我一直都是公司的朋友。这可真是个幸运的夜晚，因为我终于来到了安全的地界，我这点儿可怜的家当也安全了。'

"'你的包袱里面是什么东西？'我问他。

"'一只铁箱子，'他这么回答，'里面有一两件小小的家庭纪念品，其他人拿着没用，可我却舍不得丢下。不过，我并不是什么叫花子，我会报答您的，年轻的老爷，还有您的长官，要是他答应给我个安身之处的话。'

"我不敢再跟他说下去。越是看他那张惊慌失措的胖脸，我越是狠不下心来杀死他。还是赶紧把事情办完比较好。

"我说了声'带他去中央警卫室'，两个锡克人立刻从两边贴住了他，跟他同来的那个大块头走在后面，几个人一起走进了漆黑的门洞。从来没有谁像眼前这个商人一样，被死亡的阴影包裹得这么紧。我继续待在门口，手里拎着提灯。

"我听见他们齐刷刷的脚步声，在空荡荡的走廊里回响。接下来，脚步声突然停了，换成了吵嚷扭打的声音，此外还有重击的声音。片刻之后，我突然惊恐地听见越来越近的狂奔脚步，还有奔跑的人粗重的呼吸。我把提灯转向那条又长又直的走廊，只见那个胖子飞也似的跑了过来，满脸都是血，紧跟在他后面的是那个黑胡子的锡克大块头，来势像老虎一样凶猛，手里的刀子闪着寒光。直到现在，我再也没见过有谁跑得像那个小胖子商人一样快。他渐渐地甩开了那个锡克人，而我心里明白，只要他过了我这一关，冲到古堡外面，那还能捡回一条性命。想到这里，我的心不由得软了下来，可是，他身上的财宝又一次让我硬起了心肠。他从我身边跑过的时候，我用火枪照他的两腿抡了过去，他立刻在地上滚了两圈，像一只中了枪的兔子。他还没来得及爬起来，那个锡克人已经扑到他的身上，朝他的肋部连捅两刀。其间他没有呻唤，身子也没有动，就那么直挺挺躺在摔倒的地方。现在想来，他多半是在被我绊倒的时候摔断了脖子。你们看，先生们，我说话算话，把当时的情况原原本本地告诉了你们，不管它是不是对我有利。"

讲到这里，他打住话头，伸出铐着的双手，捧起了福尔摩斯先前斟给他的威士忌加苏打水。说实在话，当时我已经完全认清他极度残忍的本性，不光因为他亲身参与了这样一桩冷血无情的勾当，更因为他讲述这件事情的方式多少有点儿油嘴滑舌、轻松随意。于是我想，不管他面临什么样的惩罚，都别想从我这里得到丝毫同情。歇洛克·福尔摩斯和琼斯坐在那里，双手搁在膝头，听得虽然非常专注，脸上却挂着同样的反感表情。斯莫想必是注意到了这一点，所以呢，接着往下讲的时候，他的声音和神态都带上了一点儿挑衅的意思。

"当然喽，这些事情确实非常糟糕，"他说道，"我只是想知道，若是处在我当时的位置，明知道拒绝没有任何用处，仅仅是让别人割断自己的喉咙，还有多少人会拒绝这样一份财宝。再者说，他进了古堡之后，我跟他就不可能同时活着了。假使他跑了出去，整件事情就会暴露，而我就会站上军事法庭，下场多半是吃枪子儿，那样的年月，大家可不讲什么宽大为怀。"

"接着讲你的故事吧。"福尔摩斯简短地回了一句。

"呃，我们三个把他抬了进去，阿卜杜拉、阿克巴和我。别看他个子那么矮，分量可着实不轻。马哈默特·辛格没进去，留在外面把门。我们抬着他一直走，到了那几个锡克人预先找好的一个地方。那地方离门口有段距离，我们穿过一段曲里拐弯的过道，走进一个空无一物的大厅，大厅的砖墙垮塌得非常厉害。泥土地面有个凹坑，形成一个天然的墓穴，我们就把商人阿赫默特留在了那里，当然喽，我们没忘了先用松脱的砖头盖住他的尸体。这事情办完之后，我们一起跑回了宝藏所在的地方。

"他刚刚遭到袭击的时候，宝物箱子就掉在了地上，这会儿也还在原来的位置。我说的不是什么别的，就是敞着盖躺在你们桌上的这只箱子。箱子顶盖的雕花把手上系着一条丝绳，钥匙就吊在丝绳上面。我们打开箱子，提灯的光线照出一大堆闪闪发亮的珠宝，我还在珀肖尔镇做小孩子的时候，从书里面读到的就是这种东西，心里面想象的也是这种东西。它们亮得叫人睁不开眼睛。看饱了之后，我们把所有的珠宝搬出箱子，给它们列了一张清单。其中有一百四十三颗上等钻石，我还记得，那颗名为'莫卧儿大帝'①的钻石也在里面，据说是世界上第二大的钻石。接下来是九十七颗上好翡翠和一百七十颗红宝石，当然，有一些红宝石算不上特别大。再下来是四十颗石榴石、二百一十颗蓝宝石和六十一颗玛瑙，以及无数颗绿柱石、缟玛瑙、猫眼石、绿松石和其他宝石，当时我并不知道那些宝石的名称，是后来才慢慢熟悉起来的。此外还有将近三百颗上好珍珠，其中十二颗镶在一个黄金的头冠上。对了，我说的最后一样东西被人从箱子里拿走了，我找回箱子的时候，它已经不在里面了。

"清点完财宝之后，我们把它们放回箱子里，带到门口给马哈默特·辛格看了看。接下来，我们非常郑重地发了第二遍誓，发誓要同心协力，严守秘密。我们一致同意把财宝藏到一个安全的地方，等这个国家太平了再拿出来平分。马上就分是不行的，如果人家发现我们身上有这么贵重的珠宝，肯定会起疑心，再说了，古堡里没有隐私这样东西，我们也没有收藏珠宝的地方。这么着，我们把箱子带回埋尸体的那个大厅，找了一堵相对来说最完好的墙，在墙上掏了个洞，把宝藏放了进去。我们仔仔细细记好了那个地方，第二天我就画了四张地图，一人一张，还在地图下端加上了我们四个人的签名，因为我们已经发了誓，

① 莫卧儿大帝（the Great Mogul）指莫卧儿帝国（1526—1857）君主，该帝国曾统治南亚次大陆大部分地区，后成为英国殖民者的附庸，并在印度民族起义之后灭亡。历史上确实有过一颗名为"莫卧儿大帝"的巨钻，原石重量将近八百克拉，于十七世纪中叶在南印度被人发现，到十八世纪中叶便下落不明。以原石重量而论，"莫卧儿大帝"在古代钻石中仅次于同样在印度发现的"光明之山"（Koh-i-Noor）。

每个人都得按大伙儿的共同利益办事，谁也别想占便宜。到今天，我可以拍着胸脯保证，我从来不曾违背这个誓言。

"呃，印度兵变的结果你们几位都知道，用不着我来讲。等威尔逊攻下德里、科林爵士解救勒克瑙之后[1]，这场叛乱的主心骨也就断了。增援部队不断涌来，'纳纳老爷'消失在了边境之外[2]。戈里瑟德上校率领一支快速纵队来到阿格拉[3]，赶跑了那些作乱的奴才。整个国家似乎正在安稳下来，我们四个也看到了希望，都以为过不了多久，我们就可以带着分到的财宝安全脱身。没想到，我们的希望转眼之间化为泡影，因为我们被逮了起来，罪名正是谋杀阿赫默特。

"事情是这样的，那个土王放心把珠宝交给阿赫默特，是因为他知道这个人靠得住。只不过，这些东方佬的疑心病确实重得不行，所以呢，那个土王又派出一个更靠得住的仆人，叫他跟在后面监视阿赫默特，并且命令他，无论如何也不能让阿赫默特跑出他的视线范围。这么着，他就像影子一样跟着阿赫默特，那天晚上也看到阿赫默特走进

---

[1]　印度民族起义爆发之后，反抗军推莫卧儿末代君主为王，定都德里。围攻德里的英军统帅为威尔逊（Archdale Wilson, 1803—1874），攻下德里的时间是1857年9月；科林爵士（Colin Campbell, 1792—1863）曾在印度民族起义期间担任印度英军总司令，并率军于1857年10月及11月两次解救被围困的勒克瑙。
[2]　"纳纳老爷"（Nana Sahib）是印度民族起义领袖之一东都·潘特（Dhondu Pant, 1824—?）的别名。他一度控制了坎普尔，在英军于1857年7月攻占坎普尔之后即下落不明，传闻之一是逃到了国外。
[3]　戈里瑟德上校（Edward Greathed, 1812—1881）为当时的英军将领，于1857年10月率军进入阿格拉。

了我们把守的门。他自然以为阿赫默特已经在古堡里找到了落脚之处，于是就在第二天取得许可跟了进来，但却看不到阿赫默特的影子。他觉得事情非常蹊跷，就跟我们那支混编部队的一名士官说了，士官又把事情告诉了司令官。他们马上把古堡彻彻底底搜了一遍，尸体也被找了出来。结果呢，我们刚刚开始觉得万事大吉，他们就逮住了我们，还把我们送上了法庭，罪名是涉嫌谋杀——我们四个之所以惹上嫌疑，三个是因为当晚负责把守那道门，剩下的一个则是因为人家知道他当时跟受害者在一起。整个审判当中都没有人提到宝藏的事情，因为那个土王已经遭到废黜，而且被赶出了印度，宝藏由此变成了无主之物，没有人特别关注。另一方面，他们倒是把谋杀的事情审得明明白白，并且断定我们四个人都有份。三个锡克人被判终身苦役，我领到的则是死刑，但他们随后大发慈悲，给了我一个跟同伙一样的判决。

　　"于是乎，我们陷入了一种十分古怪的处境。一方面，我们四个都被镣铐捆住了手脚，摆脱的机会只能说是非常渺茫；另一方面，我们四个的心里都藏着一个秘密，一旦这个秘密派上用场，四个人就都可以住上宫殿。就为了吃几粒糙米喝几口凉水，我不得不忍受所有那些神气活现的小小狱卒，任由他们拳打脚踢，与此同时，那笔巨大的财富就在外面好端端地摆着，只等着我去拿，这样的情形十分磨人，感觉真像是心里有无数只蚂蚁在咬。面临这样的处境，疯了也是常事，幸亏我向来皮糙肉厚，所以才能够坚持下来，静静地等待机会。

"到最后，机会似乎来到了我的眼前。他们把我从阿格拉挪到马德拉斯①，又从马德拉斯挪到安达曼群岛当中的布莱尔岛②。这地方的白人囚犯非常少，再加上我从一开始就很守规矩，所以呢，我很快就得到了一点儿小小的特权。他们在哈雷特山麓的霍普小镇③给我弄了间小木屋，基本上不怎么管我。布莱尔岛是个热病蔓延的倒霉地方，除了我们所在的那几块小小空地之外，到处都有大群大群的食人生番，逮到机会就用吹管冲我们放毒箭。我们在这里挖沟开渠，种植山药，此外还有十几样活计要干，因此就整天忙忙叨叨，到晚上才能有点儿自己的时间。我渐渐学到一些本领，其中之一是学会了帮岛上的军医配药，还跟他学了点儿半通不通的医学知识。每时每刻，我都在寻找逃跑的机会，只可惜这个岛离任何一块陆地都有好几百里，海上又没有什么风，逃跑实在是一件无比困难的事情。

"军医是个名叫萨默顿的小伙子，生活随便，喜欢赌博，到了晚上，其他的年轻军官往往跑到他家去打牌。我经常去他的医务室配药，医务室跟他家的客厅只有一墙之隔，墙上还开了一扇小窗子。觉得寂寞的时候，我常常关掉医务室的灯，站在窗子跟前听他们说话，看他们打牌。我自个儿就喜欢打两把，看别人打也跟自己打差不多。牌友

---

① 马德拉斯（Madras）是金奈（Chennai）的旧称，为印度东南部港口城市。

② 布莱尔岛（Blair Island）即南安达曼岛（South Andaman Island），布莱尔港所在地。

③ 哈雷特山（Mount Harriet）和霍普镇（Hope Town）都是南安达曼岛上的真实地名。

当中有舒尔托少校、莫斯坦上尉和布罗姆利·布朗中尉，他们都是本地驻军的指挥官，此外还有医生本人和两三个狱官，几个狱官都是牌技高超的老手，打得一手招数繁多、稳赢不输的好牌。他们这帮子人聚在一起，场面总是非常快活的。

"是这样，没过多久，我就注意到一件事情，当兵的总是输，干文职的总是赢。注意，我可不是说这中间有人搞鬼，说的只是当时的实际情况。这些狱官来安达曼之后就没干过什么别的，天天都在打牌，对彼此的牌路也熟到了相当的程度，其他人打牌却只是为了混时间，随随便便把牌扔出去就算完。这么着，当兵的一晚穷过一晚，越穷就越想翻本。舒尔托少校输得最惨，刚开始他都用金币和纸钞来付赌账，很快就用上了手写的纸条，纸条上的数字还相当之大。有时候他也能赢那么几把，刚好够维持他继续打的信心，随之而来的就是比以往任何时候都要霉的运气。他整天黑着个雷公脸转来转去，而且还开始拼命喝酒，远远超过了应有的限度。

"一天晚上，他输得比平常还要惨。我正在自个儿的小屋里坐着，忽然听见他和莫斯坦上尉摇摇晃晃地往住处走。他们两个是非常要好的朋友，从来都是形影不离。当时，少校正在一个劲儿地抱怨自己的损失。

"他俩从我那座小屋经过的时候，少校刚好在说，'全完了，莫斯坦。我看我只能辞职了。我这个人算是完蛋了。'

"'别胡说，老伙计！'上尉一边说，一边拍他的肩膀，'我还不是输得一塌糊涂，可是——'当时我只听见了这么多，不过，这已经足够让我浮想联翩了。

"两天以后，舒尔托少校在海滩上闲逛，于是我借机跟他搭话。

"'我想听听您的建议，少校。'我说。

"'是吗，斯莫，什么事情？'他把嘴里的雪茄拿了下来，问了一句。

"'我早就想问问您，长官，'我说，'秘密的宝藏应该上交给谁比较合适。有一宗价值五十万镑的宝藏，我知道它的下落，还有呢，我自个儿反正也用不上，所以就觉得，最好的办法就是把它交给合适的当权人士，没准儿啊，他们还会给我减点儿刑呢。'

"'你说的是五十万吗，斯莫？'他倒吸一口凉气，死死地盯着我，想知道我是不是在开玩笑。

"'确实有这个数，长官——全都是宝石和珍珠。宝藏就摆在那里，谁都可以去取。还有啊，最妙的事情是它真正的主人已经遭到驱逐，没法索要这笔财产，所以呢，谁第一个去，宝藏就是谁的。'

"'交给政府吧，斯莫，'他结结巴巴地说，'交给政府。'可是，他这话说得吞吞吐吐，我心里立刻明白，他已经被我钓上了。

"'这么说，长官，您的意见是我应该向总督报告宝藏的下落，对吗？'我平静地说。

"'呃，呃，做什么事都不能着急，要不然就会后悔。你把前前后后的事情说来听听吧，斯莫，让我了解一下具体的情况。'

"我把所有的事情告诉了他，只做了一些小小的改动，免得他听出具体的地点。我讲完之后，他一动不动站在原地，一个劲儿地想来想去，嘴唇不停抽搐，内心显然在苦苦挣扎。

"'这是件非常重大的事情，斯莫，'他终于开了口，'你千万别跟任何人说一个字，我很快就会来找你的。'

"两个晚上之后，他和他的朋友，也就是莫斯坦上尉，一起跑进了我的小屋，来的时候深更半夜，拿了盏照路的提灯。

"'我要你再说一遍，让莫斯坦上尉听你亲口讲讲这件事情，斯莫。'少校说。

"我原原本本地重复了一遍。

"'听着不假，对吧？'少校说，'值得咱们干一票吧？'

"莫斯坦上尉点了点头。

"'听着，斯莫，'少校说，'我和我这位朋友，我俩已经讨论过了，结论是不管怎么看，你这个秘密始终只是你私人的事情，算不上什么政府公务，所以呢，你当然有权按你自个儿觉得最合适的方法来处理。现在的问题是，你打算给它标一个什么样的价码？条件能谈拢的话，我俩兴许会接下这件事情，至少也会好好地研究一下。'他拼命想装出一副若无其事、漠不关心的口吻，眼睛却闪闪发亮，里面全都是兴奋和贪婪。

"'咳，说到价码嘛，先生们，'我也想装得若无其事，心里却跟他一样兴奋，'我落到眼下这步田地，能开出的自然只有一个条件。我希望你们帮助我争取自由，同时也

要帮助我那三个朋友。那样的话，我们就可以算你们入了伙，可以给你们五分之一的宝藏，由你们自个儿去分。'

"'哼！'他说，'五分之一！这条件可不怎么诱人。'

"'算下来，每个人也有五万镑哩。'我说。

"'可是，你叫我们怎么给你自由？你应该非常清楚，你要求的事情根本办不到啊。'

"'没有办不到这一说，'我回答说，'我已经从头到尾想好了整件事情。我们逃跑的障碍仅仅是弄不到适于航行的船，也弄不到航行期间需要的给养。加尔各答①或者马德拉斯有的是小游艇和小快艇，全都可以满足我们的需要。你们帮我们弄一艘来吧，我们可以趁夜上船，然后呢，你们在印度本土的海岸上随便找个地方把我们放下，就算是完成了交易的条件。'

"'就你一个人的话，事情还好办。'他说。

"'要不都走，要不都别走，'我这么回答，'我们发过誓，四个人必须一起行动。'

"'瞧瞧，莫斯坦，'他说，'斯莫可是条说话算话的汉子哩。既然他这么对得起朋友，要我说，咱们完全可以信任他。'

"'这可不是什么光彩事情，'另一个回答道，'不过，你说得没错，这笔钱确实能让咱们体体面面地保住军衔。'

"'好吧，斯莫，'少校说，'依我看，我们只能按你说的办了。当然，我们首先得检验一下，你说的事情到底可

① 加尔各答（Calcutta）为印度大港，迄1911年为止一直是英属印度首都，现名"Kolkata"。

不可靠。你把那个箱子的下落告诉我，然后我请个假，好去搭每月一班的给养船，回印度本土查一查这件事情。'

"他越来越急切，我倒是越来越冷静。于是我说，'不能这么着急。我必须先征得三个伙伴的同意。我跟您说过，我们四个是一体的。'

"'瞎扯！'他打断了我，'那三个黑家伙跟咱们的约定有什么关系？'

"'黑也好，蓝也好，'我说，'他们总归是跟我一体的，我们必须一起走。'

"就这样，事情在我们第二次见面的时候有了结果。马哈默特·辛格、阿卜杜拉·汗和多斯特·阿克巴当时也在场，大家又讨论了一遍，总算是达成了一个协议。我们的责任是给两位军官一人一张阿格拉古堡的局部地图，并且把墙上那个藏宝的地方标出来。舒尔托少校的责任是前往印度本土，核查我们说的事情是否真实。等箱子查验无误，他得把箱子留在原处，打发一艘配好给养的小快艇去拉特兰岛等我们，然后才赶回来处理他的军务。等他回来之后，莫斯坦上尉就请假去阿格拉，跟我们一起对宝藏进行最后的分割，再把少校和他自己的份额一块儿带走。所有这些安排，我们全都发了誓要严格遵守，用的还是脑袋想得到、嘴巴说得出的最最郑重的誓言。这之后，我拿上纸和墨水干了一整夜，第二天早上就准备好两张地图，还给每张地图加了个'四签名'，签上了阿卜杜拉、阿克巴、马哈默特和我的名字。

"呃，先生们，估计你们已经听烦了我这个没完没了

346

的故事，何况我也知道，我朋友琼斯先生还急着把我稳稳当当地送进监房呢。我尽量长话短说好了。拿到地图之后，舒尔托这个恶棍去了印度本土，从此就再也没有回来。莫斯坦上尉给我看了一艘邮轮的旅客名单，名单里有舒尔托的名字。舒尔托去印度本土之后没几天，那艘邮轮就驶向了英国。原来他叔叔死了，还留了一大笔遗产给他，所以他退了役。即便如此，他仍然不惜放低身段，用这么下流的方法来对付我们五个人。没多久之后，莫斯坦去了一趟阿格拉，结果不出我们所料，宝藏果真没了。这个无赖偷走了全部的财宝，却没有兑现他用来换取秘密的任何一个条件。从那个时候开始，我活着的目的就只剩下报仇。报仇的念头白天在我脑子里盘旋，夜晚也在我心窝里滋长，最终就变成一种止不住也忘不了的强烈愿望。我压根儿不考虑法律，也不把绞架放在眼里，一心只想着逃出监狱，找到舒尔托的下落，最后再亲手扭断他的脖子。跟宰掉舒尔托相比，就连阿格拉宝藏也变成了一件次要的事情。

"说起来，我这辈子也立过不少志向，没实现的还真是找不出来。只不过，时机到来之前的那些个年头，日子确实是非常难熬。前面我跟你们讲过，我学了点儿医学知识。后来有一天，一帮囚犯在林子里捡到一个安达曼本地的小生番，这个小生番已经不行了，所以才跑到一个僻静地方去等死。囚犯们把他送到了医务室，不巧的是萨默顿医生发了烧，起不了床。这个生番跟小蛇一样恶毒，可我还是收下了他。我给他治了两个月之后，他的病好了，可以站起来走路了。打那以后，他就对我产生了某种感情，再也不愿意回林子里去，老是在我的小屋周围转悠。再后来，我跟他学了一点儿他们的话，他对我就更热乎了。

"他名叫童加，是个技艺娴熟的船夫，自己还有条又大又宽敞的独木船。我发现他对我非常忠心，为了我什么都肯干，于是就意识到，逃跑的机会已经到来。我跟他商量了一下，把时间定在某一天的晚上，地点则是一个向来无人看守的老码头，到了约定的时间，他就会划着船来码头接我。除此之外，我还吩咐他带上几葫芦水，外加一大堆的山药、椰子和番薯。

"说一不二，绝不含糊，小童加这个人就是这样。比他还忠实的伙伴，这世上从来不曾有过。在我们说好的那个晚上，他带着船等在了码头。机缘巧合，有个狱卒刚好出现在了那里——那是个帕坦族①恶棍，只要能有侮辱我、折磨我的机会，他从来不肯放过。我一直想着找他报仇，这下子可算逮着了机会。命运似乎是特地让他来挡我的道，好让我在离开那个岛之前把账算清。当时他背朝着我站在岸边，卡宾枪挎在肩上。我东张西望，想找块石头来砸开他的脑袋，只可惜一块也找不到。

"接下来，我脑子里冒出一个古怪的主意，一下子看清了该到哪里去找武器。我在黑暗之中悄悄坐下，解下了自个儿的木腿。之后我连跳三大步，就这么扑到了他跟前。他把卡宾枪端了起来，可我已经结结实实地给了他一下，把他整张脸都打得凹了进去。你们瞧瞧，木腿上这条裂缝

---

① 帕坦族（Pathans）即普什图族（Pashtuns），为阿富汗第一大民族，也是巴基斯坦的主要民族之一。

就是打他的时候留下的纪念。接下来，我们两个一块儿摔倒在地，因为我保持不了平衡。不过，等我爬起来的时候，他仍然无声无息地躺在地上。我走到船边，一小时之后就出了海。童加带上了自个儿的全部家当，包括他使用的武器，还有他敬拜的神灵。其中有一根长长的竹矛，几张安达曼当地的棕毛席子，我俩就使上这些家什，做了张勉强算是帆的东西。我们在海里晃荡了十天，听凭命运的摆布，到第十一天才被一条商船救了上去。那条船从新加坡开往吉达，装了满满一船的马来族朝圣者。①那帮人非常古怪，可我和童加很快就在他们中间安顿了下来。他们有一种特别好的品性，那就是由得你自个儿待着，什么问题也不问。

"呃，要是把我和我这个小伙伴的冒险经历全部讲出来的话，你们是不会感谢我的，那样的话，你们恐怕得在这儿待到太阳出来呢。总而言之，我俩在世界各地四处漂流，但却老是让这样那样的事情绊着，老也到不了伦敦。可是，我从来没有忘记过自己的目标，连做梦都会梦见舒尔托。在梦里面，我已经宰了他百次千次。到最后，大概是三四年之前吧，我俩终于来到了英格兰。我没费什么劲儿就找到了舒尔托的住处，跟着就开始调查，他是把宝藏留在手上，还是拿它去换了现钱。我交了个帮得上忙的朋友，朋友的名字我就不说了，免得给别人惹来麻烦。总之我很快发现，那些珠宝还在他的手里。接下来，我千方百计地找他寻仇，可他这个人非常狡猾，身边又总有两个职

---

① 吉达（Jiddah）是红海上的一个港口，今属沙特阿拉伯，历来是穆斯林朝圣者前往伊斯兰圣地麦加的中转站。

业拳手守着，还不算他的两个儿子，以及他那个吉特默迦。

"后来有一天，我听说他快要死了。想到他就要以这么便宜的方法逃脱我的报复，我实在咽不下这口气，马上就溜进了他家的院子。我往窗子里面看，发现他躺在床上，两个儿子站在床的两边。我正打算不顾一切冲进房间，跟他们三个拼个你死我活，突然却看见他脑袋一耷拉，知道他已经上了路。不过，当天晚上我就跑进他的房间，检查了他的那些文件，想知道他把我们的珠宝藏到哪里去了。可他的文件里没有任何记录，所以我只好离开，心里面万分痛苦、万分愤怒。离开之前，我突然想到，我应该为我们的仇恨留下一点儿记号，那样的话，万一我还有机会再见到我那些锡克朋友，说起来也是件让人解气的事情。于是我按照地图上的原样，把我们的'四签名'潦草地写在纸上，又把纸钉在他的胸口。我们这些人受了他的洗劫和愚弄，如果不赶在他进坟墓之前给他留点儿信物的话，实在是太便宜他了。

"这些年中，为了糊口，我总是待在集市之类的地方，把可怜的童加当作吃人的黑生番来展览。他可以表演吃生肉，跳他那种战舞，这么着，一天下来，我俩总是能赚到满满一帽子的铜板。我仍然可以随时听到本地治里别墅那边的消息，当然喽，几年里也没什么别的消息，只知道他们一直在寻找宝藏。不过，最后我终于听到我等待已久的那个消息，听说他们找到了宝藏，宝藏就在屋子的顶层，在巴索洛缪·舒尔托先生的化学实验室里。我立刻赶去看了看那个地方，结果却发现，拖着我这条木腿，我根本爬不进那个房间。还好，我知道屋顶上有道活门，也知道舒尔托先生什么时间吃晚饭。照我看，只要有童加帮忙，这事情并不难办。这么着，我带着他一起去了那里，把一根长长的绳子盘在了他的腰间。他爬墙的动作灵活得跟猫一样，很快就从屋顶钻了进去。倒霉的是，巴索洛缪·舒尔托还没有离开房间，结果就为我们的霉运付出了代价。童加肯定是觉得，杀他的事情办得非常漂亮，因为我顺着绳子爬上去的时候，发现他正在大摇大摆地走来走去，神气得像只孔雀。看到我用绳子抽他，还骂他是个嗜血成性的小妖怪，他可真是吃惊不小。接下来，我在桌上留了个'四签名'的标记，表示珠宝终于回到了最有资格得到它的人手里，然后就把宝物箱子缒到地面，自己也跟着滑了下去。我走了之后，童加把绳子收了上去，接着就关上窗子，按他的来路离开了。

"依我看，要讲的事情我已经讲得差不多了。之前我听一个船夫说过，史密斯的'曙光号'是一艘非常快的汽艇，于是就觉得，这倒是一件非常好用的逃跑工具。我跟老史密斯讲好，只要他能把我俩安全地送上海轮，我就会给他一大笔钱。不用说，他看得出事情有点儿蹊跷，可他并不知道我俩的秘密。我说的这些句句是实，还有啊，我把这些事情告诉你们，先生们，并不是为了给你们找什么乐子，因为你们对我也说不上特别好。我只是觉得，要想替我自个儿辩护，最好的方法就是毫无保留地说出事情的真相，让所有的人知道，我曾经在舒尔托少校的手里受过多大的冤屈，在他儿子遇害的事情上又是多么无辜。"

"你这个故事很不一般，"歇洛克·福尔摩斯说道，"正好用来给这件极其有趣的案子收尾。你这个故事的后半段全都是我早已知道的旧闻，新鲜的事情只有一件，因为我确实不知道，那根绳子是你自个儿带去的。对了，我本来以为童加的毒箭掉光了呢，没承想，到了船上的时候，他还是冲我们放了一箭。"

"的确是掉光了，先生，那一根是本来就在吹管里的。"

"哦，可不是嘛，"福尔摩斯说道，"这一点我倒没想到。"

"你们还有什么想问的吗？"犯人问得很是殷勤。

"应该没了，谢谢你。"我室友回答道。

"我说，福尔摩斯，"埃瑟尼·琼斯说道，"你老是让大家迁就你，大家也都知道，你是个喜欢收集罪案的鉴赏家。不过，职责终归是职责，眼下呢，为了迁就你和你的朋友，我已经通融得太多了。如果能把这位故事大王安全地送进号子的话，我心里兴许能踏实一点儿。车还在外面等着呢，再说了，楼下还有两名督察。我非常感谢两位的协助，当然，审判的时候还得麻烦两位。晚安，两位。"

"晚安，两位先生。"乔纳森·斯莫说道。

"你先请，斯莫，"走出房间的时候，机警的琼斯先生说了一句，"我得多留点儿神，不管你究竟对安达曼群岛的那位先生做过些什么，我反正不能让你把木腿用到我的身上。"

我和福尔摩斯坐在原地，默不作声地抽了一会儿烟。"好啦，咱们这出小小的戏剧总算是唱到了尽头，"我开口说道，"要我说，以后我恐怕没机会研究你的破案方法了。

承蒙莫斯坦小姐惠允，我已经成了她的未婚夫。"

福尔摩斯发出一声凄惨至极的呻吟。

"我就担心会是这样，"他说道，"对不住，我真的没法向你道喜。"

我觉得有点儿不悦。

"我这个选择让你这么不满，有什么理由吗？"我问道。

"没那回事。我认为她是我见过的最迷人的年轻女士之一，兴许还会对咱们一直在做的这类工作大有帮助。她无疑具有这方面的天赋，证据就是她能从她父亲的大批文件当中披沙拣金，挑出那张阿格拉藏宝图。然而，爱情是一种情绪化的东西，与此同时，任何情绪化的东西都与真真正正的冷静理性格格不入，后者才是我最为推崇的东西。我永远也不会结婚，免得影响自个儿的判断力。"

"我敢肯定，"我笑着说，"我的判断力还是经得住考验的。怎么，你看起来很疲惫啊。"

"是啊，后遗症已经发作啦。接下来，我多半得像堆破布一样，瘫上整整一个星期。"

"怪事，"我说道，"你怎么老是这样，一会儿有气无力，放在别人身上我就要称为懒惰，一会儿又突然爆发，浑身上下都有用不完的能量和活力。"

"没错，"他回答道，"我身上藏着一个如假包换的懒汉，同时又藏着一个手不停脚不住的好动家伙。我常常想到歌德老先生的这句话：

叹的是上苍只给你一个躯体，皆因你一身材
料足以造就两人，一个是高贵的绅士，一个是卑
污的恶棍。[①]

"对了，说到诺伍德这件案子嘛，你瞧，正像我推测
的那样，那座房子里的确有他俩的内应，内应不会是别人，
只能是那个名叫拉尔·劳的男仆。如此说来，琼斯撒出去
的大网还是网到了一条鱼的，这份荣耀完全归他，绝不容
他人瓜分。"

"这样的分法可不怎么公平，"我说道，"这案子完全
是你一个人破的。我通过它得到了妻子，琼斯通过它得到
了功绩，你说说，剩给你的还有什么呢？"

"我嘛，"歇洛克·福尔摩斯说道，"我还有我的可卡
因瓶子。"话音未落，他就把瘦长白皙的手伸向了那个药瓶。

[①] 这首原文为德语的短诗出自歌德与席勒（Friedrich Schiller,
1759—1805）合著的讽刺短诗集《待客的礼物》（*Die Xenien*, 1796）。

图书在版编目（CIP）数据

福尔摩斯探案全集.1,暗红习作·四签名：汉英对
照／（英）阿瑟·柯南·道尔（Arthur Conan Doyle）著；
李家真译注.—南京：译林出版社，2022.10
（双语经典）
ISBN 978-7-5447-9321-6

I.①福… II.①阿… ②李… III.①英语－汉语－
对照读物 ②侦探小说－小说集－英国－现代 IV.
①H319.4：I

中国版本图书馆 CIP 数据核字（2022）第 131771 号

福尔摩斯探案全集 1：暗红习作·四签名
〔英国〕阿瑟·柯南·道尔／著　李家真／译注

责任编辑　陈绍敏
特约编辑　马　婷
装帧设计　鹏飞艺术
校　　对　刘文硕
责任印制　贺　伟

出版发行　译林出版社
地　　址　南京市湖南路 1 号 A 楼
邮　　箱　yilin@yilin.com
网　　址　www.yilin.com
市场热线　010-85376701
排　　版　鹏飞艺术
印　　刷　三河市中晟雅豪印务有限公司
开　　本　889 毫米 ×1194 毫米　1/32
印　　张　22.75
版　　次　2022 年 10 月第 1 版
印　　次　2022 年 10 月第 1 次印刷
书　　号　ISBN 978-7-5447-9321-6
定　　价　78.00 元